WEN HUA ZHI GEN

图书在版编目（CIP）数据

文化之根/戴有山著．—北京：知识产权出版社，2017.6
ISBN 978－7－5130－4705－0

Ⅰ．①文…　Ⅱ．①戴…　Ⅲ．①文化史—研究—世界　Ⅳ．①K103

中国版本图书馆 CIP 数据核字（2016）第 322718 号

内容提要

本书从文明之根（探寻人类文明的前世今生）、思想之根（给予人类在艰难中生存的勇气，引领人类进入精神的高地）、战争之根（战争的终极目标是追求人类社会的持久和平）、科技之根（科技推动了人类物质文明的进步）、文化之争（苦难深痛的近代中国）、复兴之门（踏向伟大复兴的新征程）六个不同的视角，从文化的源头切入到文化的历史发展脉络；从文化地域特征、民族特征和时代特征入手，阐述文化的历史根源性；以对世界文明的发源研究为起点，最终落实到探索如何实现中华民族的伟大复兴。

本书适合大众阅读，可用作培训教材、辅助读本、参考用书，等等。

责任编辑：荆成恭　　**策　　划**：朱　奎
责任校对：潘凤越　　**封面设计**：王志伟
责任出版：卢运霞　　**封面及内文题字**：张　旭　陆明君

文化之根
戴有山　著

出版发行：知识产权出版社有限责任公司　　**网　　址**：http://www.ipph.cn
社　　址：北京市海淀区西外太平庄55号　　**邮　　编**：100081
责编电话：010－82000860 转 8341　　**责编邮箱**：jcggxj219@163.com
发行电话：010－82000860 转 8101/8102　　**发行传真**：010－82000893/82005070/82000270
印　　刷：北京科信印刷有限公司　　**经　　销**：各大网上书店、新华书店及相关专业书店
开　　本：720mm×1000mm　1/16　　**印　　张**：17.5
版　　次：2017 年 6 月第 1 版　　**印　　次**：2017 年 6 月第 1 次印刷
字　　数：316 千字　　**定　　价**：59.00 元

ISBN 978－7－5130－4705－0

出版权专有　侵权必究
如有印装质量问题，本社负责调换。

序

寻找人类文明记忆的火种

中华民族在人类历史的长河中，有着辉煌的历史，也频遭苦难折磨，我们的民族有顽强的意志，每位中华儿女心里都怀有中华民族伟大复兴之梦想。中华民族伟大复兴之梦是祖国富强之梦，民族强大之梦，人民富足之梦，军队强大之梦。实现中华民族的伟大复兴必须紧紧依靠人民，必须不断为人民造福。过去的两百年里，我们在科技、经济、军事上落后了，其根源是我们对民族文化失去了自信，淡忘了我们民族的根和魂。

过去的百年，是我们民族奋斗的百年，中华儿女不断寻找失去的自信，经过浴血奋战，完成了民族独立、国家富强、人民富裕的梦想，现阶段和未来我们的梦想是实现中华民族的伟大复兴。20 世纪末到 21 世纪初的这段时间是我们对中华民族文化重拾自信、拥有自强意识的开始。可究竟什么是文化之根？中华文化的根又辐射到世界的哪些地方？它给世界文明的进步带来了怎样的影响？我们努力在寻找人类文明记忆的火种。

根，原意是指植物的根，简单来说是“木下为本，本之为根”。根深深地扎入泥土之中，为植物的生长提供所需要的养分，使其生长得枝繁叶茂。文化之根包含文明、思想、军事、科技等一切社会形态的根本，中华文化深厚庞大，滋养了占有世界 1/4 人口的中华儿女，也滋养了世界，促进了人类文化和文明的进步及发展。

文化的根脉是血脉相传的基因，伴随着生命的繁衍存在于人的生命体上的一种符号和印记。中华民族文化的根基，深深地扎根于中华大地，滋养着在这片土地上成长起来的每一位儿女，促进了人类的文明与进步，我们应当将这片土地上世世代代的生存经验、发展智慧、精神信仰和审美情趣进行传承与创新。中华文化生生不息、兼收并蓄，有很强的包容力，中华民族文化不断繁衍壮大，使中华民族成为世界上最有文化积淀的民族之一。

第一个根性是中华历史悠久的文化积淀和汉字的使用

中华儿女是“炎黄”的后代，根据历史文献记载，炎帝和黄帝是两兄弟，炎帝居住在姜水一带，黄帝居住在姬水一带，距今5000多年。后来炎帝文化从陕西向东发展的时候，在河北一带跟黄帝部族碰在一起，他们联合起来跟东面九黎部族的蚩尤文化发生碰撞，在河北省的涿鹿把蚩尤打败了，接着黄帝和炎帝又在阪泉打了一仗，推进了更多部落的融合及联盟。

很多最早的发明都通过炎帝和黄帝向社会呈现，比如把播五谷和尝百草、发明中医中药记在炎帝神农氏身上，又把造车、造衣服、用火、熟食、造文字这些功劳记在黄帝身上。这些都是中华民族在历史上对人类的杰出贡献。

中华民族厚重的文化积淀使得在民族出现危机时、在需要用革命和救亡的方法获得自己新生的时候，民族精神文化在背后起了巨大的支撑作用。中国资产阶级搞革命的清朝末年，有个叫刘师培的资产阶级革命家就提出中国要用黄帝诞生的那一年作为纪元记年，用这种方法来唤醒民族自觉性。孙中山在1912年1月1日宣布就任中华民国临时大总统时，提出用黄帝登基开始记年，宣布当时是黄帝纪元4609年11月13日。如果按这种算法，现在是黄帝纪年4715年。

有很多与黄帝有关的艺术创作，其中黄帝的史官仓颉造文字，是惊天动地的智慧，早期人类用绳子打结来记事，后来把文字刻在竹片、木头和甲骨上，这是文明的很大进步。

汉字的创造，对国家的统一和稳定，对民族的万世长存起了关键的作用。因为我们使用象形文字，文字形态比较稳定，文字史也就蕴含着民族认同的历史。在时间上，秦汉、唐宋和我们现代人说话、发音有很大的不同，在地域上，中原和江浙、闽粤的方言有很多，互相听不懂不足为奇，但是古今一贯的文字形态把我们的历史紧紧凝聚起来了。相反，拼音的方法容易因语言变动造成文字的变动，导致沟通不畅，出现隔膜，从而产生民族离心力。这就是欧洲小国林立的主要原因。

汉字是中华民族历史上值得珍惜的传家宝，从古到今，从南到北，汉字把炎黄子孙紧紧地联系在一起。

第二个根性是中华文化内在的包容性

我们民族文化之根的第二个特点就是它的文化哲学，这种文化哲学具有广

博的包容性。

这种包容海纳百川，不同种族之间的血缘差异因为文化的包容性而被削弱。现代著名历史学家陈寅恪讲“中国的文化大于种族”，就是说不同种族之间的矛盾可以用文化来包容，和而不同，在这个层面上的不同可以在更高的文化层面上融合。而西方的一些冲突，由于文化的差异，往往导致冲突更加尖锐，根本不可能相互包容。所以中央民族大学可以有 56 个民族的学生在一起唱歌跳舞，这在世界其他地方的大学几乎是不可能发生的，或者说迄今为止还没有发生过，在文化和种族之间，我们的文化表现了大国的格局和风范。

历史学家钱穆曾把秦汉王朝和古罗马帝国的结构形态做了这么一个比喻，他说古罗马帝国就像一个屋子里面悬着一盏巨大的灯，而秦汉就像屋子里有很多的灯相互映照。古罗马帝国是用强光征服外邦，只要这盏灯一灭，整个屋子都暗了，而秦汉这些灯是各地融合起来的，只灭一盏灯，其他灯还是发光的。所以古罗马帝国这个曾经强盛一时的大帝国，最终破灭了，而秦汉虽然经历了很多波折，但作为一个民族最终延续下来。

中华民族的包容性是其发展过程中一个重要的特点，各地域、各部族创造的文化精华可以共享。关于中华民族的始祖，司马迁在《史记·五帝本纪》中说，他自己为了寻访轩辕黄帝的遗迹，曾经“西到空桐，北过涿鹿，东渐于海，南浮江淮”，走遍几乎整个中原地区，“长老皆各往往称黄帝、尧、舜”。在世界其他地方，一个民族出现杰出人物，周边民族往往把他当成魔王来对待。

第三个根性是中华文化血脉的丰沛性（根脉）

中国文化血脉有诸子百家、三教九流、经史子集、四库和四野、少数民族三大史诗以及民间百戏百艺，其丰富性和浑厚性都值得我们进行深度的现代阐释、批判、转化和弘扬。讲文化血脉当然要讲诸子百家，重要的是西汉史学家司马迁的父亲司马谈讲的六家：道家、儒家、阴阳家、墨家、名家、法家。西汉经学家刘歆定为十家，加上纵横家、杂家、农家和小说家。其中，重中之重当然要数孔子了，孔子的文化是中华民族传统文化的主流所在。在清朝末年，革命派提出用黄帝记年的时候，维新派康有为提出用孔子记年，把孔子去世的那一年作为中华民族的纪元，到光绪二十一年（1895 年），是孔子去世（公元前 479 年孔子去世）2374 年。后来康有为想把儒家学说申请成为国教，但没有成功。

如果要从孔子思想中找精华起码可以找出八个方面，或称“孔学精华八瑞”。第一个思想：“仁，仁者，人也”就是把人当人来对待，“泛爱众，而亲仁”，实际上就是博爱思想。第二个思想是忠恕，这是儒家从伦理范畴，提出的处理人与人之间关系的原则。“忠”，尽力为人谋，中人之心。“恕”，推己及人、如人之心。忠诚，宽恕。第三个思想，是由他的弟子传达出来的，强调“礼之用，和为贵”，提倡和谐社会、和谐世界。第四个思想是好学勤勉，孔子讲“三人行，必有我师”。第五个思想是有教无类，教育不分贫富贵贱等级。第六个思想是要交好朋友，交有益的朋友，选正直、诚信、博学的人来交往。第七个思想是讲究气节。第八个思想是发愤图强，任重道远。孔子思想中有很多精华都是值得我们学习的。

孔子的思想是早期人类对于人际关系、人间伦理和社会秩序合理化思考的结果，它有三个重要来源：第一，周公的礼乐制度；第二，继承商朝的祖宗崇拜，发展出孝文化；第三，东夷民族“仁”的思想。孔子最核心的思想竟然来自少数民族的部族，这一点就可见他的高明之处，在于把民间的习俗、少数民族部落的民俗转化到整个中华民族的核心思想中。

第四个根性是中华文化的丰美性（叶茂）

中华文化丰富而柔美。中华民族经过长期发展和众多民族相互吸收、包容、共进，创造了很多文化艺术形式，而且往往与治国的方法联系在一起。比如《老子》里说“治大国若烹小鲜”，治理一个大国就像烹一条小鱼一样，不能老翻它，得顺其自然，老翻小鱼就烂了；政策也同样如此，不能变来变去。除了烹饪术之外，还有武术、中医、地方戏剧、剪纸、年画、陶瓷、刺绣等，这些都是中华文化很宝贵的东西，享有崇高的世界声誉。我们拥有世界上形式最丰富的非物质文化遗产，以不可抗拒的魅力吸引着世界的目光。就拿门神来说，门神是秦叔宝、尉迟恭，一个山东好汉，一个少数民族的好汉，给你守卫门户，保护阖家平安。

由此可见，中华的文化形式包含很多生动的民间智慧和文化内涵。我们的文化由于有生动的魅力，所以有共享性。同时，中华民族文化还有历史原创性，但如果只有原创性没有共享性，光是三五个人在那里孤芳自赏，老百姓不知道，这种文化就会后继乏人，容易中断。中华民族厚重的文化恰恰是历史的原创和共享完美结合创造出来的辉煌文化，所以才能培养出中华文化的深厚底蕴和大国气象。

文化是一个民族的灵魂，是与人种和土地这些物质要素同样重要的精神

要素。

一个民族的文明史是其文化发展史的精髓，民族文化的彻底摧毁意味着一个民族的消亡。人类历史上那些创造出辉煌文明的古老民族，也许他们的人种依然幸存，但是他们的民族却随着其传统文化的消失而灰飞烟灭。而中国作为世界上唯一连续传承5000多年的古老文明，对其文化的破坏更是不可饶恕的罪行。

“盘古开天地”“女娲造人”“神农尝百草”“仓颉造字”奠定了神传文化的初始。“人法地，地法天，天法道，道法自然”，道家天人合一的思想融入文化的血脉；“大学之道，在明明德”，2000多年前的孔子设馆授徒，把以“仁义礼智信忠恕孝悌”为核心思想的儒家文化传与社会。公元一世纪，“慈悲普度”的释教佛法东传，中华文化变得更为博大精深。儒、释、道三家思想交相辉映，使盛唐时期达到举世瞩目的辉煌。

虽然中华民族在历史上多次遭到侵略和打击，但其传统文化一直表现出极大的融合力与生命力，其精华代代相传。“天人合一”代表着我们祖先的宇宙观；“善恶有报”是社会的常识；“己所不欲，勿施于人”是为人的起码美德；“忠孝节义”是人生于世的标准；“仁义礼智信”成为规范人和社会的道德基础。在这样一个前提下，中华文化体现出诚（实）、善（良）、和（谐）、（包）容等优点。“天地君亲师”的牌位，反映出百姓敬神（天地）、忠社稷（君）、重家庭（亲）、尊师道的根深蒂固的文化内涵。中华传统文化追求天人和谐，重视个人修养，以儒释道的修炼信仰为根，能够包容，能够发展，能够维护人间道德，能够使人有正信。

目　录

第一部分　文明之根

（探寻人类文明的前世今生）

第二部分　思想之根

(给予人类在艰难中生存的勇气,引领人类进入精神的高地)

第四部分 科技之根

（科技推动了人类物质文明的进步）

第五部分　文化之争

（苦难深痛的近代中国）

第六部分　复兴之门

（踏向伟大复兴的新征程）

第一部分 文明之根

（探寻人类文明的前世今生）

人类无数辉煌的文明有些已经消失，有些正在慢慢消失，人类纪念凭吊的只是零星的残迹。人类文明的记忆中，更多的文明仅存于科学的推理和神话传说中，曾经辉煌的亚特兰帝斯文明葬身海底；印度河流域是远古时代最伟大的人造建筑奇迹的所在地，是各大陆最大的早期城市住宅区之一，印度河流域文明又称哈拉帕文明。这个文明社会包括著名的古代城镇遗迹摩享约达罗，它的设施完善、技术先进，拥有世界上第一个城市卫生系统，而且有证据证明，这里的数学、工程学和原牙科等技术水平非常了得。到公元前 1500 年，印度河流域文明不再延续，这可能是因为印欧语系部族入侵或者气候变化导致农业无法继续下去；米诺斯文明（爱琴海地区最古老的文明，出现于古希腊迈锡尼文明之前）在大约 7000 年前形成，公元前 2700 年左右变成商业中心，公元前 1600 年达到鼎盛时期。由于这里非常繁华，所以，虽然经历一系列自然灾害，但是很多大型宫殿选择在这里修建，并一再重建。其中一座宫殿是克诺索斯，它是与传奇人物诺迈斯有关的一座迷宫，大约在公元前 1450 年发生的一次未知的人为灾难，使它再没恢复生机，米诺斯文明从此走向没落直至消失；北美洲克洛维斯文明大约出现在 11500 年前，大约相当于 13500 历年。由于克洛维斯人过度捕猎，他们的食物来源减少，另外还有气候变化和疾病，这些因素导致他们大量死亡，从而使当时高度发达的克洛维斯人突然消失。

当我们用足够的勇气和勇敢去正视人类历史发展周期假说时，也许就能理解那时候睿智的人类为什么要建造那些坚不可摧的文明“纪念碑”。

带着一个亘古困扰着人类思想的话题，我们不断思索并向外界求证。人类是否是第一次存活于地球上，地球上存在生命之前到底是一种什么形态？人类的未来到底会走向何方？

这个问题的答案，也许未来会有相对精确的数据支撑，但目前没有，我们只能假设，假设人类不止一次出现在地球上。这一假设一旦成立，我们就会明白，人类是多么的渺小，因为不论多么辉煌的文明最终逃脱不了灭亡的命运。

当人类从蛮荒时代不断进步，不断攀向物质文明的高峰时，伴随着物质文明发达的是人类精神的沙漠、人性的败坏和对物质的过度追求，这使人安于逸乐、挥霍无度，人类高度物质文明都是在这种情况下被摧毁的。这是物质文明和精神文明发展不协调造成的后果。后来的人类都是由前一代人类的幸存者繁衍而来的。也许这只是一个假设，人类的发展其实也是伴随着不断的假设前行的，对于科学来说，需要的是更多的实证。

还记得上帝造人、女娲造人、盘古开天、挪亚方舟的神话故事吗？当进化论被假设出来并被人类接受以后，“人是从猿进化而来”的说法取代神造人的说法，这些故事逐渐地被我们淡忘了，或是被当成古人由于对大自然缺乏科学的理解而产生的奇想。但是神话的本质是什么呢？许多古代出土的文物和典籍显示，不论东方还是西方，古人都是相信、崇敬神的，遵守着神所教导的规则做人处事，薪火相传。然而到了后来，神话的内涵不被后人理解了，人们渐渐地认为神话仅仅是一种缥缈的想象罢了。目前，有越来越多的学者开始对古老的神话进行研究，获得了别于以往的史前文明研究成果。

古希腊人说，人类世纪分为黄金、白银、青铜和黑铁四个时代。每个时代的结束是人类因堕落腐朽而受到神的惩罚，从而毁灭，后又重生。三体人说，三颗太阳毫无规律的运动，让“恒纪元”与“乱纪元”交错，文明在数百次的劫难中延续。地质学家通过对地球地质结构的研究，判断出自显生宙（指开始出现大量较高等动物以来的阶段，包括古生代、中生代和新生代。从距今大约5.7亿年前延续至今。5.4亿年前，寒武纪始，生物逐渐演化出较高级的动物，动物已具有外壳和清晰的骨骼结构）以来，生命至少经过五次大灭绝。

第一章 史前文明时代

——探索人类文明的前世今生

1. 史前文明的断想（不是神话的神话）

迄今为止，人类有文字可考的历史不过3000年，但发生在史前的许多难解的文明之谜，不得不使人们重新去认识过去想象中那个愚昧落后的史前社会。早在7000年前，人类就建成了令现代建筑师望尘莫及的埃及金字塔；而伫立在印度德里的一座寺院里一根4000年前的铁柱，至今没有一点生锈的迹象也无人知道合金的成分；人类在大西洋海底发现了1.1万年前的精致铜器，在世界各地陆续发现了2万年前的铁钉、3万年前的壁画及4万年前被子弹穿透的牛羊骸骨……受瑞典学者丹·尼·肯所著《众神之车》的影响，有人将这些文明之谜推理成外星文明。

是否存在外星文明，一直是科学界争议的问题，也是人类极力探索的一个谜团。❶ 人类在史前如果有过高度的文明，可为什么没留下文明的遗迹、文明史呢？是否曾有过一个无文字记载的史前文明时代？人类的历史进程是否一样呢？也许我们尚未找到史前文明的文字，也许那时根本没有文字。这一切有待

---

❶ 古希腊著名学者柏拉图在2000多年前他的著作《齐麦亚》和《克里齐》中，详细描述了在12万多年前，有一座奥特兰西岛，岛上分布着10个国家。面积最大的国家的皇帝叫“大西”，后人便以他的名字称呼这块土地为“大西洲”。在这片土地上，有着发达的人类文明。岛上的人们通晓天文、数学、水利灌溉和冶金术。大西皇帝曾经率领他的军队征服过埃及和北非地区，也攻打过希腊，后来退回了大西洲。在大西洲上，有一个历史悠久、高度文明发达的神秘的亚特兰蒂斯古国，国内建筑宏伟壮丽，堪称古代建筑、雕刻和园林艺术的精华，人民富足安乐，历来被传为“人间天堂”。1945年逝世的著名特异功能者凯西，生前对大西国做透视描述，他们不仅掌握着无与比拟的技术，而且有先进的海陆空交通工具，文明程度远远超过现代。在公元前1万年左右，突然发生的地震和海啸使“大西洲”在一夜间消失在大海中。1968年，考古学家在巴哈马群岛附近海域，发现了传说中的大西国文明遗迹，遗迹附近经常出现飞碟的踪影。

考古发现。但现存的巴颜喀拉山石盘、玛雅石碑、复活节岛会说话的木板之谜，都值得进一步探究。

金字塔、八卦图的科学知识及其神秘而古老的地图，也许是史前文明的另一种表现方式，是上古的先人留给后人最宝贵的、不朽的财富。

20 世纪 60 年代初期，我国考古工作者在新疆一座古老的山洞里，发现了一批古代岩画，其中绘制的月形图无疑是世界上最古老的月图。由于其岩石的位置在新生代第四纪冲积层之下，因而可断定是几万年前的作品。这幅月图极其鲜明、准确地表现了月球上大环形山中心辐射出的巨大辐射纹。在几万年前，人类的天文知识就达到如此水平，着实令人惊叹。

金字塔显示的地球以及地球在太阳系中的池位的知识，更令人惊慕不已。用数字表示如下：金字塔的周长数相当于 1 年的天数；2 倍周长等于经度 1 度的 1/10；金字塔斜面边缘白底至顶的距离等于纬度 1 度的 6%；金字塔高度的 10 亿倍约等于地球到太阳的距离；金字塔周长除以两倍高度可以得到“2”的数值；地球极轴日复一日地变动在太空的位置，每隔 25827 年又回到它原来的位置，这个数目也出现在金字塔的度量里，相当于金字塔塔底两条对角线的之和。

大金字塔内国王墓室的度量显示出两个毕达哥拉斯基本三角形的尺寸，虽然金字塔建造的年代先于毕达哥拉斯数千年之久。真不敢相信，是谁建造了这样一座巨大而又复杂的结构物来传达这些知识？莫非是经过一连串全球性的大灾难之后，仍拥有工业设备的余生者希望将他们的知识以无法毁灭的方式留传给未来的人类？即使那个时候存在的所有记录和语言都已荡然无存。

在中国的古文献中，有这样的记载：远古伏羲氏时，有龙马驮图自黄河出，世称河图。伏羲氏得之，始作八卦。夏禹时有神龟自洛水出，龟背赤文绿字，禹把它描下，世称洛书。人类不得不猜想，这神奇的河图洛书，可能就是地球上史前文明的再现。

受河图洛书启发得出的“太极周易图”，用现代语言表达就是《宇宙变化规律的图示》，它是宇宙间万事万物变化规律的哲学和数理的最高抽象，最简洁直观的精确图示内藏有象、数、理、气四要素，包罗万象。

并以其特有的简单占卜直观的图示，把宇宙间一切事物的矛盾对立统一这个辩证法原理及其双方在一定的条件下必然走向对方这一辩证法的生命法则表现得淋漓尽致。中国古代的八卦图构成我们宇宙的全貌——五维时空，是宇宙模型图。“阴阳鱼”可能是近代天文学中极为流行的假说里的“黑洞”“白洞”之说。

由此我们可以推测，史前文明的程度，远远高于我们现在。诸如，今人无

法企及的建筑术、神秘莫测的飞碟、高深的八卦理论、奇怪的天文学知识，等等。然而，令人遗憾的是，从神话传说及考古发现中不难看出，地球不止一次遭到大洪水、大爆炸等大灾难的侵袭，古文明一毁再毁，古人类经历过多轮回的死而复生，也许这是神话的断想，但人类的态度绝不应当把它当作简单的神话。

2. 史前文明的发现

科学技术的进步，足以让许多人引以为荣。人类庆幸成为人类，而不是低等生物，人类更庆幸生活在地球这样一个能够为人类提供生存环境的星球。然而，达尔文的适者生存的进化论带来了人类对地球资源的掠夺，人类之间相互的恶性竞争，给地球带来了更多的危机，这使一些学者开始重新审视人类真正的历史，探寻人类真实的由来，反思前人的经验教训。

脱胎于进化论的人类起源假说理论认为，现代的人类大约在 10 万年前起源于南非，从那里迁移到欧洲和亚洲南部，从亚洲继续迁移，于 3 万年前经白令海峡到达新大陆，于 1.5 万年前抵达南美。然而大量的文明遗迹，有着远远超出人类文明的历史，这些不同时期的遗迹，完全打破了进化论的框架。❶

基本科学知识告诉我们，人类的文明从蒙昧时期发展到今天的辉煌，用了 5000 多年的时间，这些间隔久远的发现，很可能代表了不同时期的文明。❷

根据这些确凿无疑的事实，一些学者提出了史前文明学说。他们认为人类的发展并不像以前想象的那样，而是周期性的，不同时期地球上存在不同的文明，不同时期地球的大灾难毁灭了当时的文明，甚至使当时绝大多数的生物遭到灭绝。有幸残存下来的人，从原始状态开始，繁衍发展，又进入下一次文明，后又在下一次全球性的灾难中毁灭，周而复始。人类的整体文明与生命一样遵

---

❶ 1880 年，美国加利福尼亚的太波山 91.44 米的地下出土了一批精美的石器工具，经鉴定这是 5500 万年前的遗迹；1968 年，考古学家朱伊特（Y. Druet）和萨尔法蒂（H. Salfati）在法国的一块石灰岩层里发现了一些不同型号的金属管，岩层的年龄是 6500 万年。

❷ 著名的美国《Science》杂志 1998 年刊登了一系列考古发现：1.5 万年前的人像、2.3 万年前的人像、3 万年前用猛象牙雕刻的马、9 万年前带倒钩的矛。在美国德克萨斯州拉克西河岸的岩层中，人们在恐龙脚印化石旁边发现了 12 具人的脚印化石。十几年前，卡尔·鲍就对此开始了深入的研究，他以充分的论据排除了人为雕刻的可能。后来，同一地层中又发现了人的手指化石和一把铁锤，锤柄已经变成了煤，表明这个地区在远古时，曾经深埋在地下。锤头含有 96.6% 的铁，0.74% 的硫，2.6% 的氯，这种现在都不可能造出来的合金，可能展示了史前一个高度发达的人类文明。

循着“出生—发展—灭亡”的规律，循环往复。

在浩瀚的宇宙中，一颗诞生了46亿年的星球，身披蓝色，显得那么美丽、宁静而又生机勃勃，她就是太阳系的唯一骄子——地球。人类便是这颗蓝色星球通过长期演化所创造出来的奇迹。

1932年，美国耶鲁大学研究生刘易斯先生在印度西瓦立克山晚中新世到早上新世的地层中发现了带有牙齿的猿类上颌骨化石，两年后这种化石被命名为“拉玛古猿”。在自然界的变迁过程中，拉玛古猿中的一部分进化为南猿，被认为是人类最早的祖先。

大约300万年前，南猿中的一支开始直立行走，并逐步进化为“能人”，这就是人类最早的代表。早期直立能人和南猿有许多相似之处，但要比南猿进步。如头盖骨变薄，脑容量增大，能人的脑容量平均可达到656毫升。

距今约150万年至20万年前，早期直立人经过无数代的演化，进入到晚期直立人阶段。以“北京人”为例，脑容量已经达到1043毫升，除头盖骨还较厚、眉骨粗大、吻部前突、髓腔较小外，与现代人已经非常相似。

距今约20万年至5万年前，人类的发展进入到早期智人阶段。早期智人的脑量继续增大，并能完全直立行走，那时很可能已经有了比较发达的语言，制作石器的技术有了相当大的进步，甚至已经学会了人工取火，埋葬死者的习俗开始出现。我国的丁村人、马坝人、长阳人、桐梓人和许家窑人，德国的尼安德特人、法国的圣沙拜尔人以及巴勒斯坦的斯虎尔洞人等都属于早期智人的范畴。

距今约5万年至1万年前，人类进入到晚期智人阶段，其体质行态与现代人完全相同或接近，脑量达到1400毫升，和现代人基本一致。他们能够制造多种石器，并发明了骨针、渔叉、弓箭，出现了雕刻、绘画等原始艺术，埋葬死者的习俗十分普遍，同时出现了原始宗教。我国的柳江人、山顶洞人、资阳人和鸽子洞人，法国的克罗马农人、非洲的费洛里斯巴人、大洋洲的科体纳人、印尼的瓦贾克人等都属于晚期智人的范畴。

3. 史前文明的飞跃（语言的产生和使用）

在最初的原始人群中，人们只能通过手势、眼神等简单的动作和声音来互相传递信息，这种交流方式使得经验和知识的传播范围有限，因此那时的生产力非常低下。人们为了维系生命，必须团结起来同野兽作殊死搏杀，同自然界一切灾难性因素作顽强的斗争。在这种长期艰苦劳动的过程中，人们的肌体得

到了锻炼，发出的声音出现了高、低、粗、细的频率变化，通过不断的磨炼和积累，促使了器官的进化和完善，人们终于创造出了语言，并以此提高了在自然界的适应能力。这就是人类历史上第一次伟大的信息革命，“语言”成为人类活动中最初的信息载体和相互联系的手段。

语言的产生和使用，推动了人与人之间的交流交往，特别在原始人剿捕野兽的过程中发挥了重要作用。人们从此可以前呼后拥，从四面八方包围猎物，并聚而歼之，作战效率提高了，食物开始丰富了。更重要的是，语言的使用能够扩大人们的记忆领域，刺激大脑的进化，并进一步促使了人类最初思维能力的升华。自此，人类原始的本能行为转变成有意识的活动，大大加强了相互之间的合作，提高了和自然界抗衡的能力。人们因此告别了蒙昧，进入到低级有序的状态，“语言”成为人类顺应自然、利用自然、改造自然的第一个信息平台。

但是，原始人积累知识的水平仍然十分低下，社会发展的速度相当缓慢。当时，人们只能使用粗劣的石器工具，通过采集和渔猎来维持日常生计，用结绳来记录某些重要的事件和灾难性天气，而人类生产和生活的经验、本领唯有通过氏族部落的长者向晚辈的言传身教代代相传承袭下去。这种传播交流的空间极为狭窄，甚至某些好的经验和技术常常因自然界的因素或其他意外原因而夭折。人们想得到更大规模的发展就受到限制，人类文明的进程非常艰难，以致漫长的旧石器时代占据了人类目前全部历史的99%以上。

到了新石器时代，人们通过世世代代的长期耕耘，语言系统得到空前的巩固，对自然界的各种基本信息也有了更多的了解。火的发现和利用，使人们由生食、野食转变为熟食，从此改变了原始人的饮食品种，扩大了食物来源，改善了营养结构。这不仅有利于人们的生长发育、体质体能的提高，同时也使人类变得聪明起来了，并逐步地出现了农业生产、家禽饲养、手工编织、陶器烧制等多种活计。人们开始懂得了晴雨风雪和寒暑交替的气象变化，知道了什么时候日短夜长，什么时候日长夜短，掌握了节气变化和春种秋收的规律，学会了预防自然灾难的某些经验与方法，生产工具和生活用具也得到了不断的改进和提高。除此以外，随着物质生活的丰富，精神生活也发生了变化，人们除了干活、吃饭、繁衍哺育后代以外，有了装饰、审美的需求，由于对“神”的崇拜而派生出了宗教礼仪活动……人类渐渐摆脱了原始状态。在这个过程中，语言的产生、使用和发展起到了最为根本的作用。

第二章 人类文明的启蒙

——原始文明时代

1. 以采猎为生存方式的原始文明的演变

人类建立的第一种文明是原始文明。所谓“原始文明”，就是建立在生命物质基础上的人类文明，是采集和利用天然生命物质的文明。

人类进入的第一种文明是生物文明，生物文明的初级阶段是天然生物文明或采猎文明。采猎文明的本质，归根结底应该从其物质生产方式来确定。采猎文明生产方式的基本特点就是对自然界野生动植物的采集和渔猎，所以，采猎文明属于生物文明，而且属于生物文明的初级阶段，这个阶段最突出的特点就是对野生动植物的高度依赖。采猎时代也因此称为天然生物时代，即“采集和渔猎天然生物的时代”。显然，在采猎时代人类的生产活动还只是处在生命物质的最底层，只是采集和渔猎自然界自身生长和存在的各种生物，离开自然界现成的各种动物和植物，人类就不可能生存。

正是采猎文明作为“采集和渔猎天然生物的时代”的这样一个本质，决定了采猎时代的局限。首先，采集和渔猎活动对自然界生物资源和生态环境的绝对依赖性。其实，任何生物对自然环境都是高度依赖的，一旦支撑它们生存的基本生存条件发生改变，这种生物就将逐渐步入灭绝，而不论曾经多么强大。例如，在地球上不可一世的恐龙就是在自然环境发生急速转变之后而不可逆转地走向灭绝之路的。人类由于创造和使用工具，实现了从被动的动物式觅食活动到能动的人类生产活动的转变，生存能力超越了其肉体机能的界限。但是，原始人所从事的采集和渔猎生活依然具有极大的局限性，这就是对作为食物的自然界野生动植物的绝对依赖，可以说，自然环境中可以采食的野生动植物的状况成为制约原始人生存状况的决定因素。因此，一旦生存环境和野生动植物资源发生变化，马上就会影响到原始人的生存。他们或者跟随环境的变迁而转

移，或者在环境的威逼下艰难度日甚至走向衰落和灭绝。其次，采集和渔猎的生产方式具有极大的惰性，尤其是地球的自然环境给种群还很小的原始人维持采猎生活提供了巨大的扩展空间，这更加增强了采集和渔猎生产方式难以轻易改变的惰性。所以，人类的祖先从非洲走向全世界经历了几百万年的时间，但采集和渔猎的生存方式几乎一直没有发生根本转变。采猎生活发展缓慢，进一步导致人们的社会组合、意识观念的变化也十分缓慢，采猎文明的变化几乎是以万年、十万年甚至百万年为单位的，从较小的时段中几乎看不到任何变化。所以，即使进入农业时代，世界上依赖采猎方式生活的人群依然很多，采猎生活方式一直延续到工业高度发达、极大地破坏了自然环境之后才终于完全退出历史。

采猎文明的形成和演变给我们许多启示。

第一，工具的创造和使用是人类从动物脱离出来的根本原因，工具的发展也是人类发展的根本原因，人类在自然界中的地位和作用完全取决于工具的发展水平，人类的发展归根结底是工具的发展。所以，即使在今天，在资源短缺、环境污染严重的工业危机面前，依然要靠先进的生产工具，因为只有工具的发展才能把人类引入更高级的生产方式，才能开发出不尽的新能源和新材料，才能形成克服污染环境的新的生产技术。当然，工具的发展和使用也离不开先进的社会关系、社会组织和社会制度。但工具的发展始终是最根本的。

第二，人类文明的发展与人类活动空间的开拓永远是分不开的，后者甚至可以成为衡量前者的重要尺度。采猎文明延续几百万年，工具的发展一直局限在旧石器时代，但人类的足迹却从非洲的大草原拓展到世界各地，成为分布最广泛的物种，因而也是生命力最强大的物种。茫茫宇宙时空无限，人类文明的发展不应局限于地球，人类应该走出地球、走向太空、走向宇宙，这才是人类真正的发展前景。地球上资源短缺、空间狭小，不应成为人类发展的障碍，地球不应成为人类发展的极限。突破地球，应该成为人类新文明的根本特征。

第三，人类是一个同根同源的世界性物种，人类还是一个超越动物性的文化性存在。因此，人类不应该局限于国家、民族、地域性的利益，而应倡导全人类主义，坚持以人为本，构建全球一体化社会。人类经历了几百万年采猎文明的演进，战胜了大自然的众多挑战，终于摆脱了物种灭绝的危险，并且遍布整个地球，走向了更高级的文明阶段，所以更应当珍惜和保护人类共同的文明成果。

2. 原始文明的神话与实践起源

一手托着神话，一手托着考古，上古时人很少而禽兽多，人居住在陆地上，经常遭受禽兽的攻击，每时每刻都面临着伤亡危险。在恶劣环境的逼迫下，部分人开始往北迁徙。他们来到今山西和陕西一带，受鼠类动物的启发，在黄土高原的山坡上打洞，人居住在里面，用石头或树枝挡住洞口，这样就安全了许多。但是北方气候寒冷，许多人宁愿留在危险的南方，也不肯往北迁移。这时候“有巢氏”出现了。传说他出生在九嶷山以南的苍梧，曾经游过仙山，得仙人指点而有了超人的智慧。他受鸟类在树上筑巢的启发，最先发明了“巢居”。他指导人们用树枝和藤条在高大的树干上建造房屋，房屋的四壁和屋顶都用树枝遮挡得严严实实，既挡风避雨，又可防止禽兽的攻击，人们从此不再过那种担惊受怕的日子。

有巢氏时期人类的社会组织已经进入到母系氏族公社阶段。当时的社会活动主要是男子打猎和捕鱼，女子采集野菜和挖掘块根。此时人类的婚姻形式已经有了很大改变，不仅排除了兄弟姐妹间的通婚关系，同一族团内部的同辈男女也禁止通婚了。

从距今 260 万年延续到 1 万多年以前，人类主要依靠石器采集坚果、浆果和种子来维持生存。人类在劳动中的最大进展是在智力方面，人脑的进化使人类有了抽象思维的能力。在原始的文明时代，人类首次创造了艺术，人类文明开始启蒙，他们用描绘动物和狩猎场景的岩画装饰山洞，还开始捏制动物和孕妇的泥像。

距今约 250 万年至距今约 1 万年，是以人类开始使用打制石器为标志的人类物质文化发展阶段，但也有木制、骨制和陶制工具。由于体质和智力水平的限制，当时人类所使用的工具都还是石制的，且制作方法主要是打制法，在学术上被称为“旧石器时代”。其生活资料主要靠狩猎和采集来提供，其食物构成主要是野生动物及植物。地质时代开始于上新世晚期过渡到更新世（冰川世）阶段，从距今约 250 万年前开始，延续到距今 1 万年左右止。其时期划分一般采用三分法，即旧石器时代早期、中期和晚期，大体上分别相当于人类体质进化的能人和直立人阶段、早期智人阶段、晚期智人阶段。旧石器时代的文化在世界范围内分布广泛。由于地域和时代不同，以及发展的不平衡性，各地

区的文化面貌存在着相当大的差异。❶

3. 开启人类文明启蒙之“火”

最早的原始人，还不知道利用火，东西都是生吃的，生吃植物果实还不算，就是打来的野兽，也是生吞活剥，连毛带血的吃了。当人类为了生存而利用火以后，人类从此进入了原始的文明时代，脱离了茹毛饮血的蒙昧❷。火早于人类，一直在自然界中存在，只是一直以来没有被人类储存和利用，原始人在求生存的状态下偶尔捡到被火烧死的野兽，食用后感觉比食用生的动物更加容易咀嚼并且味道更香，经过多次的试验，人类渐渐学会用火烧东西吃，并把火种保存下来，使它常年不灭。

又过了相当长的时期，一个叫“燧人氏”的人发现用坚硬而尖锐的木头，在另一块硬木头上使劲地钻，能钻出火星来；用燧石敲敲打打，也能敲出火来。从此懂得了人工能够取火。人工取火是一个了不起的发明。从那时候起，人们就随时可以吃到烧熟的东西，而且食物的品种也增加了。传说，燧人氏还教人捕鱼。原来像鱼、鳖、蚌、蛤一类东西，生的有腥臊味不能吃，有了取火办法，就可以烧熟来吃了。

---

❶ 欧洲旧石器时代早期文化有手斧文化系统和没有手斧的石片石器文化系统。中期以莫斯特文化为代表。晚期有奥瑞纳文化、梭鲁特文化和马格德林文化。非洲旧石器时代距今250 万～200 万年。旧石器时代早期有奥杜韦文化和阿舍利文化。中期有莫斯特文化，阿替林文化，石核斧类型文化。晚期有奇托利文化等。东南亚旧石器时代文化，如分布于缅甸伊洛瓦底江流域的安雅辛文化、分布于泰国西部芬诺河流域的芬诺伊文化、发现于马来西亚西北部霹雳河流域哥打淡地方的淡边文化、分布于印度尼西亚中爪哇南部海岸巴索卡河河谷的巴芝丹文化、分布于菲律宾巴拉望岛西南海岸的塔邦文化等。中国旧石器时代文化早期距今100 万年前的有西侯度文化、元谋人石器文化、匼河文化、蓝田人文化以及东谷坨文化。中期文化有丁村文化为等。

❷ 科学家分析了来自以色列的燃烧过的种子、木头和燧石，并推测大约在 79 万年前人类就开始控制火的使用。这些少量的、燃烧过的燧石成簇地分布，显示人们是在一个特定的地点用火，这可能就是最早的炉灶。科学家说，这些欧洲旧石器时代的人们在考古学地点即GesherBenotYa' aqov 燃烧了包括橄榄树、野生大麦和野生葡萄树等在内的 6 种木头。这个地点是非洲与欧亚大陆的交界。来自以色列的 NaamaGoren-Inbar 和同事推测，这些火的使用者可能是直立人、巨人（Homoergaster）或远古智人。他们在论文中写道，对火的使用导致了与之相关的饮食、防御和社会交往等行为的显著改变。在这个考古地点，来自同一时期的大多数燧石、木头没有燃烧过的痕迹，表明是人类控制的火而不是自然界的火造成了本文所描述的这些史前物的燃烧。

又经历了很长时间，一个叫“伏羲氏”的开始教人们用绳子结网，用网去打猎，还发明了弓箭，这比光用木棒、石器打猎要强得多。不但平地上的走兽，就是天空上的飞鸟，水里的游鱼，都可以射杀、捕捉。捕来的鸟兽，多半是活的，一时吃不完，还可以养着、观赏，留到下次吃，这样，人们又学会了饲养。这种渔猎的时期又不知经过了多少年，人类的文明越来越进步。这时，“神农氏”出现了，他教人们把一把野谷子撒在地上，到了第二年，地面上生出苗来，一到秋天，又长成了更多谷子。于是，人们就大量栽种起来。他们用木头制造一种耕地的农具，叫作耒耜（音 lěisì，一种带把的木锹）。他们用耒耜耕地，种植五谷，收获量就更大了。传说中的“神农氏”还亲自尝过各种野草野果的味儿，有甜的，也有苦的，甚至碰到有毒的。他不但发现了许多可以吃的食物，还发现了许多可以治病的药材。据说，医药事业就是从那时候开始的。

4. 旧石器时代的世界文明的代表

以使用打制石器为标志的人类物质文化发展阶段称为旧石器时代的早期阶段。在旧石器时代早期，人类已经学会了用火，中期出现了骨器，晚期已经能制造简单的组合工具，而且开始形成了母系氏族。元谋猿人、蓝田猿人、北京人、山顶洞人等基本上都处于这一时期。

这个时期的人们可以制造简单的工具用于打猎和采集，以中国周口店发现的北京人为例，据考究，他们使用石器和木棍来猎取野兽，并懂得采集果子充饥。他们主要居住在山洞中。考古工作者在其洞穴中发现木炭、灰烬、梡烧石、烧骨等痕迹，显示当时的人们已掌握了使用火的技术，并会砍取树木作燃料。

（1）欧洲的旧石器时代

欧洲旧石器时代的考古工作开展得早，发现的遗址较多，研究也更深入，19 世纪以来已建立起旧石器文化分期的序列。欧洲旧石器时代早期文化可分为两大系统，一是手斧文化系统，包括阿布维利文化和阿舍利文化；一是没有手斧的石片石器文化系统，如克拉克当文化。二者大体是平行发展的。旧石器时代中期以莫斯特文化为代表，其主要特征是修理石核技术（勒瓦娄哇技术和盘状石核技术）有了很大的发展，典型器物是比较精致的刮削器和尖状器。旧石器时代晚期有奥瑞纳文化、梭鲁特文化和马格德林文化。这一时期的特点是石器主要用石叶制作，有端刮器、雕刻器和钝背刀等；骨角器很发达，出现了鱼

叉、骨针、标枪、投矛器等新工具；还出现了装饰品和绘画、雕塑等艺术品。

(2) 西亚的旧石器时代

西亚连接欧亚非三洲，地理位置十分重要，早期人类可能正是通过西亚跨洲迁徙的。西亚与欧洲、非洲在文化上的关系很密切，石器的分类和命名多采用欧洲的标准。这一地区的旧石器时代早期文化以砾石砍斫器和手斧为主要特征。有类似奥杜韦文化的类型和阿舍利文化。中期以石片石器文化为主要特征，广泛使用勒瓦娄哇技术，称为勒瓦娄哇—莫斯特文化，与欧洲莫斯特文化接近。晚期遗存主要是石叶文化，与欧洲的奥瑞纳文化和格拉韦特文化比较相似，最后出现了细石器。

(3) 非洲的旧石器时代

非洲旧石器时代考古在世界上占有重要地位。这里不仅发现了迄今为止年代最早的人类化石和石器文化，而且是世界上已知的人类各发展阶段没有缺环、年代前后相继的地区。迄今所发现的最早的石器发现于东非肯尼亚的科比福拉，以及埃塞俄比亚的奥莫和哈达尔地区，年代距今 250 万 ~200 万年。旧石器时代早期在非洲存在两大石器文化传统：奥杜韦文化和阿舍利文化。旧石器时代中期，在北非有莫斯特文化和阿替林文化；在撒哈拉以南地区，有中非的石核斧类型文化，如山果文化和卢本巴文化，南非的彼得斯堡文化、奥兰治文化、斯蒂尔贝文化和班巴塔文化。旧石器时代晚期，非洲气候极为干旱，发现的遗存数少，在北非有与欧洲石叶文化相似的代拜文化，在撒哈拉以南地区则有奇托利文化等。早在 19 世纪中叶，在非洲就发现了史前时期的石器。到 20 世纪初叶，已初步建立起更新世时期旧石器文化的发展序列。自 20 世纪 50 年代末以来，非洲在古人类和旧石器方面又有一系列重要发现，使得这一大陆的旧石器时代考古在世界旧石器时代考古中占有重要的地位。

(4) 东南亚的旧石器时代

考古学家一般把这一地区的旧石器文化称为“砾石和石片石器传统”或“砍斫器传统”。在这个传统之下，又可分出若干地方类型，如分布于缅甸伊洛瓦底江流域的安雅辛文化，分布于泰国西部芬诺河流域的芬诺伊文化，发现于马来西亚西北部霹雳河流域哥打淡地方的淡边文化，分布于印度尼西亚中爪哇南部海岸巴索卡河河谷的巴芝丹文化，分布于菲律宾巴拉望岛西南海岸的塔邦文化等。目前，这一地区的旧石器材料，虽然从早期到晚期都有，但很不完备，存在许多地区和时间上的空白，不少遗址缺乏可靠的年代学证据。人类化石的发现也不平衡，除印度尼西亚的爪哇岛外，其他地区十分稀少。

（5）中国的旧石器时代

中国旧石器时代早期文化分布已很普遍。距今 100 万年前的旧石器文化有西侯度文化、元谋人文化、匼河文化、蓝田人文化以及东谷坨文化（见东谷坨遗址）。距今 100 万年前以后的遗址更多，在北方以周口店第 1 地点的北京人文化为代表，在南方以贵州黔西观音洞的观音洞文化为代表。总的来说，中国旧石器时代早期文化基本上是类似于奥杜韦文化的类型，似乎没有西方的阿舍利手斧文化。但有的学者认为，在这一时期，中国旧石器文化和西方阿舍利文化之间可能存在着交流。

中国旧石器时代中期文化可用山西襄汾发现的丁村文化为代表。另外比较重要的有周口店第 15 地点文化和山西阳高许家窑人文化。中国的旧石器时代中期文化，基本上保持了早期文化的类型和加工技术。

进入旧石器时代晚期，遗址数量增多，文化遗物更加丰富，技术有明显进步，文化类型也更加多样。在华北、华南及其他地区，都存在时代相近但技术传统不同的文化类型。在华北，有继承前一个时期的小石器传统，其重要代表有萨拉乌苏遗址、峙峪文化、小南海遗址、山顶洞遗址等；有石叶文化类型，以宁夏回族自治区灵武县的水洞沟文化为代表，它与西方同期文化有较多的相似处；还有 20 世纪 70 年代后期发现的典型细石器工艺，如山西沁水的下川文化，河北阳原虎头梁遗址的虎头梁文化等。在东北地区，属于这一时期的重要遗址有辽宁海城小孤山遗址和黑龙江哈尔滨阎家岗遗址等。在南方，这一时期出现了几个区域性文化，如以四川省汉源县富林遗址命名的富林文化类型，以四川省铜梁县张二塘遗址为代表的铜梁文化类型，以及最初在贵州省兴义县猫猫洞遗址发现的猫猫洞文化类型。另外，在西藏、新疆和青海地区也发现了一些属于这一时期或稍晚的旧石器文化地点。总的来说，这一时期文化的主要特点是，除少数地点外，石叶工艺和骨角器生产不很发达。

5. 原始文明的飞跃

新石器时代中期以后，母系社会向父系社会全面过渡。由于生产工具的不

断进步，物质财富有了积累，因而导致了贫富的分化；又由于贵族权杖的出现和宗教礼仪活动的日益频繁，人们便产生了要把某些事物记录下来的要求。于是，最早的刻画符号出现了，文字形态开始萌芽。在我国黄河流域的仰韶文化和大汶口文化、江南太湖流域的良渚文化等新石器文化中都出现了刻画在陶器上的（也包括玉器和其他载体上的）指事性文字和象形性文字，时间在距今五六千年左右。“文字”是语言和文化的载体，是人们记录事物和交流思想的工具，对人类社会的发展做出了卓越的贡献。

夏、商、周是中华民族第一轮文明高潮的辉煌展现，它和世界上著名的埃及文明、西亚文明、玛雅文明一样都是以成熟的文字体系作为其文明的基础。这个时期，中国社会产生了两次重大变革，即从原始氏族公有制转变为奴隶制，又从奴隶制转变为封建制。这时期诞生了具有完整系统的甲骨文，创立了中国古代最重要的政治制度“周礼”，建立了朴素的古代哲学体系——易经八卦，这一切不仅是当时社会坚如磐石的基础，同时也对中国以后几千年的历史进程产生了重要影响。

从新石器时代中后期文字形态的出现，到殷商甲骨文的形成和金文的不断演变；从陶器、玉器、竹木器、漆器、丝织品的制作到青铜艺术的辉煌成就；从大规模农业生产劳动到手工作坊的兴起、城池的修筑和宫殿的营建；从阶级分化、礼制盛行到国家机器的确立……这一切足以证明：文字作为信息传播手段折射出巨大能量。因此，世界上大多数国家都把文字的产生和使用作为人类文明时代开始的重要标志。

文字的产生、发展和演变，也导致了记录文字工具的产生、发展和演变。这无论是对文字本身还是对文字传播的信息都具有十分重要的意义。

在新石器时代中后期，人们普遍采用尖状器在各种载体上进行操作、刻画，考古学界把这种新石器时代不成熟的文字称作“刻画符号”。在江苏、浙江、陕西、河南、湖北以及山东等地都出土过玉、石、贝、陶器上的刻画文字。这种制作文字的方法一直延续了几千年。此外，在西亚古代巴比伦文明中，也出现过一种楔形文字，它是在泥板上进行雕刻而完成的。

殷商时代，甲骨文的出现标志着中国系统文字的正式诞生，而它的制作方法同样是用尖状器在龟甲和牛肩胛骨上进行刻制。之后出现的文字便是青铜礼器上的铭文，这是通过模子浇铸而成的。在陕西周原一带就出土了大批具有这种青铜铭文的青铜器。春秋战国时期的文字记录大多用竹简、木简和刀削来完成。自从秦发明毛笔以后，简策便开始用毛笔书写，替代了刀削低效率的劳动。

西汉时期，帛书开始广为流行。到了东汉，蔡伦在总结前人经验的基础上，用树皮、麻头、破布、渔网等做原料，制成了植物纤维纸，遂使文字的书写和传播更为方便。公元七世纪，造纸术开始传入其他国家，从此掀开了人类文明新的一页。因此，笔、墨、纸、砚成为中国的文房四宝。

唐朝初期，雕版印刷问世，使得文字信息的传递一下子上升到批量阶段。这对记录文字、传播信息又起了一个里程碑的作用。在唐、宋、元、明、清约1300年时间内，基本上以雕版印刷为主。

北宋庆历年间，毕昇首先发明胶泥活字印刷技术。之后有人仿效，出现了泥活字，而后又出现了瓷活字。元代开始用木活字，此外还铸造出了锡活字。至明、清两代，流行铜活字和铅活字。中国明代陆深著《金台纪闻》，以及清代魏崧著《壹是纪始》中就有用铅活字印书的记载。由于活字排版技术的逐渐完善和规模的不断扩大，最终代替了雕版印刷，从而使信息的流通达到了崭新的水平。

文字信息的广泛传播，不仅推动了中国古代科技的发展，营造了士大夫文化的昌盛，并进一步促使了我国封建社会农业、手工业、商业和城市建设的全面繁荣。

第三章　人类文明的形成

——农业文明时代

1. 农业文明开启人工生产并利用生命物质的文明

人类历史进入的第一种物质生产方式是采猎生产，它的最显著特点是劳动对象为野生的动物和植物。因此，采猎生产活动要受到自然界存在的野生动植物资源贫乏的绝对限制。当然，在人类的初期，由于人口数量少、采猎生产能力低下、自然条件优越以及尚未开发的地域广大等因素，人类的采猎生产活动还不会遇到野生动植物资源贫乏的限制。但是，随着人口的扩大、采猎生产能力的提高或自然环境的变迁，自然资源状况就有可能不再适应人类采猎生产活动的持续发展，因而导致采猎生产出现危机。在人类历史上，这样的危机的确发生了，并且导致了农业革命，形成了种植养殖的农牧业生产方式。对此，英国著名历史学家汤因比做过深入细致的研究和阐述。❶ 汤因比引用了柴德尔《最古的古代东方》一书中的一段话："当欧洲大陆上的冰川收缩的时候，大西洋的气旋地带再度向北移动，其结果便出现了逐步的干旱过程。面对着这种事实，受影响的狩猎居民只有三条出路。他们可以追随他们所习惯的气候环境，跟着他们的猎物向北或向南迁移；他们也可以留居原地，靠着他们所能猎获的不怕干旱的生物勉强过活；或者他们也可以——还是不离开家乡——通过驯化

---

❶ 汤因比在《历史研究》一书中这样叙述道："在冰河时期结束以后，我们的亚非地带开始经历了一次深刻的物质变化，逐渐地干旱起来；同时像其他有人类居住的地方一样，在一片从前完全是属于旧石器时期的原始社会的地方，出现了两个或两个以上的文明。我们的考古学家鼓励我们把非洲的干旱看作是一种挑战，而这些文明的起源便是应战。"

动物和从事农业来把他们自己从变幻莫测的环境中解救出来。[1]”这些富有创造力的人们在生活方式的改变中是彻底地从采集食物和狩猎生活中改变到了耕种生活。只有从采猎危机中改变生产方式和生活方式，才能真正开拓出新的发展方向即步入农业化的发展新时代。

历史的事实表明，在很长的历史时期中，采猎生活所需要的自然条件是比较充裕的，原始人可以依赖采猎方式而生活得比较好。因此，这个时期的原始人尚不需要改变生产方式来维持生存。这也就是说，农业革命的实施并不缺乏必要的知识，而是缺乏必要的动力即缺乏实际的急迫需要。这个事实给予我们深刻的启迪，任何新产业革命的出现并非主要是出于新知识的形成，而主要是出于实践的紧迫需要。实际上，农业革命的出现是由于采猎生产活动出现了危机，自然条件已不允许某些地方的人类再持续利用采猎的方式生存下去，农业生产方式正是作为应对采猎危机的新生产手段而诞生的。

采猎生产由于是把自然繁衍的动植物作为劳动对象，因而是一种不可持续的生产方式，最终人类必然会遇到野生动植物资源匮乏的时候。农业生产则把物质生产的层次和环节向前推移，把土地、草原作为直接劳动的对象，从土地和草原上人工种植植物和养殖动物，因而形成了更深层次的循环的物质生产方式。在农业生产中，人类的能动性进一步增强了，人类的物质生活更加具有保障了，因此人类社会组织、社会制度、社会交往、意识文化活动等也愈加复杂和丰富了。

正是在从采猎生产方式向农业生产方式转变的过程中，尼罗河流域和两河流域崛起了，这是人类文明中心从非洲南部向中东地区发生的最早的转移，这使古埃及人和苏美尔人的发展领先于世界任何其他地方。汤因比这样说道：“野性难驯的自然被人类征服了：狰狞可怖的森林沼泽让开了路，在这里出现了一

---

[1] 汤因比对上述三条道路做了总结。第一，那些跟随气候迁移的人们，“选择了一条困难最少的道路，他们为了不改变他们的生活方式，他们向南方迁移，选择了一个同他们的故乡的自然环境大体相同的地方定居下来。他们在热带的苏丹地方住下来了，像从前一样住在赤道的多雨量地区，一直到今天这些人的后裔的生活还是同他们远古祖先的生活基本相同”。这就是说，他们一直停留在原始采猎生活方式中而未能向前发展。第二，“凡是在这次变化里既不改变他们的居住地点又不改变他们的生活方式的人只有走上灭亡之路，因为他们不能对干旱的挑战进行应战”。第三，那些改变了生活方式的人们又出现了两种分化：一种是“没有改变居住地点而改变了生活方式的人们，把自己从猎人变成了牧羊人，逐步成为亚非草原上的游牧民族”。另一种是“既改变了居住地点又改变了生活方式，这一种少见的双料反应乃是从即将消灭的亚非草原上的某些原始社会中创造了古代埃及文明和古代苏末文明的富有生命力的行为”。

片沟渠、堤岸和田野；从不毛的荒野里开辟出来了埃及国和示拿国，古代埃及社会和苏末社会开始了它们伟大事业的进程。”没有农业革命的快速推进就不会有古埃及和苏末的崛起，古埃及和苏末的崛起是人类进行农业革命标志性的伟大成果。

人类文明和生产方式的演进是人类对大自然的挑战积极应战的结果。历史的事实告诉我们，一味地顺应自然而不改变生产方式和生活方式，其结果或者是停滞不前或者是走向衰亡。只有积极开拓新的生产方式和生活方式，进行新的产业革命，才能赢得大自然的挑战，才能实现真正的进步。

2. 脱离蒙昧时代的标志

英语中的“文明”（Civilization）一词源于“城市”（City），指“城市中形成的文化”。文字、青铜、城市是文明时代的“三要素”，反之，文明时代也当与城市时代大致同步。文明时代是继野蛮时代之后以国家出现为标志的，其社会形态是奴隶制。中国自夏代奴隶制国家产生后开始进入文明时代。按照这样的定义，所谓的“农业文明”“工业文明”“精神文明”“物质文明”等，都属于广义的概念，是对“文明”概念内涵和外延的泛化或拓展。本书所指的三次文明形态，属广义的文明概念。[1] 人类的一切生理活动和社会活动都与自然环境息息相关。人与自然的关系原本是维系人类生存与发展的最基本最重要的关系，但在我国以往的历史学研究中，仅仅凸显了“人与人”的关系这条主线，而“人与自然”这条最基本最重要的主线却若隐若现。

人类文明的起源问题长期以来是学界最为关注的热门研究课题之一，很多学者们关注于对文明形成的时间、地域和文明标志方面的研究，近来对中华文明起源和国家形成的背景、动力等也多有涉及，对农业在文明发展过程中的地位和作用的研究越来越受到重视。

中国的学者向来以中华文明形成于夏商以前的“史前”期，大概5000年前的时间节点，作为文明形成的起点（尽管这一时间节点，现在有很多争议，但普遍都以这个时间为起点）。农业对史前社会的发展起到重要的推动作用，毫无疑问史前农业是文明形成与发展的重要基础。长期以来，人们在文明起源的研究中，在文明的标志问题上形成了不下十种具有代表性的观点，涉及诸如文字、

---

[1] 宋豫秦. 中国文明起源的人地关系简论［M］. 北京：科学出版社，2002.

艺术、阶级、国家、军队、宫殿、铜器、城市、庙宇、宗教、礼制、社会分工、礼仪制度、一夫一妻制等外在物化标志或社会组织形式。这些标志皆来自农业社会，是以农业推动社会的发展为前提逐渐形成的。这些标志形式竟无一例直接是农业的物质形态，或与农业直接相关，或带有农业社会的印记，似乎人类社会进入文明时期完全是脱胎换骨，一旦离开了农业，文明也就形成了，文明同促使它产生的农业慢慢远离。

3. 人类进步的原动力

作为推动人类文化形成的原动力的农业究竟哪些因素在文明起源过程中发挥了巨大作用，它们与文明起源是怎样的关系，需要从学理上认真对待。

农业文明的标志之一是人类由采集、狩猎、捕捞等方式直接地从自然界索取产品，转变为通过栽培作物、驯养家畜等方式能动地利用自然界谋取更多的产品。大约1万年前率先出现于世界东方的农业文明，结束了人类诞生以来延续数百万年的缓慢发展历程，人类社会开始进入“加速度”发展时期。由于这一社会巨变与末次冰期结束、地球环境进入“全新世大暖期”的环境巨变在时间上大体相合，所以我们不妨称之为“全新世革命”。“古埃及是尼罗河的赐予”，正是由于农业文明的出现，才催生了人类由原始社会到奴隶社会、由奴隶社会到封建社会这两次社会大变革。❶ 农业文明孕育了文明时代，文明时代又推动着农业文明不断走向繁盛。尽管人类在农业文明时代的生产、生活、战争等行为给自然界造成了种种干扰，甚至使许多脆弱的生态系统遭受了不可逆转的破坏，但总体而言人类活动的干扰破坏强度尚未超出当时的环境承载力。

4. 农业文明推动其他产业的快速发展

文明是农业社会发展到一定阶段的产物，它同农业有着密切的关系，史前农业的诸多特点带给了文明相似的特点，这便是农业给文明的印记。史前农业社会推动社会发展的技术的或观念的巨大进步也必然给文明出现产生重大影响，它们不能作为文明起源的标志，但也是文明社会所必需，定居和家畜饲养就是其中的两项。

---

❶ 李根蟠，卢勋．中国南方少数民族原始农业形态［M］．北京：农业出版社，1987：48.

根据江西万年仙人洞、广东英德牛栏洞以及湖南道县玉蟾岩等发现稻作遗存的新石器时代早期遗址的情况来看，洞穴曾是农业种植者的早期居住形式，这种形式可能是采集狩猎民住所的延续或保留。严格来说，定居是人类走出洞穴自己动手营造住所实现的居住形式，不管是地穴式、半地穴式还是地面建筑。定居是史前先民得以从事农业种植的前提，农业使人类的定居生活更加稳固，它们形成相互依存、相互促进的关系。没有定居生活，就没有农业社会的发展，也便没有文明的产生，它把人类固着于土地之上，建立起对土地的特殊感情。进入文明社会，人们依然还保持着安土重迁的悠久传统，在继续创造新的文明成就。同时，史前时期人类对自己住所不断改进的过程也是向着文明逐渐靠近的过程，西安半坡、临潼姜寨两处仰韶文化居民的住地上，不论是房屋的大小结构还是方向布局，都是在当时社会组织框架中的有序排列，是当时社会生活的缩影。龙山时代诸文化城址的出现可以看作是人类居所的放大、完善和强化。所以，史前农业社会的定居生活是文明起源过程中的必要因素。

家畜饲养是史前农业社会的另一伟大成就，它是在人类实现定居并且比较充分地发展起种植业以后出现的。在史前农业社会，农畜饲养一直是种植业的附属和补充，是人们的重要食物来源之一，在此我们看到的不仅是人类食源的丰富和扩大，而是由驯养家畜带来的其他变化。新石器时代人类最早驯养的动物是食草的牛和羊。牛是人类历史上为人类服务时间最长的家养动物之一，据史料记载，牛耕最早始于商代，距今3000年左右，但目前尚未发现精确的文字记载和实物资料。驭用动物的行为大约最早出现于原始的游牧民族，后来为农业社会所借鉴，就如同战国时代赵武灵王的“胡服骑射”一样。日本学者丰增秀俊在其《原始社会》一书中说：“游牧社会在其漫长的游牧生活过程中，获得了驯育动物的熟练技术，结果可能是从人类本身的行动模仿来的，人类大概发现让动物驮运东西的方法了，并且可能还想出利用动物的力量做牵引的方法了。当然，像这样利用动物，如果是以一定技术进步作为前提，那么这在农耕社会里也应具备了。不用说，这种可能性发生在原来与动物的和睦关系而建立起来的游牧社会里，比发生在农耕社会里要大得多。”[1] 在我国史前时期，这项“农耕社会也应具备”的技术我们尚无法考察，对于良渚文化出现的三角形石犁是否还用了人以外的动力牵引，也不敢妄加猜测，但据当代民族学的资料，用牛等动物踩田（耕田）或踩踏谷场脱粒的方法在海南岛黎族地区直到新中国

---

[1] 丰增秀俊. 原始社会［M］. 叶渭渠，唐月梅，译. 北京：中国文联出版公司，1991：48.

成立前仍被广泛使用❶，这方法固然原始，但比起使用人力石器既省时又高效，特别是用牛踏水田，还可见于在当代南北方稻区的田间作业，其效率虽不及现代农机具，但也有机器动力所不及的地方。史前农业社会在家畜饲养发展到一定时期是有可能走向役使动物的道路的，其意义是食用目的远不能及的。人类“使用家畜，正像使用动力机促使人类社会向近代产业进行大转变一样，成了从原始社会向古代社会发展的经济前提条件”❷。在一定意义上，我们可以说是畜力（不一定表现在牵引力）带动着人类社会从低级迈向高级阶段，直到它逐渐被机械化所代替。毫无疑问，家畜饲养为后世的发展准备了动力源泉，家畜对社会发展的贡献就表现为对农业发展的贡献，我们从中可以领会它对于文明起源所起的作用。

5. 农业文明中的技术革命

重新审视一下农业发展同文明起源的关系，有助于理解农业在文明起源过程中的地位。农业的发生是新石器时代最为重要的事情，其意义如同人类在第四纪更新世的出现一样，著名英国考古学家戈登·柴尔德把农业的出现看作是新石器时代开始的标志，是新石器时代与旧石器时代的分水岭，从而有“新石器革命”或“农业革命”之说。这是人类生产形态的变革推动社会发展最为典型的例子。世界文明起源的研究结果表明，农业发生越早的地区，其古代文明起源和形成的时间也就越早，农业起源和文明的起源虽不同期，但却有密切的联系，农业对文明产生的推动作用是显而易见的。西亚两河流域、中美洲和古代中国是世界文明起源研究中的三个重要地区，中国的农业起源于距今约 1 万年的时间段，广东英德牛栏洞、江西万年仙人洞、湖南道县玉蟾岩都出土了 1 万年前的稻谷遗存可为明证。目前学术界比较一致的意见是，中华古代文明的起源要在距今 5000 年前后去探索；西亚两河流域的农业起源于距今 1 万年前，出土的谷物遗存要比中国境内早，其文明产生于距今 5500 年；中美洲农业发生的时间最晚，距今 7200 ~ 5400 年，其文明产生于距今 2300 ~ 1900 年，时代最晚。农业是文明发生的坚实基础，是农耕文化发展到一定阶段的产物，我们对文明同农业关系的这种理解符合世界文明发展的一般规律。

进入新石器时代，社会的进步和发展皆系于农业的发展，在一定程度上，

---

❶ 李根蟠，卢勋．中国南方少数民族原始农业形态［M］．北京：农业出版社，1987：48.

❷ 李根蟠，卢勋．中国南方少数民族原始农业形态［M］．北京：农业出版社，1987：49.

农业的发展程度就是社会发展的标志。新石器时代的早、中、晚三个时期，农业经历了火耕（或点耕，实际上是不耕）、耜耕、犁耕三个阶段，石器从局部磨光到通体磨光，从粗大型器为主到精致的小型器为主，家畜从食草的牛羊动物到以家猪为主的饲养动物再到六畜齐备，等等，离开了农业问题的研究，我们就无法说明新石器时代社会的发展。文明是史前社会发展到一定阶段的产物，也就是农业发展到一定阶段的产物。因此，对古代文明形成基础的研究，本质上就是关于史前农业的研究，忽视了对农业基本元素的研究，就无法理解文明产生的背景，也就无法阐释文明起源的过程。

从大处着眼，农业和文明二者的发生有着相同或相似的特点，而这些特点皆因农业起源和发展过程中所形成的特点决定。前述三个古代文明地区，其文明产生的共同特点是，以大河为依托，依靠近河地带天然的有利条件，在河流的灌溉下产生和发展了农业，又在河流的灌溉下产生了文明。我国农业起源于山地，最早在山前台地发育起来，并逐渐向低地平原地区转移，最终在近河地带得到较快发展，中华文明也正是在黄河、长江、辽河、珠江等大河的灌溉中孕育成熟的。

以长城地带为重心的北方地区；以晋陕豫三省接邻地区为中心的中原地区；以洞庭湖邻境地区为中心的长江中游地区；以山东及其邻境为中心的黄河下游地区；以江浙（太湖流域）及其邻境地区为中心的长江下游地区；以鄱阳湖—珠江三角洲一线为主轴的南方地区。这六大文化区系的建立使中华文明多元一体论成为学界的共识，这与农业的多中心起源又是一致的。世界农业的起源是多元的，中国是农业的独立起源地之一，中国境内各地农业又有不同的源头，我们从作物野生种的存在、该作物考古遗存的发现和作物生产的自然和人文环境等几个方面来考察农业的起源问题，我国境内有多处地点符合作为农业起源地的条件，农业起源研究的重点地区恰好又是文明起源研究的重点地区。

农业的起源和发展同文明的起源和发展皆因地域条件的不同存在着不平衡性，农业起源较早、发展较快地区，其文明的进程相对较快；反之，农业起源较晚、发展较慢的地区，其文明的起源和形成也相对滞后和缓慢。农业发展的不平衡造成了文明起源过程的不平衡，因为农业是文明起源和形成的基础，正如龙山文化、良渚文化文明化的进程分别是在其原始的粟作和稻作充分发展的基础上进行的，而文明起源的不平衡与文明的多元起源也不矛盾。

从以上所及的共同之处，可见文明对农业的依赖。因此，已经启动的中华文明探源工程把农业、畜牧业的起源、发展与文明起源的关系，稻作和粟作农业的产生、发展过程及其与文明起源和发展的关系等作为研究课题之一。[1]

新石器时代农业的发展本质上是一个技术发展的问题，技术的发展主要不在耕作制度的变革，而更主要表现为农业生产工具的变革，“科学技术是第一生产力”在这里仍然适用。我们通常用工具的发展来说明史前农业的发展阶段，即火耕农业、耜耕农业、犁耕农业，这有利于充分而直观地了解原始农业的发展状况，而且也是切实抓住了生产力中最活跃的因素。马克思说：“各种经济时代的区别，不在于生产什么，而在于怎样生产，用什么劳动资料生产。劳动资料不仅是人类劳动力发展的测量器，而且是劳动借以进行的社会关系的指示器。”[2] 事实上，除却工具，我们再也找不出更能反映原始农业发展阶段的具体物了。

在众多农业生产工具中，谷物加工工具和石犁应引起我们足够的重视，前者的使用说明农业工具已配套齐全，形成了严格意义上的“工具套”，是农耕文化成熟的重要标志；后者的出现则是农耕文化进入高级阶段的结果，意义重大。

过去人们习惯上认为，作为谷物加工工具的石磨盘和石磨棒最早出现于采集经济阶段，是适应加工野生植物的坚硬外壳而出现的，而石杵、石臼的出现要比石磨盘晚[3]，故很难从生产工具上反映农业的进步。

石质工具的发展伴随着生产的发展经历了由打制到磨制，由一器多用到一器专用的过程，人类在采集阶段上用来砸开果壳的石质工具决无专用化的倾向，同农业时代的磨盘、磨棒不可同日而语。石磨盘、石磨棒主要出土于北方粟作区，是新石器时代中期文化中大量涌现的一类加工工具，其中以磁山文化、裴李岗文化所出鞋底形石磨盘最具代表性，出土数量也最多，这类石磨盘、石磨棒无疑是加工粟类谷物的主要和得力的工具。石磨盘加工细致，说明人们开始重视谷物加工环节。加工是消费的开始，从重视生产到重视消费，是农业发展和社会进步的表现，它是人们在生产有了初步发展之后观念转变的结果，是史前农业发展中的大事，我们完全有理由把石磨盘和石磨棒作为新石器时代中期农业发展的标志。正是石磨盘一类先进农具的使用，加速了我国古代文明化的

---

[1] 宿白先生在1993年中国考古学会第九次年会开幕式上的讲话中指出，“文明的起源和形成应视为不同的概念”，文明形成，说明政权已经产生，那么文明的起源应在此以前的时代去追寻。由农业同文明起源的关系来看，我们所要追寻的应该就是文明起源过程中农业的发展问题。

[2] 马克思恩格斯全集（第23卷）［M］．北京：人民出版社，1972.

[3] 马洪路．新石器时代谷物加工方法演变试探［J］．农业考古，1984（2）.

进程。❶

文明是文化发展的高级阶段，文明的起源是一个漫长的历史过程，它不是一朝一夕形成的，在这一过程中，有许多对文明产生起到重要推动作用的因素都应引起我们的重视。这里仅从史前农业社会中选取重要的几个方面加以阐述，即使如此，亦可以概见农业同文明的密切关系，可以说，农业发展是古代文明形成的根本原因，不唯如此，中国自古以农立国，农业一直是古代文明社会的发展的基础和动力，这是我们在文明问题的研究中无法回避的。

6. 中华文明在第一次文明发展中强势崛起（筑牢数千年辉煌的根基）

古代中国成功地抓住了“第一次文明”的机遇，从而综合国力遥遥领先于世界各国数千年。近代中国由于错失了工业文明转折期的机遇，被排除在世界强国之外。当代中国作为人口大国和生产大国，面临着资源短缺的压力，作为消费大国和污染大国，面临着环境污染和生态破坏的挑战。从思想观念、制度安排和技术革新三个层面开启由工业文明向生态文明转折，为中国摆脱资源环境危机，构建和谐社会和实现可持续发展提供了一个崭新的、重大的历史机遇。

中国是世界上最早形成农业文明的区域之一。在长江流域的湖南道县玉蟾岩、澧县彭头山、江西万年仙人洞等新石器时代早期遗址，均发现了距今1万年左右的野生稻和栽培稻。许多人据此提出中国即世界水稻的起源地。

我国成熟的农业文明较早形成于中原地区，以最早发现的河南新郑的“裴李冈文化”为代表。中原地区处于我国自然地理格局的二级阶梯与三级阶梯之过渡带，适宜人类生存发展的空间广阔而优越。中原地区处在北亚热带的边缘，气候温和，降雨充沛，河流湖泊发育，景观异质性强，“边缘效应”显著，生物多样性丰富，土地生产力水平也很高。这里少有毁灭性的自然灾害，其生态系统还具有很强的自调节、自恢复能力。加之地处黄土高原南缘，巨厚而疏松的黄土十分适合旱作农业的发展，因此自新石器时代早期以来，中原地区即是我国农业生产的重心地带。分布在河南省境内、距今8000年左右的裴李岗文化，是我国最有代表性的早期农业文化。中原地区之所以能够在整个奴隶制时

❶ 同期南方水稻耕作民使用怎样的粮食加工工具，考古材料难以反映，宋应星《天工开物》所记的“湿田击稻”法是适于稻田作业的加工方法，颇方便，其方法同于原始时期的杖击。

代和南宋以前的封建时代长期占据着全国政治、经济、文化的制高点，其主要原因就在于这里的农业基础良好，荟萃了中国农业科学技术的精华。

中国幸运而成功地抓住了“第一次文明”的历史机遇。机遇带来的是兼容并蓄、博大精深、历久弥坚的中华文化长期领先于整个人类文化，并使中国成为世界上唯一的文明历史绵延4000年多的国度。在工业革命之前的中世纪时代，中国的综合国力一直遥遥领先于世界各国❶。按照AngusMaddison的测算，在1700—1820年，中国的GDP占世界GDP的比重从23.1%提高到32.4%，年增长率达0.85%；而整个欧洲的GDP在世界GDP中所占的比重仅从23.3%提高到了26.6%，年增长率为0.21%❷。Andrew Gunder Frank也认为，直到1800年，中国仍然是世界经济的中心❸。虽然这些估计数据的准确性有待考证，但明清时期中国不仅在经济规模上，而且在发展速度上都大大超过了当时的欧洲，这是可以基本肯定的。如此巨大的社会财富，都是直接或间接地来自农业生产领域。世界卫生组织最新的统计资料显示，2007年中国耕地面积仅占世界的7%，养活的人口却占世界总人口的19.7%。今日中国所创造的这一奇迹与中国在“第一次文明”进程中所奠定的基础有着千丝万缕的联系。

---

❶ 从汉代开始，中国的国民财富所占世界比例一直都在20%以上。唐代达50%～60%，明代仍占40%～45%。即使到了清乾隆时期，尽管西方已经开始了工业化进程，中国的国民财富依然占世界的35%以上。

❷ AngusMaddison. Chinese Economic Performance in the Long Run［M］. Development Centre of The Ogranisation for Economic Co-Operation and Development. Paris：1998，25－40.

❸ Andre Gunder Frank. Re Orient：Global Economy in the Asian Age［M］. Berkley，LosAngeles，Ox ford：University of California Press，1998：108－117.

第四章　人类文明的发展

——工业文明时代

1. 工业文明启蒙的标志

工业文明的标志之一是人类由主要依靠自身力量谋取产品，转变为借助机械力量和社会化大生产获取剩余产品和剩余价值。马克思曾经指出，在进入工业文明后不足100年的时间里，资本主义所创造的财富比以往一切时代人类创造的财富总和还要多。所以，“工业文明”是人类发展史上一次伟大跃进和变革。

在实践活动中，一开始人类还不可能直接和微观的分子原子打交道，而是和分子原子的宏观聚合物体打交道，这就是人类对天然矿物质开始大规模的采掘、冶炼、加工、制造。在农业时代，人类已开始了简单的采掘业联合加工活动，但这种原始的工业活动还不是物质生产的主导方式。到18世纪工业革命展开之后，采掘、冶炼、加工、制造的工业生产活动逐步成为社会的主导生产活动，其经济规模、从业人数都逐渐超越了农业。

工业生产的物质产品不再是生命物质，它们不再直接满足于人们的生命需要。如果说采猎和农业提供的主要是食物和衣着，那么工业生产提供的主要是供人居住、使用、出行的产品，从产品的物质性质上讲也主要是化学物质。这就是说，不论是从劳动对象还是从劳动产品上看都不再是生命物质而是化学物质，所以，这是一种典型的化学文明。化学文明对于人类的意义不再是维持生命，而是拓展生命，是生命活动的进一步延伸。

所以，化学文明的本质特点就是拓展生命，化学文明就是一种拓展生命的文化形态。化学文明作为一种物质生产方式，也有初级阶段和高级阶段之分。在初级阶段是天然化学文明，也就是工业时代，这是一个“采掘和利用天然化学物质的时代”。在高级阶段则是人工化学文明，也就是新工业时代，这是一个

“人工创造和利用化学物质的时代”。

天然化学文明就是工业文明，这是一个“采掘和利用天然化学物质的时代”。18世纪开始于英国的产业革命，是从农业文明向工业文明的历史性转变，从本质上讲，它是物质生产方式的全面变革。说到这场产业革命，人们往往以蒸汽机的出现为其标志，这并没有错，但绝不能因此而忽视了这场产业革命在物质生产方式上造成的全面变革。工业革命的主要特征在于生产的机械化。❶机械化的过程，首先发生在各种工作机的发明和发展上，如各种纺织机械。最后发生在动力机的变革上，这主要就是蒸汽机的诞生。机械化的生产，带来了生产方式的一系列革命。首先，运用大机器生产造成了物质生产方法的转变，即从农业生产的种植养殖方法以及简单的手工制作方法转变为大规模的采掘、冶炼、加工、制造、建筑等工业生产方法。其次，新的物质生产方法的出现又开拓出新的劳动对象。农业生产的劳动对象是土地、草原，农民在土地上耕种，牧民在草原上放牧。工业生产开拓出新的劳动对象：矿藏成为采掘、冶炼的劳动对象，毛、丝、棉以及钢铁则成为加工制造的劳动对象。采掘、冶金工业的崛起成为英国产业革命中继纺织工业之后的重点，实际上也是整个工业的重点，它们对大工业机械、交通设备的生产发挥了决定作用。再次，新的物质生产方法需要并开拓出新的动力和能源。农业生产运用的是生物能源即薪柴和牲畜，工业生产则把矿石燃料（煤炭、石油）作为新的主导能源。英国在产业革命中，由于钢铁冶炼业的发展而使大量森林被砍伐殆尽，即使这样也满足不了需要，于是煤炭成为取代木炭的冶炼新能源。煤炭的开发使用，又进一步为蒸汽机的发明、使用和普及奠定了基础。最后，新的物质生产方法创造出全新的物质产品。工业产品与农业产品无论是在形式上还是在功能上都是完全不同的，这最终创造出全新的社会生活方式。所以，18世纪产业革命带来的不仅是生产效率在量上的巨大提高，而且主要是生产方式在质上的根本转变，包括生产工具、生产方法、生产动力（能源）、劳动对象（材料）、劳动产品的一系列变革。❷

采猎文明和农业文明都是已经成为历史和基本成为历史的文明，工业文明则是仍在发展但已显示出局限和危机的文明，因此，对于这些文明形态我们都

---

❶ 保尔·芒图说：“从技术观点看，产业革命就在于发明和使用那些能够加速生产和经常增加产量的方法：例如，纺织工业中的机械方法，冶金工业中的化学方法。这些方法都在准备商品的材料或决定商品的形式，机械化这个术语只能不完全地表达这些方法的丰富多样性。”

❷ 英国产业革命所带来的工业化远不只是“蒸汽时代”，也是“机械时代”“采掘时代”“制造时代”“矿物时代”“煤炭时代”“钢铁时代”，等等。

可以做出比较确定的论述和认识。新工业文明是化学文明的高级阶段即“人工创造和利用化学物质的文明”，今天，作为化学文明初级阶段的工业文明即“采掘和利用天然化学物质的文明”正陷入日益严重的危机中。同时，新工业革命正在全球兴起。客观地讲，新工业文明是正在萌芽的文明形态，具有极大的不确定性，要想描述它是极其困难的。但是，对于我们来讲，新工业文明不仅是认识和预测的对象，也是选择和设计的对象，更是创造的对象。这就说，对于新工业文明我们不能只是等待和观望，而是应该积极认识和实践。所以，现在我们关于新工业化的论述都是具有极大探索性的，然而这种探索又是十分严肃和认真的。正确的态度是，一方面我们应该根据历史的经验和现实的需要积极地认识和探索新工业文明；另一方面我们又要时刻牢记这种探索始终是不完善、有待不断修订的，我们的责任就是在积极实践中不断推进对新工业文明的认识，又在积极认识中不断推进新工业革命。

从本质上讲，“新工业化”是一种比工业化更高级更深层次的物质生产方式和经济形态，它具有八个方面的主要特征❶。显然，新工业化作为比工业化更高级的生产方式，其最根本的特点就在于它的“深层化”，“新工业化”本质上就是“深工业化”。从采猎生产到农牧业生产，也是一个劳动对象深层化的过程，采猎时代的劳动对象是天然的动植物，从物质层次上看就是生命物质；到农牧业时代，劳动对象变成土地和草原，人们在土地上种植庄稼、在草原上养殖牲畜，土地和草原都属于土壤范畴的化学物质，显然劳动对象深化了。工业时代的劳动对象是天然矿物质，它们属于宏观集合的化学物质，即大批量的分子、大分子聚集体。到了新工业时代，人们开始从小分子、原子乃至基本粒

---

❶ （1）劳动对象（生产原材料）的微观元素化。新工业化生产是从小分子、原子乃至亚原子层次入手进行的生产，是人工创造和利用化学物质乃至生命物质的生产。例如，纳米制造就是这样一种微观深层生产。（2）主导能源的物理化。新工业化的主导能源从化学层面推进到物理层面，主要是太阳能、风能、水能、核能等，这些能源几乎是无限的，既干净又不会枯竭。（3）生产手段的高度智能化。不论微观层次的生产还是太空中的生产，都不再是简单直接的人工生产，而是依赖高度智能化手段进行的生产。（4）生产和消费方式的循环化，包括深层循环分解和高层循环合成。在新工业化生产中，生产和生活中的废弃物品都可作为资源进入再生产，从而把工业化生产的“资源—产品—废物”的单向生产方式转变成“资源—产品—废物—再生资源”的深层次循环式生产方式。（5）生产和生活环境的生态化。（6）生产和活动空间的太空化。人类活动不再局限在地球上，将在大尺度的太空中展开。（7）生产组织的园区化。工业生产是企业独立生产，新工业化生产则把众多企业组织为新工业园区，建立起企业环和产业环，保障了深层化和循环化的新工业生产流程。（8）新工业化生产对工业化生产的替代化。新工业化的兴起必然同时造成工业化的衰落。

子的层次进行生产，显然这又把劳动对象的物质层次向深处推进了一大步。

由于工业时代和新工业时代都是在原子和分子的化学物质层次上展开生产的，所以它们都是化学时代。但相比较而言，工业时代是“浅化学时代”，新工业时代则是“深化学时代”，我们把“浅化学时代”即“天然化学时代”称作“工业时代”，那么，我们也就可以或应该把“深化学时代”即“人工化学时代”称作“新工业时代”。

新工业化不是工业化，也不属于工业化，工业化和新工业化是两种不同的物质生产方式和文明形态，新工业文明是比工业文明更高一级的物质生产方式和文明形态。按文明演进的一般规律看，工业化发展到一定阶段后，工业危机就会出现，人类将迎接这种挑战并在应战中开拓出新的生产方式和新的文明形态。目前，全球范围内正在兴起的这场新科技革命和新产业革命，不同于工业化范畴内的前几次革命，是一场突破工业化的新产业革命即新工业革命，亦称新工业化。

2. 西方在工业文明中快速崛起

17 世纪率先在英国兴起的工业革命，催生了西方的资本主义制度，开启了人类历史上的“第二次文明”。西方各国利用近代科学技术和来自殖民地的大量自然资源和廉价劳动力，在迅速完成资本的原始积累之后，即纷纷快速地推动着本国的工业化进程。工业化是城市化的首要驱动力，截至 20 世纪 50 年代，世界城市化的重心一直在西方❶。

马克思说，“一切剩余价值的生产，从而一切资本的发展，按自然基础来说，实际上都是建立在农业劳动生产率的基础上的”。中国是世界上最早进入封建时代的国度，在 2000 多年的时间里，全国的农业劳动生产率持续提高，建立在这一生产力基础之上的政治、经济、军事、科学、文化成就也足可俾睨天下。按中国在农业文明时代所具备的自然基础，中国完全应该较早地步入“第二次文明”即工业文明时代的。

---

❶ 1861 年，英国城市化水平达到 50%，成为世界上第一个城市人口超过农村人口的国家。1930 年，美国城市化水平达到 56.1%，1970 年超过 70%，目前保持在 77% 左右。1990 年，苏联城市人口比例由“十月革命”前的 18% 提高到 66%。中国城市化水平从 1949 年的 10.64% 上升到 1978 年的 17.92%，平均每年仅提高 0.25 个百分点。2002 年，中国城市化水平达到 39.09%，从 1978 年到 2002 年，平均每年提高 0.88 个百分点。据统计，截至 2008 年，有一半的世界人口居住在城市，世界已进入“城市世纪”。

工业文明出现的直接动力来自技术进步。而中国在农业文明时代所取得的科学技术成就出类拔萃，在天文、数学、医学、冶金、造纸等方面的水平都先于欧洲几个甚至十几个世纪。很多人熟知中国古代的“四大发明”，而忽略了中国古代冶铁术的高超水准及对社会经济所产生的巨大推动作用。今天依然被广泛采用的优质金属材料——球墨铸铁，中国在战国初期就已发明，而西方的球墨铸铁是在 1947—1948 年才得以发明并获取专利。

3. 中国在工业文明发展中痛失机遇——数百年落后的缘由

工业文明发展的必要条件在于商品经济的繁荣。明朝时我国已形成南京、北京、苏州、扬州等 30 多个新兴工商业城市。到了明清之际，“机户出资，机工出力”的手工业工场犹如雨后春笋涌现于江南地区，如苏州是当时全国最大的“工业园区”，务工人员“得业则生，失业则死”。社会生产两大部类的比例关系也开始发生改变，重工业得到快速成长，如乾隆时期汉口已成为全国最重要的铁器制造中心，洋务运动时期汉阳建成东亚第一个近代化的大型钢铁联合企业。

然而，中国资本主义生产关系萌芽的成长却极为缓慢，其原因：一是统治阶级坚持“重农抑商”政策，如建立由政府控制的“行会”，制定行规限制雇工人数、产品品种、原料分配、产品价格和流通区域等，极力阻止民营工商业的发展；二是上层封建统治集团自比“天朝”，妄自尊大，盲目排外，故步自封，闭关锁国，限制与国外的政治、经济、文化、科技交流。这是中国痛失步入“第二次文明”的历史机遇并在近代落后发达国家数百年的根本原因[1]。清朝末期，虽然清廷和大批有识之士力图变法，积极兴办近代工业，但终因内忧外患，中国无可避免地被排除于世界强国之林。从 20 世纪后半叶开始，在中国共产党的领导下，我国真正走上了工业化的征途，在较短的时期内，初步奠定了国家的工业基础。然而长期以来，我国的工业发展并未摆脱早期工业化国家高消耗、高污染的老路。

工业文明在不断创造巨大物质财富的同时，也因严重地破坏了自然环境基

---

[1] 汉朝、唐朝、元朝都有过大规模的对外通商，国内也有不少地方长期有外国商人驻留。如唐朝时广州就有数量众多的阿拉伯商人，其住所称作“蕃坊”。扬州、长安等城市也常年居住大批的外国商人。所以，明清的贸易壁垒政策，在对外贸易方面实属历史的倒退。

础而给当代人类的健康和生存带来了严峻的挑战。党的十七大提出通过落实科学发展观以建设生态文明的战略目标，其核心是实现“人与人”和“人与自然”关系的高度和谐。其实质是人类发展史上的“第三次文明”。[1] 与前两次文明相比，“第三次文明”的内涵更丰富，意义更深远，它将“整体、有序、循环、协调、共生、高效、简约”等要素融入人类的发展观和道德观，理性地规范自身的生产行为、消费行为和社会行为，以求最大限度地强化可持续发展能力。作为发展中大国，中国在快速城市化、现代化进程中，必须从思想观念、制度安排和技术革新三个层面推进科学发展观、开辟生态文明的新时代。这是中国全面构建和谐社会、实现人类社会可持续发展的要求，具有重要的现实意义、战略意义和时代价值。

4. 工业文明的飞跃

18 世纪末，继瓦特发明蒸汽机以来，引发了各国对科学技术的普遍关注。但由于当时正处于一个农业社会的背景下，地域间、国家间的相对封闭影响了信息的广泛交流，阻碍了世界的整体进步。

19 世纪初，经过长期研究，人们发现电磁波可以运载信息。1837 年，美国莫尔斯通过试验，发明并建成了电报线路，7 年后正式开通了有线电报通信业务。1876 年，英国科学家贝尔又发明了电话。1887 年，德国科学家赫兹进行了一项实验，他用火花隙激励一个环状天线，用另一个带缝隙的天线接收。这一重要的实验证实了麦克斯韦关于电磁波存在的预言，并由此架起了电磁波从有线通向无线的桥梁。1895 年，意大利的马可尼在赫兹实验的基础上进行了 25 公里无线电报的传送。1899 年，无线电报跨越英吉利海峡的实验获得成功。1901 年，跨越大西洋 3200 公里距离的实验又获得成功。无线电报的发明是人类利用电磁波传递信息的一个巨大成就，它把世界各国的距离拉近了。

1906 年，美国费森登进行了一项实验，他首次使大西洋航船上的服务员听到了从美国波士顿播放的音乐。1919 年，第一个播发语言和音乐的无线电广播

---

[1] 叶文虎指出，人类文明形态的演进有其内在的驱动力，这就是自旧石器时代以来，人类始终都在追求更加美好的未来，因而也一直在努力改善自己的生存方式。全球环境—社会系统始终存在两大基本矛盾：第一，人类对财富追求的无限性和自然环境支撑能力的有限性之间的矛盾；第二，人类对公平分配社会财富追求的无限性和社会公平分配能力的有限性之间的矛盾。

电台在英国建成。此后，无线电广播事业在世界各地得到普及，并从中波扩展到短波、超短波，从调幅扩展到调频、脉冲调制等，直至可以进行远距离的现场直播。

1929年，经过长时间的艰苦奋斗和无数次失败之后，英国科学家贝尔德终于用电信号，将人的形象搬上屏幕。之后，英、美先后开始了实验性的电视广播，20世纪中叶，电视广播陆续在世界各地得到发展。从此以后，不仅是语言信息和文字信息，同时也包括音响信息和图像信息都可以通过电视进行广泛的传播和交流。

1957年，苏联人造地球卫星上天，它标志着全球通信时代的到来。1963年，美国把“辛康”2号射入距离地球35800公里的同步轨道，成为第一颗定点通信卫星。与此同时，20世纪60年代初，美国梅曼研制成功了第一台激光器——红宝石脉冲激光器。不到一年时间，第一个连续激光器——氦氖激光器又研制成功。从此，用于信息技术的电磁波谱从无线电频段扩展到光频段。此时，美国华人物理学家高锟博士首先提出了可用高纯度的玻璃纤维代替导线，用光代替电流，从而来实现长距离低损耗的激光通信理论。20世纪70年代，光纤通信技术研制成功并进入实用阶段，这一成果使全球通信容量扩大了10亿倍。

电磁波理论的具体应用不断取得重大成就，包括无线电技术、微波技术和光波导技术的成就，遂使电磁波上升为人类传递信息的最为重要的形式和手段。它使通信、广播、电视、遥控、遥测、遥感、雷达、无线电导航等得以实现，并进一步使电磁波成为人类探索宇宙宏观世界和物质微观世界的重要途径。

电磁波的发现和利用，使人们获得信息的能力达到了无穷无尽，同时也催化了科学技术更加迅猛的发展，这便是人类历史上第三次伟大的信息革命。这次信息革命的成果推动了工业社会的全面革新，使世界生产力体制发生了质的变化，即由原来的“生产—技术—科学”转变为“科学—技术—生产”。这种革命性的变革使人类文明的进程在短短几十年的时间内超越了以前几个世纪。同时也为下一次信息革命的到来做好了准备。

5. 工业文明快速发展对人类生存环境的威胁

西方世界进入第二次文明之后犯了一个极其严重且并非完全不可避免的错误，这就是他们抛弃了人类在第一次文明时期所遵循的“天人合一”“道法自然”的生存法则，转而奉行极端的“人类中心主义”。社会生产的主要目的不再是为了满足人类生存和发展的需要，而是片面、极力追求经济利益最大化。不仅如此，由于西方发达工业国家经济实力雄厚，科学技术发达，物质生活优越，人们便误认为西方的经济增长模式应该为其他国家尤其是发展中国家所效仿。于是，仅仅经过短短的一二百年，地球环境便因人类的肆意开发而恶化到了威胁人类生存的境况；这一变化又反过来严重制约着人类社会持续、健康的发展。

据世界银行统计，在 20 世纪的 100 年里，人类消耗了 1420 亿吨石油，2650 亿吨煤炭、380 亿吨钢铁、7.6 亿吨铝、4.8 亿吨铜。从全球范围来看，人类的“生态足迹”已经超出了全球资源和环境承载力的 20%。今天，当人们尽情享受着工业文明和快速城市化带来的富裕、舒适生活之时，却不得不艰难地应对大自然给自己所带来的种种干扰与胁迫。

第五章　人类文明的飞跃

——信息文明时代

1. 信息文明的起点：物理文明

从文明发展的形态来看，整个人类文明发展要经历三个大的阶段，生物文明、化学文明和物理文明，生物文明是文明发展的前期、化学文明是文明发展的中期、物理文明则是文明发展的后期。这是物理文明的历史定位，也应是它最重要的特点，即截至目前最高形态的文明。这将形成一种完全不同于维持生存的生物文明和拓展生存的化学文明的新文明形态——超越生存和追求物质享受的物理文明。

物理时代是真正的太空时代的开始。在新工业时代，人类已开始走出地球，到太阳系的行星和卫星上开拓新的活动空间。但是，新工业时代只是一个人工化学时代，虽然能够在没有生命的环境里进行物质生产，但这只能是局部的，作为以生命肉体为主体的人类依然必须以地球为家，不可能大范围地在太空活动。但在进入物理文明之后，人类的生产活动大比例地进入基本粒子的层面，人工制造原子、分子和生命已是通常之事。

在这种情况下，由分子、原子组成的化学物质群体行星和卫星以及由基本粒子和物理场构成的恒星和太空，都可以成为人类活动的空间。这时的人类不仅具有先进的技术和工具，就连人类自身也经过了必要的改变。

如果说新工业时代人类创造了化学智能而部分地替代了人类的生物智能，那么在物理时代则进一步创造出物理智能，能够使智能在宇宙的物理环境中广泛存在和活动，这大大超越了生物智能和化学智能的活动空间。

人类的社会形态也进入无限制的太空时代。人类在地球空间生存，相互之间具有密切的物质文化联系，物质文化甚至成为地球社会的争夺焦点，只是到新工业时代物质财富不再紧缺之后，社会内部的物质财富争夺才逐步缓和下来。

在太空社会时代，人类分布在广阔的宇宙空间中，物质的联系不再是主要的联系，信息联系成为相互关系的主导，可以说这才是完全的信息社会。在这样的太空社会和信息社会中，人们的关系不再具有利益性而成为纯粹的功能性，人们不再处于复杂的社会关系之中，不再追逐复杂而又庸俗的社会地位。当然，并不排除在地球上依然生存着生物人，他们依然在生物文化和化学文化中生存。但人类主导的力量已经走出地球成为太空力量，继续进行对宇宙的深入认识和改造。

宇宙的本质究竟是什么？是质量，是能量，还是信息？现在看来可能是信息。爱因斯坦提出了狭义相对论和广义相对论，发现了 $E = mc^2$ 的能量定律，打通了质量和能量，甚至应该说把质量归结为能量。这是因为，质量是从基本粒子开始，而能量在物理场的状态就具备了，而且具有能量的场可以转变成具有质量的粒子，反之亦然。❶ 在这里，我们打通了意识和物质，实现了意识和物质的一体化，实现了人的意志的真正自由和解放。这种意识与物质的一体化，实际上也是人类与自然的一体化。

意识与物质的一体化、个体与群体的一体化、人类与自然的一体化，从总体上形成了崭新的宇宙，人类及其意识作为新宇宙的种子即法则而继续发挥作用。于是，人类及其文明的发展也就到达了终点。

2. 人类社会第四次信息革命

人类历史的诞生伴随着信息的诞生，可是人类对信息的认识却姗姗来迟，直到电子计算机出现以后，信息时代的真正面目才逐渐展露。

我们的社会经历了语言、文字、电磁波、电脑四次重要的信息革命。信息的传播、融合和持续发展是人们发明、创造、开拓、进取的基础条件，是人类历史前进的推动力。信息载体的一次次演变导致了人类社会的一次次飞跃，信息的普遍性、流通性和共享性以及信息革命的不断升级，必将引导全人类走向和平、走向大同，人类文明正以一种超乎我们想象的加速度在前进……

---

❶ 我们可以做个类比：水有固态、液态和气态，分别是冰、水、汽；冰可以溶化为水，这就像质量可以转化为能量；但水还可以蒸发为汽，那么，能量是否还可以转化为信息呢？质量、能量、信息是否正像固态、液态和气态那样只不过是水的三种状态？相比之下，只有汽的状态下的水分子才是水的本来面目，同样道理，只有信息才是物质的本质。元宇宙就是以信息的状态存在的，人的意识可以与之相沟通，成为元宇宙生长出新的本宇宙的种子，但这需要质量、能量的中介作用，这就是人类必须和物质、能量打交道的原因。

回首历史，我们可以看到，人类的发展经历了从古猿、直立猿人（能人）和智人的三个进化阶段，从原始人群演化为以血缘为纽带的共同生产、共同消费的原始共产主义生活，人类的文明进步走过了极为艰难的漫长历程。

20 世纪下半叶，新知识的迅速传递、艺术与技术的相互融合、文化氛围的不断创新、学科与学科间的碰撞交叉、区域经济的全球联系、世界格局的多极演变、科学家们在新领域的重大突破……各种意想不到的新事物、新概念、新形势层出不穷，使人目不暇接，人类社会经历了巨大变迁，生产力得到了翻天覆地的发展。人们普遍地感到人脑的有限和知识的无限之间的矛盾；人的精力的有限和科学天地广阔无垠之间的矛盾；人生命的有限和宇宙时空无始无终之间的矛盾。社会企盼着更加先进的科技手段的出现，以缩小这些矛盾，从而进一步提高人类文明的层次。我们终于惊喜地发现，一轮崭新的文明已经降临，这便是轰轰烈烈的人类社会第四次信息革命——计算机革命。

1946 年，在美国科学家的努力下，世界上第一台电子计算机宣告诞生。该机占地面积 140 平方米，使用了 18000 多个电子管，重量为 30 多吨，每小时耗电 140 千瓦，运算速度为 5000 次/秒，它能按照人所编好的程序自动地进行计算。1949 年 5 月，世界上第一台存储程序的电子计算机在英国剑桥大学投入运行。从 20 世纪 50 年代开始，电子计算机逐步进入到工业生产阶段。随后便迎来了一个不断升级换代的全新局面。

第一代计算机采用二进制与程序存储等基本技术，以电子管为主要元件，其体积大、能耗高、运算速度慢、存储量小、可靠性差，并且制造成本昂贵。即使如此，人类还是依靠它把人造卫星送上了天。

第二代计算机从 20 世纪 50 年代末开始设计，以晶体管构成基本电路，内存改用磁芯，外存大量应用磁盘，运用了算法语言和编译系统，运算速度每秒可达数百万次。和第一代计算机相比，体积、重量、耗电、造价等大为减少。

第三代计算机于 1962 年试制成功，1965 年进行批量生产，它采用中小规模集成电路，已有操作系统，小型机广泛使用，有了终端与网络，运算速度每秒可达千万次。

第四代计算机于 20 世纪 70 年代以后研制成功，它采用大规模集成电路，即在一块几平方毫米的芯片上集成几千到几十万个元件，这就使计算机的体积进一步缩小，耗电进一步降低，可靠性进一步提高，从而出现了每秒达数亿次运算的高速度大容量计算机。

20 世纪 80 年代以后，第五代计算机开始研制、生产。和前四代相比，第五代计算机无论在设计思想、体系结构、应用领域等方面都产生了革命性的变化。

第五代计算机是一个将信息采集、存储处理、通信和人工智能结合在一起的信息智能系统，它突破了计算机以往所采用的顺序控制方式和数据流控制方式，而是实行并行处理，因而大大提高了计算机的推理速度。它的功能由数据信息处理上升到知识信息处理，由计算速度的量变上升到智能运作的突变，人们因此称其为电脑。其特点之一是发展超大规模集成电路，它的电路线宽只有 0.5 微米，仅是人的头发直径的 5% 左右，计算速度每秒可达 10 亿次，最快的达到每秒几百亿次；其特点之二是智能化程度显著提高，能够识别声音、图像并具有学习和进一步推理的功能，真正起到了人脑延伸的作用；同时，第五代计算机仍继续在向巨型化、微型化、网络化、智能化、多媒体化方向发展。

刚刚起步的计算机革命正在推动工业自动化、办公自动化、家庭自动化等许多领域的自动化革命。我们现在已经进入到一个进行信息生产、知识生产和智能生产的全新时代。计算机的发展和应用已不单纯是一种科学技术现象，它更是一种政治、经济、军事和社会的整体现象。可以预料，在 21 世纪，计算机革命会以更快的速度向前发展，其规模将向全球网络化、纵深化推进，其技术将向超导化、生物化和量子化迈进。这些目标一旦实现，整个社会的信息化水平又会出现一次重大的飞跃。人类社会的文明程度必定会进入到一个史无前例的高度。

3. 信息文明对人类社会的推动力

信息技术与智能革命极大地推动了物质的飞速发展。一种以信息为重要原料的生产方式正在和已经出现。有人把全球兴起的创意与电脑的联合称之为“观念产业革命”。信息的迅速及时和瞬间反应，已使商品的产—供—销之间信息反馈的时间差、地区差几乎缩小到零的程度。信息先于生产即以买定产的方式，节省了库存，节省了积压，也降低了风险。信息交流速度的加快，使生产和流通中的库存规模缩小，甚至不再需要库存，相关的运输工具由大变小，运输频率加快，资金占用由多到少，信息消除了传统生产流通诸环节的浪费，并成为现代生产中的一项至关重要的经济资源。同时，信息资源还克服了农业经济、工业经济中资源只能独占使用的局限性，可为不同的使用者所共享，并在使用中产生更多的信息。这就使得商品生产之间的竞争空前激烈。随着“信息

高速公路”和全球卫星通信的发展，信息迅速更新，产品及时换代，年推陈出新的比例甚至高达50%。这对劳动力的需求也由高数量转向高质量，知识型信息型劳动力逐渐成为主流。信息革命正在或已经改变了人类经济生活及物质文明的几乎一切领域。

信息技术革命对政治文明及制度文明也产生了巨大的影响。有关的研究者认为，随着信息革命的发生和信息文明的到来，权力或者力量正在发生转移。权力或力量作为一种有目的的支配他人的力量，通常是由暴力、财富和知识三个要素构成。在不同历史阶段，这三个要素的地位是不同的。在漫长的农业文明中，暴力起着主导作用，这是人们攫取财富、扩大权力的主要基础。在工业文明的早期，财富（金钱）日益增加权力的筹码，它渐渐成了权力、地位的象征，成了控制社会的主要手段。正在到来的信息文明，其最显著的特征就是知识的急剧膨胀与迅速传播，即所谓的知识和信息的“大爆炸”。所以权力或力量将由金钱向知识转移，谁握有大量的知识信息，谁就能在未来的世纪中获胜，无论对一个国家、一个地区，还是一个人来说，都是如此。我们所说的科学技术是第一生产力，我们所说的干部队伍的革命化、年轻化、知识化、专业化及努力建设高素质的干部队伍，实实在在是信息时代所必需。

4. 信息文明的时代价值

在近20年的时间里，随着全球通信网络和信息高速公路的建设，“信息”逐渐为人们所接受，成为一个被广泛使用的新概念得到全社会的认同。

我们探讨的是信息和人类文明进步及社会发展的关系，从中认识信息的意义、作用、功能及基本特征。因此，也可以把它称作“人文社会信息学”。

在当代社会，我们周围弥漫着各种各样的信息。例如，日月星辰是宇宙信息，计算机程序是技术信息，遗传密码是生物信息，报纸、广播的内容则是社会信息。不过，作为信息的特定意义它还必须展现新的内容和新的知识，而不仅是已知的东西。而且，信息必须以某种物质和手段作为媒介来进行存储、传输或显示。

信息本身不是一种知识，而只是一种源于物质、现象和事态的客观反映，它表现为事物发出的消息、情报、指令、数据、信号等，就其本身而言，它并不具备能量的特质。信息必须通过人为的加工（归纳、提炼、分析、组合、嫁接等）才能形成新的知识，才有可能转化为能量和生产力。而知识的综合则能上升为智慧，这是对某一范围知识的升华，同时必须超越该知识范围的基本理论。因此信息是平列的，知识是组合的，而智慧是有生命力的。然而，信息与能量、物质在空间和时间中的分布有着密切的联系，因此信息成为物质客体之间相互联系的一种必然形式。事实上，人类的一切活动都可以归纳为三个过程的循环：从外界获取信息；经过人脑处理信息；发出信息去适应、控制外界的各种变化。

其实，人类的一切活动都是在对事物表面信息的收集，并通过这种收集形成感性认识。根据感性认识对事物进行分析处理，便可形成概念。将概念进行归纳、比较、综合，就能对事物的本质和规律形成理性认识。理性认识的系统化和优化即成为知识，知识又形成系统信息，系统信息与系统信息的交叉、嫁接又形成新的知识系统……这种不断发展的过程便形成了信息魔球。这就是信息的卓越意义和时代价值。

信息的意义一旦被社会认同，信息的发展就如虎添翼。从 20 世纪中叶开始，特别是第二次世界大战以后，电子技术、通信技术、自动控制技术和计算机技术的进步，不仅辅佐了信息论的建立和日渐完善，同时也导致了系统论和控制论等一批相关学科的全面发展。

计算机革命以及信息论、系统论、控制论等新理论的出现和发展，导致了科学研究领域、生产技术领域、规划决策领域以及经济商贸等领域的重大变革，从根本上推动了社会的整体发展，带来了人们生活质量和工作效率的新飞跃。与此同时，它也促使了其他新理论的不断涌现和发展。如所谓的“新三论”，协同论、突变论和耗散结构论的形成。这些新理论的诞生是顺应时代发展的必然产物，它们的出现，丰富和发展了信息论、系统论和控制论的内涵，标志着现代科学水平已进入到高度综合化、一体化的历史新阶段。这就是信息革命转化为能量、生产力和财富的过程。

短短半个世纪的历程，计算机革命孕育了整个世界的重大进步。20 世纪 50 年代，为了解决一项飞机机翼二度空间动力学的问题，利用当时一架最好的计算机，要花 30 年时间和 1000 万美元的代价。20 世纪 80 年代，用“克雷 1 号”计算机，需要 15～30 分钟时间和 1000 美元的代价。到今天再来解决这项计算，便只是一件举手之劳的简单工作。20 世纪 80 年代以后，计算机的迅猛发展迅速介入到工业生产领域。日本汽车制造业大量采用机器人来代替人工操作，生产一辆汽车的时间从原来的 31 小时缩短为 9 小时。中国宝山钢铁厂的热轧钢板机采用计算机技术控制以后，一台轧钢板机每天的产量达到 10 万吨，比原来提

高了 200 倍。20 世纪 90 年代初，国际人体基因组计划测定一个碱基对要花 1 美元的价值，30 亿个碱基对全部测完，则需要 30 亿美元。后来采用电子计算机自动测序，只需 17 美分便完成一个碱基对的测定。原先估计需要 5000 名科学家进行 15 年的工作，后来只用 8 年时间就完成了，整个经费从 30 亿美元降至 3000 万美元左右。在天文探测领域，科学家用计算机将相距几千米的射电望远镜连接成一种超大的望远镜系统，它的威力超过了任何单台望远镜，计算机能够分析和研究接收到的各种宇宙射线，精确度远远超过了人的眼睛和照相机……人们终于看到了信息革命所显示出来的巨大作用，人类文明的进程正在加速向"金字塔"的顶端冲击。

我们正处在一个数字化的互联时代，这是一个物质文明和精神文明比以往任何时候都更为丰富的时代，信息载体的演变一次次推动了社会整体功能的发展，世界崭露出了新的曙光。未来，人们利用信息就像利用电和水一样。信息革命能够从根本上改变社会和整个世界。❶

美国哈佛大学教授、著名的社会学家丹尼尔·贝尔指出了未来社会的五大特征：服务性经济的崛起，专业技术阶级占主导地位，理论知识的中心地位，规划和控制技术的发展，智力技术的开发和利用。德国社会学家布赖顿斯坦的观点是："当人与人之间信息传播的意义超出了工业生产的作用时，工业社会就成为信息社会。"他认为发达工业国家里的"信息社会"业已形成，因为人们花费在个人交往和信息交流上的时间大大超出了消耗在工业产品生产上的时间。事实上，自 1956 年起，美国白领阶层的人数就超出了蓝领阶层的人数，并呈现出逐年递增之势，20 世纪 90 年代以后，白领阶层的比例已达 70%。并且这种趋势同样体现在世界各国的发展进程中。

信息存在决定意识，在某种意义上说，为了使人们的精神更文明就需要、就必须传播文明的信息，或者说使信息更文明。如果说人们的精神、意识、认识、观念、知识、文化、道德伦理等一切精神思维内容都不是先天的，而是后天通过接受各种信息获得的话，那么没有信息传播或文明信息的传播，也就没有人们的精神活动可言，更不会有人类精神文明建设可言。人类认识信息现象

---

❶ 美国《第三次浪潮》（1980 年）的作者托夫勒认为，人类社会正在进入第三次浪潮文明。第一次浪潮文明为"农业革命"历时几千年，第二次浪潮文明是"工业革命"只用了 300 年，第三次浪潮文明可能只需要几十年的时间。在第三次浪潮期间会出现四种关键产业，即电子电脑产业、空间产业、海洋工程和生物遗传工程。新的生产方式能把成千上万个工作岗位从工厂和办公室转移到家中去，这就解决了交通危机和工业社会中的问题。

并建立信息科学是20世纪50年代以后的事情，但信息现象的存在及信息的传播却早已有之、古已有之。没有信息传播，人类历史文明就不可能延续至今。所以信息的传播特别是文明信息的传播是人类精神运动和精神文明建设所离不开的。

5. 信息文明与人类文明发展方向

地球上人类在漫长的发展过程中，经历了生产技术落后，资源匮乏，各种战争的蹂躏以及自然灾害的种种侵扰。人类文明的过程从最初本能地对生存食物的渴求延伸到对衣、食、住、行的需求，而后进入到对文化健康快乐的追求，最后必然拓展到对地球以外空间的探求。人类社会前进的这个总趋势是任何力量都无法阻挡的，因为这不仅符合人类自身进步的规律，同时也符合客观世界前进的规律。

我们通过对信息深入地了解和认识，便进一步发现，历史的进程、人类层次的提升总是和信息的发展紧密地联系在一起，信息载体的变革应该是人类文明进程中最为本质的因素。从这个意义上讲，人类文明的历史就是一部信息发展史。

人类文明的进程必然伴随着信息和信息量的增加，离开了信息的传播、交流和融合，什么发明创造都不会出现，而信息的增加、积累、再生，必然要依靠信息载体的进步和革命。蚂蚁和蜜蜂的社会早于人类社会数亿年，而至今仍是那种永无长进的古老形式，这就是因为缺乏信息量的增殖或增殖极微的缘故。而人类社会则不同，人类的进化、发展除了先天的遗传基因外，主要是依靠后天获取信息进行的。人类不仅有受教育、受训练等被动获取信息的能力，还有自学习、自适应等主动掌握信息的能力，并且更有融合信息、处理信息、创造信息的最为广泛的能力。正是由于这些能力，人类自身才会不断进化，人类文明才有不断发展，人类社会的信息量才能不断增加，以至到了今天的信息爆炸、知识产生连锁反应的崭新时代。

人类社会每前进一步，都伴随着信息的发展。信息每发展一步，都推动着人类文明的变革和文明层次的提高。在人类社会前进的过程中，我们可以清楚地看到，历史上的一些最重要的发明都与信息相关。

中国古代的四大发明就是如此。纸的发明解决了文字信息的固定问题，使文字的复制和传递更为方便。印刷术的发明，使文字信息（包括图像信息）能

够大量复制、广为传播。指南针的发明是获取了地球磁场的信息，为航行、探险指示方向。火药的发明，证实了不同信息的融合可以产生信息的转换并导致新的飞跃。

从近代来看，蒸汽机和电的发明，对人类社会做出了重要的贡献。这些发明也正好说明了物质能量客体在相互转换中，信息成为其必然的联系形式。随后的轮船、火车、飞机的发明则构成了全球范围的信息大流通和大融合。

19世纪以后的电报、电话、收音机和电视机的发明更使得信息流通迅速全球化，终于把整个人类从传统社会带进了现代社会。

当代社会电子计算机的发明，便进一步将各种信息压缩成0和1两个基本数码，并通过程序控制进行自动计算、随机处理和智能推断，成为信息发展史上一座最为卓越的丰碑。

这一系列的重要发明对于人类文明的发展起到了无与伦比的作用。不言而喻，人类社会的进步确实与“信息”息息相关。因此，信息才是真正的万川之源，人类社会中的一切科学成就都是受其派生的。同时，科学的发展反过来又推动、加快信息的发展，它们之间的关系正像经济基础和上层建筑的辩证关系一样。

不管从社会形态的演变来分析，还是从促进生产力进步的角度来研究，文化或宗教，内部或外部，唯心或唯物，一元或多极，出类拔萃的领袖或先知先觉的英雄……世界的终极发展毕竟不可能游离于信息的发展，人类文明的趋势不会因为人们信仰的不同、思维方式的不同和学术观点的不同而改变其发展轨迹。最终，任何组织或个人都得服从于人类社会信息发展的历程和方向。信息持续发展的特征和信息革命的不断升级最终将引导人类社会走向知识大爆炸、智慧大融合的光明时代，信息革命所创造的人类文明成果必然为全人类所共享。

世界正一步步告别低级文明，同时又一步步向人类更高级的文明靠拢，当前世界的一切发展其最根本的源泉都来自信息的发展。信息已经成为人类文明进步的第一推动力。这种发展的结果，最终将引导全人类进入到一个更加高尚的社会，在这个社会机制里，人们相互尊重、相互理解、相互协作，也相互制约。不仅共同掌握信息，同时也共同享用资源和共同分配利益，最重要的是能够共同创造美好的未来。

由于人类具有情感、心理、智力等和物质世界决然不同的特性，因此地球人类和太阳系、宇宙并不是一种子系统、母系统与巨系统的简单关系。信息的产生、发展以至于爆炸也不是人类社会跨越文明的唯一源泉。人类与生俱来的种种欲望也是我们创建文明的一种内在推动力。人类社会的民主、法制以及其他一切有益的行政机制等都为人类的文明进步做出了有力的保障。除此以外，自然界还为我们准备了充足的空气、阳光、水资源、地球磁场、高空臭氧层等这么一个理想的生态环境，为人类文明的发展提供了完美的基础。人类的智慧一旦和外界信息进行有机结合，便会引发出巨大的能量。因此，我们有理由相信：人类的未来必将在信息高速运转、知识快速更新、智慧频繁闪现和人类文明高度发达的轨道上奔驰。

第二部分 思想之根

（给予人类在艰难中生存的勇气，引领人类进入精神的高地）

德国著名的存在主义哲学家雅斯贝尔斯在 1949 年出版的《历史的起源与目标》提出了一个著名的命题“人类的轴心时代”。他提出公元前 800 年至公元前 200 年，尤其是公元前 600 年至公元前 300 年间，是人类文明的“轴心时代”。“轴心时代”发生的地区大概在北纬 30 度上下，就是北纬 25 度至北纬 35 度区域。这段时期是人类文明、精神的重大突破时期。在轴心时代里，各个文明都出现了伟大的精神导师——古希腊有苏格拉底、柏拉图、亚里士多德，以色列有犹太教的先知们和耶稣（稍晚一些），古印度有释迦牟尼，中国有孔子、老子……他们提出的思想原则塑造了不同的文化传统，也一直影响着人类的生活。而且更重要的是，虽然这些伟大的思想家所处的地理位置相隔千山万水，并且他们也没有相互交流过，但他们在轴心时代所提出的伟大思想和文化却有很多相通的地方。

释迦牟尼倡导众生皆有佛性，任何一个人都有觉悟的智慧，只要觉悟，生命就可以“以苦为乐”，不分阶级也不分种族，任何人都可以立地成佛。

苏格拉底肯定人类社会的法律，首先要接受祖先的宗教，再问良心的声音，开创了哲学传统以及经验知识传承的传统，使人文科学得到了快速的发展。

耶稣倡导的是上帝喜欢仁爱胜过于祭献。上帝不需要礼物，因为世界的一切都是上帝创造的，上帝需要的是仁爱，人类需要展示善良的品格，人类的祷告不必在耶路撒冷，只要在心里有上帝，上帝就会与你同在。

中国的儒家思想更是以人为研究对象，讲忠孝仁爱。孔子主张“人能弘道，非道弘人”，认为实践人生理想的主动力量在于人。他心目中的人是不分阶级、族群与贫富差异的，所以在得悉家中马厩失火时，他的当下反应是“曰：伤人乎？不问马”。因此推崇孔子为人文主义者，说他具有深刻的人道情怀，乃是合宜的判断。这个在今天看起来很平常的一件事，可在那个年代，是不容易的文明进步思想，因为当时，人是分阶级的，马夫是奴隶，在主人眼里和动物是一样的，甚至还不如马。

在那个时代，人类的生存是需要勇气的，因为人类生活在频繁的战争之下，面临着资源、疾病、野兽、恶劣的自然环境等，严重影响着人类的繁衍和生存的勇气，思想家们的思想在一定程度上给予人类在艰难中生存的勇气，引领人类进入精神的高地，而忽略现实的痛苦。伟大的思想家们，在那个充满绝望的时代，竟然都提出终极关怀的思想并被当时的政治家们所采纳，最终在社会形成了“终极关怀的觉醒”。换句话说，这几个地方的人们开始用理智的方法、道德的方式来面对这个世界，同时也产生了宗教。它们是对原始文化的超越和突破。而超越和突破的不同类型决定了今天世界上不同的文化形态。

那些没有实现超越突破的古文明，如巴比伦文化、古埃及文化，虽规模宏大，但都难以摆脱灭绝的命运，成为文化的化石。而这些轴心时代所产生的文化一直延续到今天。每当人类社会面临危机或新的飞跃的时候，我们总是回过头去，看看轴心时代的先哲们是怎么说的。

第六章　西方思想的起源以及对世界文明的影响

人类的思想之根来源于对宇宙的认识和认知。人类在漫长的发展过程中，从劳动实践中收获了丰富的经验，对自然和社会进行了深入的探索和总结，形成了天文、地理、数学等深奥的知识理论体系，并发现了世界规律、自身规律、物质规律之外的精神世界的规律，这些就发展成了哲学。思想起源于生存本身，最初也只是服务于生存本身。不知道从何时起，思想成了事实的君王，思想与事实不符时，事实要向思想靠拢，于是人类不断地试图改变事实、操控事实，而且这些事实需要不断地被处理，但总也不能等于思想。在西方传统中，人们习惯把“基督教文化”或“基督教文明”作为其文明的起源。西方文明有三大源头：古希腊文明、古希伯来文明和古罗马文明。

1. 古希腊文明为西方文明打下了基础

地理上意义的希腊全境满是千形百态的海湾。因此各地区之间的关系和联系主要是靠大海来沟通。这使希腊成为散落在山岭纵横、河流交错的众多城邦，而他们的联系并非隔断又不同于更东方的帝国的一体化。而古希腊则是西方文明的一个符号，在世界文明史上，古希腊文明以其特异的风采与卓越的成就享誉后世，以致有“言必称希腊”之说。的确，它的文化创造达到了人类文明的第一个高峰。于是，古希腊文明的勃兴和它的“后来居上”，它的光灿夺目的业绩，被学界称为“希腊的奇迹”。古希腊文明是西方文明的主要源头之一，持续了约650年（公元前800年至公元前146年），是西方文明最重要和最直接的渊源。西方有记载的文学、艺术都是从古希腊开始的。古希腊不是一个国家的概念，而是一个地区的称谓，其位于欧洲东南部、地中海的东北部、土耳其西南沿岸地区、意大利西部和西西里岛东部沿岸地区，包括希腊半岛、爱琴海和爱奥尼亚海上的群岛和岛屿。公元前五六世纪，特别是希波战争以后，这个地区经济生活高度繁荣，从而产生了光辉灿烂的希腊文化，对后世有深远的影响。古希腊人在哲学思想、诗歌、建筑、科学、文学、戏剧、神话等诸多方面都有很深的造诣，这一文明遗产在古希腊灭亡后，被古罗马人破坏性地延续下去，从而成为整个西方文明的精神支柱。

“希腊精神”无论在西方国家还是在全世界范围内都可以称得上是一种典范，其特征主要有以下几点：

第一，喜好思想自由或自由思想。

这里所说的思想自由或自由思想是指将思想作为一种见之于世的理性认识的成果，它出现在古代世界，也以古希腊人为最早又最具生命力。但是这个自由不是无限制的自由，“把握限度和分寸就是善，这是希腊人的基本常识。”“傲慢和目空一切是希腊人最为憎恶的两种品性。”[1] 古希腊人对自由思想的探索精神与美的观念同时并存。这是人本主义的文明，对人性格外重视。这在雕塑上、神话上、史学上、哲学上都可以得到证明。思想自由或自由思想并不是指一种天赋的与内在的思维活动，而是将思想作为一种见之于世的理性认识的成果。德国历史哲学家卡尔·雅斯贝斯曾明确指出：“古希腊城邦奠定了西方所有自由的意识，自由的思想和自由的现实的基础。”现代美国史家伊迪斯·汉密尔顿说，在古希腊那里“世界第一次有了思想自由”。思想自由与自由思想在希腊城邦中得以首先萌发，是由奴隶制经济与奴隶制民主政治的高度发展造就的，这就是：丰裕的物质条件，欢愉的精神生活和足够的闲暇时间，而这些在古希腊城邦制度及推行民主政治的城邦里（如雅典）都一一找到了它们的归宿；加之在城邦的实际生活中，也没有形成一个有势力的僧侣集团和一种钳制人们思想的统一的宗教意识形态，较之当时古代世界的其他地方，这里有其独特的与内在的历史条件。

苏格拉底在受审时为自己所做的申辩中说道：“雅典人啊，不要以为我现在是为我自己而申辩，我是为你们而辩……因为你们要是杀死我的话，就很难再找到一个像我这样的人；打一个可笑的比喻，我就像一只牛虻，整天到处叮住你们不放，唤醒你们，说服你们，指责你们……我要你们……我要你们知道，要是杀死像我这样的人，那么对你们自己造成的损害将会超过对我的残害。”这种狂放不羁的自由思想是希腊人所独有的，至少就其普遍和激烈程度而言是如此。他们坚信，人活着最主要的事就是完满地展示自己的个性。理性主义和现

---

[1] 伊迪丝·汉密尔顿．希腊的回声［M］．曹博，译．北京：华夏出版社，2012.

实主义相结合，使古希腊人能够自由而充满想象力地去思考有关人类和社会的各种问题，并在文学、哲学和艺术创作中表达自己的思想和感情。

第二，建立了古代的民主政体。

建立了人类文明发展史上第一个奴隶制民主，同时建立了雅典的梭伦立法。民主政体的观念是大众的利益、公开的事务，应由人民来讨论和决议；团体中各个分子应该深思熟虑，发表意见，举行投票；根据的理由是国家的利益和公开的事务便是个别分子自己的利益和事务。当时的民族宪法与现代民主政体的区别在于：古希腊的民主是个别人对民主的定义。古希腊人只是本着原始的国家观念，维护一种集体主义的生存，而非建立在对制度本身的反思上。例如对于民主政体中的伟大人物，梭伦、克莱斯托尼、米太雅第斯、伯里克利斯等先是崇拜，但后来就嫉恨、放逐他们。反映了当时的民主政体是一个幼稚的民主政体。

这种公民权主要指一种治理城邦的权利，正是这种政治权利使公民成为自己的主人，尤其对古希腊人而言，作为“天生政治动物”的人，公民的权利不仅让他有主宰自己命运的能力，更是他成其为人的必要。所谓直接民主制度，是指城邦的政治主权属于他的公民。公民们直接参与城邦的治理，而不是通过选举代表组成议会来治理国家，在这种制度下，凡享有政治权利的公民的多数决议，无论在寡头、贵族或平民政体中，总是最后的裁判，具有最高的权威。城邦制度和直接民主互相依赖，互为条件。

城邦政治中，主权在民与直接民主制度是通过公民轮流统治或被统治来贯彻实行的，即轮番为治。城邦国家的绝大多数公共职务的选举靠抽签决定，这种自我治理机制凸显了城邦公民的平等性和自主性。城邦有相应的规章，依法治理。有关于公民资格、公民权利与义务的法律、行政机构、议事机构和法庭的选任、组织、权限、责任的国家法，有关于财产、继任、契约等的私法，有关于国家惩处犯罪行为的刑法，等等，初显了法制意识。

第三，寻求生物与环境之间的和谐发展。

古希腊文明是城邦文明，在那规模有限的空间内，却是一个具有独立的政治生活、自足的经济生活和丰富的文化生活的共同体和实现人类自我完美的道德共同体。每个成员都对城邦有着某种认同感与亲近感，因而在一个相当长的时间内，古希腊人把城邦制视为唯一适宜的国家组织形式，坚持致力于社会团体与公民生活之间的和谐统一的基本信念中。

城邦的自给性、封闭性和公民与外邦人之间的严格界限，维护了城邦“特权公民的特权公社”的制度。城邦的防卫意识超过了攻击意识，他们打算统治邻邦，却不打算吞并邻邦，更不愿意在一个较大的联盟内放弃它们的独立。古希腊从没有形成一个稳定的政治专制体，历史的事实是大多数古希腊城邦都没有发展出一个由少数政治精英控制和垄断公共事务的社会、经济和宗教机构，没有任何一个城邦能够容忍一个强权的君主政体，只有极少数城邦维护了比较稳定的贵族制，绝大多数城邦都是采取某种程度的共和制。

第四，激发科学精神与创造精神。

在世界文明史上，古希腊人有着卓越创造力，而他们的创造性源于他们的好学精神，天生的好奇心、刨根究底的追问与开放的民族性格。他们百般寻求知识，而不管这种知识来自何方，其觅取真知的足迹曾遍布东方各个角落。他们“拜东方文明为师”，而这在当时不失为是一种智者的眼光。古希腊文化的奠立，它有一个东方文化的源头，而它自身的发展又成了西方文化的源头。创造者才是真正的继承者，从希腊人的创造性来看，此语信然。

古代世界受非理性的支配，受种种可怕的、尚未被理解的力量控制。人们完全听天由命，而且他们想法理解作弄他们命运的原因也是不允许的。古希腊人站起身来，理性开始了他们的统治。古希腊人最根本的事实是他们一定要运用自己的思维能力。古代传教士告诉人们说：“到此为止，不能再向前了，我们给思想制定了界限。”古希腊人却说道：“一切都应该经过考察，经过质疑，对于思想，不能规定界限。”理性活动受教士们的控制，这在古代世界中起决定性的影响。可在古希腊，教士们的地位在后台、不在前台，庙宇属于他们，庙堂的仪式和规则由他们掌管，仅此而已。

第五，追求人生享受和现世娱乐的生活情趣。

古希腊人重视现世，把无限的希望寄托在现实人间。他们不管宗教宣扬的冥、神界的欢愉，他们用文学、艺术、哲学、科学等的社会活动丰富着自己的生活，享受着现实的幸福。

昂扬的精神与强劲的活动使古希腊人挺起身来反对暴君的统治，反对宗教势力的控制，不允许任何人的独裁。他们不要主人，没有主人，自由地进行思考。世界上第一次有了思想自由。国家与教会让古希腊人自由思考，听凭自便。在雅典，言论自由是每个人的基本权利。世界是什么？古希腊人对它进行自由的思考，不受任何约束，可以自由地否定传统的解释，抛弃教士的训诫和说教，可以自由地追求真理，不受束缚，他们的才智可以自由地驰骋，为我们今天的科学奠定了基础。

古希腊文化具有很强的超越性。古希腊城邦文明既属于古代世界，又属于现代世界。说它属于古代世界，是因为它继古老的东方文明之后而居上，在公元前 20 世纪至公元前 9 世纪放射出了熠熠的历史光辉，古希腊文明是当时世界文明的中心与顶峰；说它属于现代世界，是因为由它所奠立并被学界所称的"希腊精神"已经超越了时空，在西方乃至世界被发扬光大，成为烛照后世与难以泯灭的历史遗产。古希腊人在文学、戏剧、雕塑、建筑、哲学等诸多方面有很深的造诣。由于古希腊文明对古罗马帝国有过重大影响，后者将前者的文明吸收并带到环地中海和欧洲的许多地区。古希腊文明为西方文明打下了基础。

2. 古希伯来文明的宗教思想

从古代的传说和历史中，普遍认为希伯来人原来是闪族的一支。闪族起源于阿拉伯沙漠的南部，起初是逐水草而居的游牧民族。他们的先知最早出现于美索不达米亚，因为据《圣经》记载，希伯来人的先祖亚伯拉罕家族就起源于苏美尔。他们曾三次大规模地向漠北迁移，进入有名的新月沃地。就在这三次大北征中，吸收了新月沃地——这个人类文明摇篮的各种文化，最终形成了具有自己特色的希伯来文化。希伯来人被认为都是亚伯拉罕的后代，据说亚伯拉罕得到上帝耶和华的指示，大致在公元前 1900 年至公元前 1500 年，他们逐渐由美索不达米亚的乌尔迁入当时地中海东岸、一块叫作"迦南"（Canaan）的地区。据《圣经》记载，这是一块"流着奶和蜜"的土地。迦南原来的居民称这批从东边越河过来的人为"希伯来"，意即"越河者"。亚伯拉罕的儿子叫以撒，以撒和利百加生以扫和雅各（也称为"以色列"，据《创世纪》的记载，在雅各与一位天使角斗了整整一个通宵之后，他得到了"以色列" Israel 这一称号，意为"神的勇士"），雅各生了十二个儿子（是否真有十二个儿子，不得而知，但据专家考证，希伯来人有十二个部落，十二个儿子其实是希伯来十二个部落的首领）。十二个儿子里有个儿子名叫约瑟。在关于约瑟的故事中，希伯来人迁居埃及，摩西又带领他们走出埃及。

希伯来文明诞生于今天被称为巴勒斯坦的土地上，在古代这块地方称为迦南。希伯来人是当今犹太人的祖先。不过，在古代世界中，政治上希伯来人扮演了相对不太重要的角色，它的文明也没有埃及文明和美索不达米亚文明那么显赫。然而，约在公元前 1200 年至公元前 400 年，希伯来人创立了一种宗教——犹太教，犹太教对于早期的基督教和伊斯兰教的形成，有着重大影响。

犹太人（正名希伯来人）是古犹太人或古以色列人的称呼。希伯来民族是一个小小的、奇特的民族，却创造了辉煌的文化。论疆域，只有中国最小的省份——海南省那么大；论文化，却和中国一样有着悠久的文化史。他们流传下来的古代的宝贵文库《圣经》系列经典，与中国、印度、希腊的名著系列并列为影响最深远的四大古文库之一。

古代希伯来宗教思想的发展，大致经历以下四个阶段。

第一个阶段可以称为前摩西阶段，大致在希伯来民族最初兴起的时候。这个阶段的特点起初是万物有灵论，崇拜寓于树木、山峦、圣井、圣泉甚至奇岩怪石的精灵。形形色色的巫术也是盛行在这个时期，如向亡魂问卜、模拟巫术、替罪羊献祭等。很多早期的信仰和做法留下的痕迹在《旧约全书》中仍可看到。一般地，每个神通常都称为“厄勒”即“神”。他们分别是某个特定地方或者可能是某个特定部落的守护神。这个时期还没有出现全民族崇拜耶和华。耶和华自称“亚伯拉罕的神”。

第二阶段从公元前12世纪至公元前8世纪中叶，称之为全民族单拜一神教阶段。希伯来人渐渐地把一个神作为全民族的神祇，神的名字似可写作“Jh-wh”或“Yhwh”。在希伯来人那里读作“雅赫维”，后来希腊学者将它读成了Yahweh（耶和华）。在摩西时期及其后二三个世纪，耶和华是个有点特别的神。他被想象为具有人的属性。“上帝”这个尊号耶和华几乎不能与之相称，因为他的权力仅仅限于希伯来人自己居住的地区。正是在这一时期，希伯来人逐渐相信上帝并非内在于自然，而是外在于自然，而人类作为自然的一部分，通过神意成为自然的主宰。这一“超越宇宙”的神学意味着，人类可以逐步地以纯粹理念的、抽象的术语理解上帝，同时可以认为人类具有随意改变自然的能力。

希伯来宗教发展的第三阶段，即先知改革阶段，时间从公元前8世纪中叶到公元前6世纪中叶。以色列和犹大两王国灭亡后，深重的民族灾难极大地刺激了犹太民族的宗教信仰反而促进了犹太教一神观的进一步深化和完善。而这一发展与公元前8世纪至公元前6世纪的“先知运动”关系甚大。所谓先知就是指能预测未来的人，著名的先知有阿摩司、荷西、以赛亚、耶利米、以西结和第二个以赛亚等。这些先知常借上帝耶和华之口揭露时弊、呼唤正义、劝谕世人，极力鼓吹复兴耶和华的独尊地位，反对并要求清除种种偶像崇拜的污垢，并把耶和华推为全人类的至高主宰。先知们把犹太人的厄运解释为耶和华假借异族君王之手对离经叛道、崇拜异神偶像的犹太人的报复。

最后一个大阶段是后放逐阶段，或者称为波斯影响时期。这个时期的年代

为公元前 539 年至公元前 300 年。这一时期，希伯来的宗教与波斯宗教和希腊哲学思想融合，最大的贡献是关于人类末世的学说。琐罗亚斯德教的某些思想（关于来世、复活、善恶二元论以及末日审判论、天堂地狱论等神学观念）在犹太人中被广泛接受。巴勒斯坦的犹太思想家开始关注他们这个狭小的、在政治上软弱的民族在神的世界宏图中应起什么作用这一问题，他们逐渐相信，上帝会马上派来一位救世主或“弥赛亚”（意为“天意选定的人”），拯救犹太民族，拯救世界。起初他们以为这救世主的和平王国会在“今世”出现，但是时间一天天逝去，救世主的和平王国看来更加虚无缥缈了，因此他们只能把成功的希望寄予来世。与这一来世观密不可分是这样一种信念，即弥赛亚将主持“最后的审判”。

3. 古罗马法制文明发展为近代的法制思想

古罗马通常指公元前 8 世纪在意大利半岛中部兴起的文明，历经罗马王政时代、罗马共和国，在公元前 1 世纪前后扩张成为横跨欧洲、亚洲、非洲的庞大罗马帝国。古罗马文明是西方文明的另一个重要源头，在西方文明发展史上，起着承前启后的作用。古罗马在建立和统治国家过程中，吸收和借鉴了先前发展的各古代文明的成就，并在此基础上创建了自己的文明。古罗马文明对西方乃至世界文明发展进程最重要的贡献体现在两个方面：前半期的罗马律法和后半期的基督教。事实上，古希腊文明、古希伯来文明和古罗马法制文明都汇总于基督教，并以宗教信仰的形式在西方构筑起庞大的文化体系。

德国著名法学家耶林在其著作《罗马法的精神》中说：“古罗马帝国曾三次征服世界，第一次以武力，第二次以宗教，第三次以法律。武力因古罗马帝国的灭亡而消亡，宗教随人民思想觉悟的提高、科学的发展而缩小了影响，唯有法律征服世界是最为持久的征服。”由此可见，古罗马帝国在当时建立的完备的法律体系对西欧乃至世界产生的巨大影响，这是罗马帝国奉献给全世界的瑰宝。

在罗马共和国早期，只有习惯法，法律没有固定的成文形式，法律和习惯没有明显界限。习惯法可以随意解释，具有很大的伸缩性和不确定性。在当时，贵族垄断了立法权和司法权并随意曲解法律以欺压民众，广大平民的利益受到了极大的损害，他们极力要求制定成文法来保护自身的权益，迫于平民的压力，元老院成立立法委员会，制定成文法。公元前 499 年，立法委员会颁布了《十二铜表法》。《十二铜表法》的制定标志着罗马成文法的诞生，属于公民法。它的内容广泛、条纹明晰，审判、量刑有法可依，一定程度上限制了贵族的特权，维护了平民的利益。但其主要目的在于严格维护奴隶主阶级的利益及其统治秩序，保护奴隶主贵族的私有财产权和人身安全不受侵犯。在由共和国到帝国的发展过程中，古罗马社会发生了巨大变化。随着不断对外扩张，古罗马人广泛与外界接触，各种新的社会矛盾日益显现，原来的公民法已经不太适应新的形势了。统治者为了统治庞大的帝国，高度重视法律的制定。法学家们也根据统治者意愿，编纂法典，解释、充实法律。就在这样长期的司法实践中，罗马形成了万民法体系。万民法适用于罗马统治范围内的一切自由民，它对行省上层授予公民权，对无公民权的外邦人给予司法保障，帝国境内自由民中的公民与非公民区别消失。万民法是罗马帝国统治范围内的国际法，它巩固了帝国的统治，有效地维护了奴隶主贵族的利益。

公元6 世纪，东罗马帝国查士丁尼时期的《民法大全》，将历代罗马法律加以系统化和法典化，标志庞大而缜密的罗马法体系最终完成。为重振罗马帝国雄风，加强皇权，查士丁尼于 528 年下令编纂法典。查士丁尼在世时，共完成三部法律汇编:《查士丁尼法典》《查士丁尼法学总论》《查士丁尼学说汇纂》，到三部法典颁布后，法学家又把查士丁尼颁布的 100 多条敕令汇编成集，称为《查士丁尼新敕》，以上四部统称为《查士丁尼民法大全》，又称为《查士丁尼法典》。《查士丁尼法典》使罗马法发展到完备阶段。它强调君权神授、维护奴隶制度、保护私有财产不可侵犯、法律面前公民人人平等，但是这种平等仍然是少数人的平等、自由民的平等。

纵使罗马法存在着不可避免的历史局限性和阶级局限性，但它的伟大之处是毋庸置疑的。它不仅是罗马统治的有力支柱，稳定社会秩序、缓和矛盾，稳固帝国的统治基础；而且对近代欧美的立法和司法，对资产阶级革命和资本主义发展影响深远。

第七章 中国古代思想对人类思想文明发展的促进

中国古代思想文化对世界文明的进程影响巨大，其精华主要有“人学”“自然”“有对”“会通”之学。

1. “人学”之学的起源

春秋末期，为适应当时的社会变动，孔子创立了儒家学派，它冲破西周的“官府之学”，与墨学同时成为中国最早的有理论体系的“私学”学派。

孔子儒学的主干是“人学”，即探讨人的自身修养和人际关系，人的理想和价值以及人与自然的相互关系，是关于人的认识学说。用历史观分析，“人学”的思想精华主要表现在以下三个方面。

（1）中国古代思想根源是重视人的理想

在孔子看来，一个有道德修养的君子，必须要有理想，此理想可称之为“道”。“道”的价值超过人的生命。孔子说：“朝闻道，夕死可矣。”当“道”与人的生命相冲突，一个有道德修养的君子应当毫不犹疑地牺牲个人生命，以维护“道”之尊严，这就是孔子所说的“志士仁人，无求生以害仁，有杀身以成仁”。人之所以有高尚理想，并有为理想而奋战的精神，就因为人有道德、能思考、超越于其他动物。这个道理，孔子用“人能弘道，非道弘人”这 8 个字加以概括。这是中国思想文化史上最早的主体意识观。这样的主体意识所追求的不是个人的富贵尊荣，而是一种强烈的历史使命感。

这种强烈的历史使命感，在儒家“人学”的词汇里被称为“正气”和“操守”。战国中期的儒家代表孟子就提出了“浩然之气”。在他看来，“浩然之气”是集合了正义行为而生成的一种气，不是偶尔一次的正义行为所能取得的。孟子认为，人有了这么一种精神，就能做到“富贵不能淫，贫贱不能移，威武不能屈”。战国末期的另一位儒家代表人物荀子称此为“德操”，他说：“生乎由是，死乎由是，夫是之谓德操。”“正气”和“操守”是中华民族的优良传统，我们应将其发扬光大❶。

（2）儒家“人学”重视道德修养

孔子强调，做一个有道德的君子，要靠自身修养，从“我”做起。孔子说：“一日克己复礼，天下归仁焉。为仁由己，而由乎人哉？”他把人的自身修养看成是治国平天下的起点，又把治国平天下作为道德修养的目标。

儒家“人学”系统论述了各种道德范畴的内涵，并要求人们以此为准则去修养，从而调节人际关系，使人与人之间和睦相处，以形成稳定的社会秩序。孔子认为，恭、宽、信、惠、敏五种道德规范构成“仁”的主要内容。恭，即庄重，君子应自尊自重。宽，即宽厚，对己严，对人宽。信，即信用、诚实。惠，即关心他人。敏，即敏捷，引申为孜孜不倦。

孔子作为中国2500年前的思想家和教育家，其论述不可能超越其时代。他提出的道德规范也刻有当时社会和阶级的印迹。这说明任何道德规范都有历史的局限性，原封不动地搬到现代是不可能，也是不可取的。但是，人类社会并不因历史的变迁而古今截然隔绝，从这个意义上说，道德有其相对的稳定性。因此，经过鉴别、取舍和改造的传统道德，可以传承，也必须传承，但在其中要增加符合时代要求的新内容。

（3）儒家“人学”重视提高人的认识能力

在孔子看来，人对理想的追求，对完善道德的追求，要靠后天努力，所以他十分关心教育。他是中国历史上第一位教育家，其教育理论和教学方法，是我国教育史上的宝贵遗产。

儒学认为，人的高尚品德的培育，总是与一定的认识方法相联系，即道德论与认识论的统一。孔子提倡的“和而不同”就是这种统一的表现。西周后期，史伯提出“和实生物”，认为性质不同的金木火水土配合在一起才生出百物；“同则不继”，只有一种东西就不能继续下去。孔子对此加以发展，认为君子以“和”为准则。他说：“君子和而不同，小人同而不和。”君子应能听取各

---

❶ 张建安．中国古代哲学［M］．长沙：中南出版传媒股份有限公司、湖南科学技术出版社，2009.

种意见，研究各种不同事物，不能闭目塞听，只见一隅而不见其他。实际上，孔子在这里阐述了一个重要的认识论观点：事物的同一是基于多样性的同一。

在儒家“中庸”说里也体现了道德论和认识论的统一。孔子把“中庸”作为人格完善的标准，他说：“中庸之为德也，其至矣乎！民鲜久矣。”这就是说，“中庸”是道德准则。孔子举例说，做事过了头，这不合乎“中庸”；应当立即做而不做，这也不合乎“中庸”。他认为“过犹不及”。“过”和“不及”，二者都是片面的。由此可见，孔子虽然讲的是道德论，但他从认识论角度界定了事物从量变到质变的界限，意识到说话做事要有一个限度，超过或者达不到应该达到的界限，就不能正确地认识事物，也就不具有高尚的品德。

2. “自然”之学的本质

如果说早期儒家着重探讨了人与社会、人与人的关系，那么先秦时期的道家则着力于人与自然关系的研究。其留下的丰富的理论思维资料，充分显示出中华民族是具有丰富理论思维传统的民族。

（1）道家“自然”之学力求探讨世界的本原和本质

道家的经典《老子》第一章就开宗明义：“道，可道，非常道；名，可名，非常名。无名，天地之始，有名，万物之母。故常无，欲以观其妙，常有，欲以观其徼。此两者同出而异名。同谓之玄，玄之又玄，众妙之门。”这显然不是随感而发，而是老子在对世界的思索和探求基础上形成的理论概括。这里“道”与“常道”，“名”与“无名”，“常无”与“常有”等对立概念，标志着古代哲人正在从现象世界迈进本质世界，并希望探求现象世界事物生成与消灭的原因。“无名”作为天地的始原，“有名”作为万物的本根，虽然是名词代号，但外延极大。任何后代在科学上的发现，如要从哲学上加以概括，都超越不了“有”与“无”的外延限定。

我国古代的哲人根据对自然运行的观察和自己的沉思，认识到世界是无限的、不断运动的“物”，它不是祖先神，不是人的意志，更不是神与鬼。正如《老子》第25章中用诗意语言表达的：“有物混成，先天地生。寂兮寥兮，独立不改，周行而不殆。可以为天下母。吾不知其名，字之日道，强为之名曰大”，又说：“人法地，地法天，天法道，道法自然”，认为天、地、人都是自然而然地从“道”那里产生的，道和天、地、人、自然永不停顿。这种自然哲学的出现，标志着中华民族以一个哲学化的形象出现于世界。当然，先哲们对于世界的思索，在缺少科学实践探索上形成的思想体系，不可能每句话、每个理论概括都是那样准确无误。今天高度发达的科学知识，是建立在古代哲学的基础之上进行反复探索实验而形成的。

（2）“自然”之学提出了重要的哲学问题

战国中期，道家代表人物庄子发现，世间事物都是相对的，如“北海有鱼，化而为鸟，名叫鹏，鹏之背，不知其几千里也；怒而飞，其翼若垂天之云”。（《庄子·逍遥游》）而蝉和小鸠只能飞几步，却嘲笑大鹏为何要飞九万里到南海去。再如，有些生物，如朝菌、寒蝉，生命短促，而楚国南方的灵龟，却以五百年为春，五百年为秋。远古时期的大椿树更以八千年为春，八千年为秋。这些现象应当如何解释，作为万物之灵的“人”能否超越种种“相对”而获得自由呢？庄子从哲学思想层面提出了对这一重要问题的思索。

庄子不能正确地解决困扰他自己的哲学问题。他用想象代替科学，用诗歌代替哲学。他想超越“相对”，用他的话说就是：“若夫乘天地之正，而御六气之辩，以游无穷者，彼且恶乎待哉？”在他看来，依据天地自然规则，驾驭六气变化，进入无限空间，这样即可超越“相对”而获得自由。他不懂得“绝对寓于相对之中”“自由是对必然的认识”等科学真理，尽管他的答案是不正确的，但他给我们留下了诗，留下了机智的哲学问题。

（3）“自然”之学强调顺应自然之理而行事

《庄子·养生主》中关于“庖丁解牛”作了透彻的论述。庖丁为文惠君解牛，其高超的技术已至化境。他动刀的声音和《桑林》乐章的舞步、《经首》分乐章的韵律相符。道家的“自然”之学为我们提供了丰富的理论思维资料，只要取舍得当，它可以启发我们思考许多问题。

3. “有对”之学的思辨

“有对”之学即辩证思维。宋代思想家朱熹所说“天下万物之理，无独必有对”（《朱子语类》62卷），讲的就是辩证思维。中国的“有对”之学中关于

安与危、忧患与安乐、情与理、学与思、知与行等方面的辩证统一的论说，体现出了古代辩证思维的辉煌。

儒学的“二端”说、“中庸”论以及“和而不同”说都是“有对”之学的显例。而道家的“自然”之学更加深入地论述了古代辩证思维术的要点。老子从社会和自然现象中概括出了一系列“有对”之学的范畴，如“有无相生，难易相成，长短相形，高下相倾，音声相和，前后相随”（《老子》第2章），并指出对立范畴可以转化，即“物极必反”。对此，《老子》做出了详细的论述，如“曲则全，枉则直，洼则盈，敝则新，少则得，多则惑”，再如“祸兮福之所倚，福兮祸之所倚”。在老子看来，依据事物转化的道理，要想达到某种既定目的，最好是致力于该目的的反面：“将欲合之，必固张之；将欲弱之，必固强之；将欲废之，必固兴之，将欲夺之，必固与之，是谓微明。”至于转化的终极原因，还不是老子所能解决的。

值得注意的是，中国古代的“有对”之学，并非纯哲学理论，它更加着重于运用，即运用于政治、军事、经济和文化生活的各个方面，其成就辉煌卓著。于是，在长期历史演变发展中，逐渐形成了这样的看法：要使事业成功，必须学习和运用中国的“有对”之学。众所皆知，当今世界上不少国家孜孜研究《孙子》十三篇，就是这个道理。《孙子》是将“有对”之学运用于军事和人事的范本。其作者相传为春秋末年的齐国人孙武。据《史记》载，孙武担任吴王阖闾的大将，指挥吴军战胜楚国。他的后裔孙膑继承其军事思想，曾任齐国军师，击败魏国。现在版本的《孙子》带有战国时代色彩，可能经过孙膑的整理修改。

《孙子》强调在规定、设计战略和战术时，需全面考察客观条件和主观条件。第一篇《计篇》说，须“经之以五，校之以计，以索其情”。所谓“五事”，即道、天、地、将、法。对于“道”，孙子是这样解释的：“道者，令民与上同意也，故可与之死，可与之生，而民不畏危。”可见，这里说的“道”乃是合乎人民利益的政事。在他看来，战争能否“令民与上同意”，是否得到人民支持，这才是决定胜败的关键。其次，要看到决定战争胜负的综合条件。对此，《孙子》剖析颇细，“兵法，一曰度，二曰量，三曰数，四曰称，五曰胜，地生度，度生量，量生数，数生称，称生胜”。这是说，作战双方的地形、资源、兵源、兵种等构成了胜负的物质基础。胜负不能单凭哪一项条件，必须对各种力量做全面的综合分析。《孙子》结论是：“知彼知己，百战不殆；不知彼而知己，一胜一负；不知彼，不知己，每战必殆。”这个原理不仅对战争适用，对其他任何事情都适用。

《孙子》不但看到对立面可以转化，而且看到了转化的某些条件。人们可以创造条件，以促使事物向好的方面转化，这是对中国古代“有对”之学的重大贡献。例如《孙子》的《势篇》中说：“乱生于治，怯生于勇，弱生于强。治乱，数也；勇怯，势也；强弱，形也。”说明治乱依赖于“数”，勇怯依赖于“势”，强弱依赖于“形”。人们可以积极发挥主观能动性，扬己之长而去己之短，以取得事业的成功。

如果说中国先秦时期是“有对”之学的一个高峰，那么宋、明时期则是另一高峰。宋明理学不仅阐发和继承了以前的“有对”之学，而且吸取并改造了佛学的辩证思维。因此，宋明时期的“有对”之学在“分”与“合”关系的理论阐述方面做出了创造性的贡献。如北宋时期邵雍提出“一分为二”，他说：“……是故一分为二，二分为四，四分为八，八分为十六，十六分为三十二，三十二分为六十四……合之斯为一，衍之斯为万。”（《观物外篇》）这还只是数学上的一分为二，虽然包含有辩证因素，但还不能完全等同于辩证的一分为二。再如张载提出“一物两体”论，他说：“一物两体，气也；一故神，二故化。此天地之所以参也。”（《正蒙·参两》）这就阐述了事物的矛盾是既对立又统一的。理学的集大成者朱熹，不但论述动与静、阴与阳、生与死、始与终的对立统一，而且认识到“对立”的两方面不是平衡的，其中有一方占主导地位。他说，动与静互根，然而动却是主导面。这个观点后来在清初大思想家王夫之的著作中得到发展。

4. “会通”之学的通达

中国先秦时期有许多学派，学派间相互争论又相互吸收，共同发展。不仅如此，中国文化还善于学习和吸收外来文化。例如从 2 世纪至 8 世纪，印度文化及其佛学不断传入中国。16 世纪末，西方最早的一批传教士带来欧洲中世纪的神学和自然科学，也影响了当时中国的思想和文化。上述状况，用孔子的话说就是“和而不同”。明代自然科学家徐光启和清初思想家方以智称此为“会通”之学。

应当承认，“会通”之学是中国古代思想文化的特色和优点。这在春秋战国时期表现得格外明显。当时学派分布的情况大致是：儒、墨以鲁国为中心，而儒学传播于晋、卫、齐，墨学则传入楚、秦。道家起源于南方的楚、陈、宋，

后来可能是随着陈国一些逃亡的贵族而传入齐国。楚人还保留着比较原始的“巫鬼”宗教。在北方的燕国和附近的齐国，方士也很盛行，后来阴阳家就在齐国流行。法家主要源于三晋。如果说春秋时代文化中心偏于邹、鲁，则战国时代的文化已无此界限，文化的交流日益繁荣起来。

春秋战国时期，随着中华民族的逐渐融合，以及各国间频繁的交往和联系，各个学派的思想也相互影响，相互学习吸收，成为“会通”之学。如荀子虽出身于儒家，尊崇孔子的传统，但正如清初学者傅山所说，其思想“近于法家，近于刑名家”，而且在一些论点上，又有“近于墨家者言”。荀子广泛吸取了各家的思想精华，同时对各个学派，包括儒家的若干派别在内，都做出了深刻的批评。❶

中国文化善于吸收外来文化。佛学最初传入中国时，就产生了“格义”之学，用来沟通当时流动的玄学和佛学原理。在这之后，佛经的传译逐渐繁荣起来。中国形成了许多佛学宗派，它们具有中国特色而不纯为印度佛学。佛学被改造，并融汇于中国传统思想文化，对中国古代思想产生了很大影响。首先，佛学丰富了中国哲学范畴。宋明时期中国哲学范畴之丰富远远超过以往，很大程度上是因为佛学的一些范畴（如“能、所、太虚、识、相”等）被纳入了中国哲学。

其次，佛学将中国思想中的主体意识论推进到一个崭新的高度。唐代禅宗六祖慧能所谓“教外别传，不立文字，直指人心，见性成佛”的四句偈语，已反映出禅学乃是宗教化的主体意识论。它从本体论、认识论、道德论、时空论等诸方面阐述主体意识的作用，在不少地方将人的认识的一个方面绝对化、直线化，但同时也比较多地阐述了关于生与灭、相对与绝对、整体与个体、暂时与永恒等对立范畴的关系，及其与人的主体意识的联系，丰富了中国哲学的内涵，又引发出新的哲学流派（如由儒家学者陆九渊、王阳明发展出来的“陆王心学”）。清朝初年一些思想家受其影响，吸取其合理因素，又加以匡正和改造，丰富了学术思想。

清初的一批大学者，对于中国传统思想文化都有精湛的研究，他们的思想学说大都可称为“会通”之学。他们具有渊博的学识，纵论古今文化遗产，从政教风俗到自然科学，从哲学到历史、地理，从儒家经典到释、老之说，无不有所涉及。如明末清初著名的思想家方以智关于诸子百家有许多精辟的论述，

---

❶ 如战国末期的《吕氏春秋》也带有“会通”之学的特色，它企图容纳相互矛盾的诸家学说，这即是后人所称的“杂家”。如《汉书·艺文志》所说，杂家是“兼儒、墨、刑名、法，知国体之有此，见王治之无不贯”。

同时又对儒、佛、道思想给以批评和改造，既有舍弃，又有“择善”。同处于明末清初的思想家王夫之对传统典籍和诸子之学有精深研究，他对儒家经典并不迷信，而以“六经责我开生面”的态度进行总结，同时更对老、庄之说采取批评改造的态度。他在《老子衍》自序中说：“入其垒，袭其辎，暴其恃而见其瑕”，在《庄子通》自序中表示要“因而通之，可以与心理不背”。同时他对佛学既有批评也有吸收，这一点在其著作《相宗络索》中有所体现。

第八章　中国古代思想家对人类文明的促进

中国哲学思想萌芽于西周时期（约公元前11世纪至公元前771年）。西周的第一个统治者是周武王，但他在位时间很短，不久就病逝了。国家的统治权很快转到他的弟弟——周公手中。周公在中国古代是个了不起的伟人，在他之前，“尊神、敬鬼”是中国的主要思想。而周公制礼作乐，维系社会的平衡与团结，使世人关注的重心从鬼神转向对人自身的关注。这种以“人”为本的思想深刻地影响着中国文化，并成为中国古代哲学思想的萌芽。

1. 管子的管理哲学和思想智慧

管子（公元前723年至约公元前645年），汉族，名夷吾，字仲，尊称仲父，又称敬仲，颍上（今安徽颍上）人，父亲管严，母亲谷氏，管子是我国古代春秋时期齐国著名的政治家、思想家、军事家和经济学家。

在管仲时代，中国文化还没有大的分歧，儒、法、道还没分家，因此可以说管仲思想是个综合思想。《管子》成书于先秦时期，出自于齐国稷下学宫的管子学派，并非一人一时之作，成书时共有86篇，24卷，到唐朝时丢失了10篇，现存76篇，总计20余万字[1]。《管子》内容可谓包罗万象，涉及哲学、政治、经济、军事、伦理以及医学等，专门讲述哲学问题的至少有11章，分别是《宙合》第十一、《枢言》第十二、《冶心术》上第三十六、《冶心术》下第三十七、《水地》第三十九、《四时》第四十、《五行》第四十一、《势第》第四十二、《内业》第四十九、《九受》第五十五、《版法解》第六十六。除此之外，其他章节中也有论及。

在中国古代，“道”最早就是哲学。“道家”就是哲学家。《管子》被汉代

[1] 仲大军．回到民权高于君权的时代——重温春秋战国史［N］．北京大军经济观察，2007－12－10．

班固的《汉书·艺文志》载入国史，并首次称为“道家”。原始道学的源流，最迟可以追溯到姜太公。管仲和《管子》是最重要的传承者和集大成者。正如班固所言，“道家”是中国古代哲学或政治哲学学派的统称。管子哲学的朴素唯物性和辩证性，首先体现在对“形”“势”本体性的认识，及其对“形”“势”“道”三位一体的总体把握上。“形”，即物质世界可以为人的感觉所感知的外在形状；“势”，即物质世界可以为人的感觉所感知的动作状态。管子从万物都有的“形”与“势”的动态把握上，直接引申出最抽象也最基本的哲学范畴“道”，即“形”与“势”所呈现的内在规律和法则。

“道”是由管子提出并进行重点讲解的一个概念，后来老子的《道德经》就是继承管子关于道的概念并延伸而成的。《管子》中提到，“道，不远而难及也，与人并处而难得也”“虚无无形谓之道，大道可安而不可说”“道在天地之间，其大无外，其小无内”。《管子》之“道”，一方面是广大无边，生成万物的抽象存在；另一方面是存在于人的精神之中，不以人的意志为转移的客观存在，并且是可以被人类认知和把握的认识对象。《管子》之道还可分为“天道”“地道”和“人道”三个层次，强调“道”的自然性与客观性。《管子》的《乘马》中提到“春秋冬夏，阴阳之推移也。时之短长，阴阳之利用也；日夜之易，阴阳之化也；然则阴阳正矣，虽不正，有余不可损，不足不可益也”；《枢言》中提到“凡万物，阴阳两生而参视，先王因其参而慎所入所出”；《四时》中提到“是故阴阳者，天地之大理也，四时者，阴阳之大经也”“日掌阳，月掌阴，星掌和，阳为德，阴为刑，和为事，是故日食，则失德之国恶之”；《形势解》中提到“春者，阳气始上，故万物生。夏者，阳气毕上，故万物长。秋者，阴气始下，故万物收。冬者，阴气毕下，故万物藏。故春夏生长，秋冬收藏，四时之节也。”可以看到，管子用“阴阳”来解释自然交替、万物生长的现象及规律，认为自然界中的春夏秋冬、日夜交替、阴阳此消彼长都是在不断运动演化的。

2. 老子的无为哲学和道家思想

老子，又称老聃、李耳，字伯阳，楚国苦县曲仁里（今河南鹿邑县太清宫镇）人，是我国古代伟大的哲学家和思想家，道家学派创始人。老子哲学思想的性质是唯物主义还是唯心主义，是研究老子哲学思想争论的重点之一，争论的焦点是对老子哲学体系中“道”的不同理解。

春秋末期是由氏族奴隶制王国向封建制王国的转型期。由于社会的激变分化，原来的“普天之下，莫非王土”（《诗经·小雅北山》）变为“人有土田，汝反有之；人有人民，汝复夺之”（《诗经·大雅瞻仰》）。工商业原来是氏族奴隶主独家经营为王族服务的，而负责管理工商业的“工奴”和“商奴”由于私自经营工商业而发财，成了新兴的工商业主。[1] 周族的贵族看到新势力的成长，有的哀叹社会走向没落，有的加紧对人民的剥削压迫，限制人民的私有权利，加剧了阶级矛盾，加速了被奴役者们的觉醒，激发了他们的反抗精神，进一步促进了社会变革。土地所有制的变化是当时所有社会变化中最明显的，并且促成了整个社会的变革。奴隶主所有的土地变为新兴地主所有，大量解放了的农奴上升为自由农民，部分奴隶主下降为自耕农。大批生产力的被解放，暂时促进了农业生产的发展，推动了天文学、医学等相应自然科学的进步。天体运行的推算和人体自然功能的生老病死等奥秘逐步被揭开。经济基础和意识形态的变化使周王朝的统治摇摇欲坠，迫使学术下移。原来的“学在官府，官师合一”逐渐下移为民间兴师讲学，许多学派的出现促进了文化的活跃，使介于贵族和庶民之间的士阶层从原来的阶级身份中解脱出来，形成了中国最初的知识分子队伍。人文思潮的兴起，对夏、商、周三代以来的巫史文化产生了巨大的冲击。这种冲击促使了对原始宗教文化的理性再认识，拓展了哲学的层次，引发了春秋时期的哲学突破。

老子出身于士大夫家庭，是史官世家的后裔，自幼好读，学识渊博，大约在公元前550年周灵王后期，也就是在孔子出生前后，任周王朝守藏室史（《史记·老子传》）。当时各诸侯国逐渐强大，表面上听命于周王室，实际上由齐、秦、晋、楚、吴等国称霸。周王室把握政权的诸公卿士也结党营私，争夺王朝的权利，致使周王室衰微。老子看不惯这些明争暗斗，又因无意中得罪了掌权的甘简公，被免去了史官职。

老子在任守藏室史期间[2]，掌管典籍史册，熟悉了夏商周社会变革的历史和古代帝王立身处事的经验，又亲身经历了这一场政治事变，再加上被罢官以后颠沛流离，见识更多了，思想也更成熟睿智。公元前520年，周景王驾崩，因子丐之党与王子朝争夺王位，王子朝带了大批周朝的典籍逃到楚国。老子蒙

---

[1] 黄灿章. 老子的哲学思想［EB/OL］.［2012－10－14］. http：//lzdxyj. 51. net/topics/page13. htm.

[2] 公元前530年，甘简公已死，甘平公继位。甘成公、甘章公从形式上把老子看作是甘简公的对立面，又把老子召回周守藏室（《左传·昭公十二年》）。

受了失职之责，又丢了守藏室史之职，在变革动乱的社会现实中，历经坎坷，最后被迫隐居，探求天道。

守藏室史的工作，给了老子极好的学习机会。期间对他影响最大的可能是《尚书》，这本书里记载着从尧到周初历代最高统治者的讲话和文诰，其中渗透着上述各个时代的精神和许多精深的道理。《尚书·大禹谟》记载说："人心惟危，道心惟微，惟精惟一，允执厥中。"❶ 老子认为宇宙间一切事物都有两个方面，有无相生，正反相倚，并且都在不停地变化转换着。人们怎么能把握住他们呢？往往认识这一点，忽略了另一点，讲的道理再多，也只是在某一点上有些体会，这岂不是"道心惟微"吗？现在有办法了，就是要"允执厥中"，把握中正之道，破除偏执，防止片面，从而认识无穷的宇宙。他把这个方法归纳为八个字：多闻数穷，不若守中（《道德经》第5章）。老子在隐居期间，把对现行社会制度的批判和救世方略的思考逐步升华为对宇宙生成本原问题的探讨。从《帝王世纪》中可以看出，古代帝王就是用把握中正之道的办法来管理天下的。在春秋末期对巫史传统文化的理性再认识中，老子认为"礼教"的产生是社会和人生堕落的结果，"上德不德，是以有德，下德不失德，是以无德。故失道而后德，失德而后仁，失仁而后义，失义而后礼。失礼者，忠信之薄，而祸乱之首也"（《道德经》第38章），进而把母系氏族原始宗教文化沿着理性认识的道路上升到哲学的层次，提出"道"的范畴，建立了一整套探索宇宙本原的认识论和辩证思维的哲学体系。

道家思想认为，天、地、人都是道的产物，具有统一性。道，即为天、地、人的主体，也是天、地、人运动时所必须遵循的规则和行为法则，而且处于自发地不断运动之中。人既不是独立于自然界的抽象存在，也不是自然界的主宰者，而只是大自然的一部分，不可能超越自然而生存。老子对道作了许多阐述，《道德经》一书中将其归纳为三个特征：第一，行上性。道，视之不见，听之不闻，搏之不得，老子将其形容为"无状之状，无象之象"。它恍惚无象，超越形体，无法为人的耳目感官所认识，是超感觉的存在。第二，实存性。第21章中说道："道之为物，惟恍惟惚。惚兮恍兮，其中有象，恍兮惚兮，其中有物。窈兮冥兮，其中有精。其精甚真，其中有信。"道虽然恍惚无形，不能被感觉到，但却是确实存在的，因而人们可以根据它来认识万物的情况。第三，运动性。第25章中说道："独立而不改，周行而不殆，可以为天下母。吾不知其

---

❶ 人有私心是很危险的，道心是很微妙的，人们只有精诚专一、把握中正之道，才能处理好人生、治理好社会，可能对老子影响最深刻。

名，字之曰道。强为之名曰大。”道亘古存在，独立不改，但又运动不息，是一切变化的根源。因此，道不仅是对天地万物的一种整体性表述，而且是对天地万物自发生成和发展的一种概括。

另外，老子贵柔，认为柔弱胜刚强。崇母贵阴，认为母阴是万物之源头，从而肯定了女性在家庭、社会中的地位和存在价值，这是很进步的思想。虽然他和孔子都是处在奴隶制逐渐转入封建社会的时代，难得他没患上后者“崇阳尚父”“重男轻女”的毛病。

老子强调“无为”，凡事顺应自然规律而运行。而“无为而治”，指的是人无私心，处理事情时不以个人意愿为根据。“无为而无所不为”，是指做事处处以“公”为依归。“为而不争”，每个人各尽其力而不争名利，和谐共处，平稳发展。这是管理现代企业、治人治国所不可或缺的重要思想。

老子注重养生，阴阳调和，修道养寿。他说“上善若水”，若人们都能做到像水那样谦虚随和，而且俭朴、知足不争，如此，则国家天下太平矣。这里的“知足”，指的是认清自己的能力，不做非分之求，不居功自傲。

老子重视个人修养，也很关心老百姓。他说，“圣人无常心，以百姓心为心”。在治理国家方面，他说“治大国若烹小鲜”，乱不得，否则，老百姓势必首当其冲地要受苦受难。还说“为之于未有，治之于未乱”。可见，道家学说也以个人、社稷之幸福为重。

3. 庄子的以道观物的哲学起源

庄子（约公元前369年至约公元前286年），姓庄，名周，可算是先秦最大的道家思想启蒙者之一。他的生平，我们知之甚少。只知道他是很小的蒙国（位于今山东省、河南省交界）人，曾做过“漆园吏”，在职不久就隐居起来，可是他的思想和著作在当时就很出名。

庄子所处的时代恰逢“美好的”旧社会彻底瓦解，残酷的新制度已经来临的时代。就是说，保持着氏族传统经济政治体制的早期宗法社会已经崩溃，物质文明在迅速发展，历史在大踏步地前进，生产、消费在大规模地扩大，文明所带来的罪恶和苦难从未曾有。人们日益被物所统治，被自己造成的财富、贪欲所统治，巨大的异己力量支配着人们的身心。

于是庄子发出了最强烈的抗议。他要求不役于物，要求恢复到人的本性。这很可能是世界思想史上最早的反异化的呼声，它产生在文明的发轫期。今天为哲学史家批评的庄子的那些落后、反动、倒退的社会政治思想，其实质都在此处。对原始社会生活的极端美化并不能使社会历史随着这种理想而逆转，从整体上说，历史并不会回到过去，物质文明的进步也的确需要付出相应的代价，这是现实不可阻挡的必然。庄子的意义，并不在于这种回到自然的非现实的空喊和主张，而在于揭露了阶级社会的黑暗，描述现实的苦难，倾诉人间的不平，揭露强者的卑劣。庄子这种文明批判的独特之处，在于他第一次突出了个体的存在，他基本上是从个体的角度来执行这种批判的。庄子思想的实质，关心的不是伦理、政治问题，而是作为个体存在于社会的身心问题。

像庄子那样，要求立即消灭私有制和一切文明以及“劳动本身”，过动物般无知无识的生活，在现实生活中是不可能实现的，这是开历史的“倒车”。所谓人的本性、独立、自由和真实存在只能是历史的、具体的。自然性并不就是人的本性，动物性的个体自然存在也并不自由，动物性的自然生存并非人的自由理想，这一切庄子自然也知道。正由于超脱苦难世界和越过生死大关这个问题并不可能在物质世界中现实地实现，于是最终就落脚到了某种精神——人格理想的追求上了。个体存在的形神问题最终归结为人格独立和精神自由，这构成了庄子哲学的核心。庄子的哲学思想主要有以下两个方面。

（1）“物物者非物”的天道观

老子是最早提出“道”这个哲学概念的，庄子继承了老子关于“道”的思想，并有所发挥。

“物物者非物”，道也。在庄子看来，产生物的不是物，而是道。他在《知北游》中写道：“有先天地生者物耶？物物者非物。物出，不得先物也，犹其有物也。犹其有物也，无已。”有形的万物乃至“五行”之实。阴阳之气，都摆脱不了具体实物性，都还是“不得先物”而存在的有限之物。只有使万物成为万物的那个“非物”的绝对，即自本自根的道，才能先于物而存在，并成为万物的根本。这即是所谓宇宙的演化，不可无穷地往上推演出一个创造者来。人对宇宙的终极原因是无法弄清楚的，即使像老子那样“有生于无”的话也没有说明世界的起源问题，这就使得庄子对于物质世界的客观存在抱绝对怀疑的态度。

“道”具有自本自根性。在庄子看来，“道”是万物的终极原因。其虽无形无象，却是真实无妄的存在，是化生万物的终极原因，“夫道，有情有信，无为无形；可传而不可受，可得而不可见；自本自根，未有天地，自古以固存。神

鬼神帝，生天生地；在太极之先而不为高，在六极之下而不为深；先天地生而不为久，长于上古而不为老”。

“道”普遍存在于万物，无所不在，不仅存在于天地日月之中，而且“在蝼蚁”“在娣稗”“在屎溺”等。在庄子看来，“物物者与物无际，而物有际者，所谓物际者也；不际之际，际之不际者也”（《庄子·知北游》）。意思是道与物没有分界，有分界的是物，没有分界的分界，是分界中的无分界。

道自然无为。庄子认为宇宙万物的生化，无非一道也。道的运作，非有意制造，而是自然无为。《齐物论》中关于人籁、地籁、天籁的论述，旨在说明天道的无为，强调万窍怒号的大风小风完全是自吹自停，其背后没有精神的主宰或造物主的作用。

（2）齐万物、泯是非、一生死，以道观物的认识论

庄子的“齐物论”，不仅致力于暴露经验事物的相对性、不确定性，更致力于暴露经验知识的相对性、不确定性。

①经验事物的相对性、不确定性辩证，否认客观事物间的质的区别。

庄子之学之所以被认为本归于老子之言，一方面因为他也和老子一样，以道为最高范畴；另一方面还因为他和老子一样，大量地接触到经验世界、经验事物存在的矛盾性问题。所不同的是，老子捕捉到的事物的矛盾性，许多的时候会被转化为人生处世的一种智巧。而庄子暴露出事物的矛盾，是为暴露事物存在的相对性、不确定性，从而引出“齐物”之论。

梁丽可以冲城，而不可以窒穴，言殊器也；骐骥、骅骝一日而驰千里，捕鼠不如狸狌，言殊技也。鸱鸺夜撮蚤，察豪末，昼出瞋目而不见丘山，言殊性也。

大木被称为栋梁之材，是相对于建造城楼而言的，用之于堵塞小洞，就只不过是废料一根。骐骥、骅骝被视为良马，是相对于赶路而言的，让他抓老鼠远不如野猫。猫头鹰的双眼被认为可以明察秋毫，这只能是在夜间，在白天他睁着眼睛也看不见山坡。这表明，一切事物，其功能、属性，都是在相对的状况下才出现、获得的，也都会随着相对状况的变化而变化。这里说的就是事物及其存在的相对性、不确定性。《庄子·齐物论》更加概括地说明了这一点：物无非彼，物无非是。自彼则不见，自知则知之。故曰：“彼出于是，是亦因彼”。彼是方生之说也。方生方死，方死方生。方可方不可，方不可方可；因是因非，因非因是。是以圣人不由而照之于天，亦因是也。是亦彼也，彼亦是也。

彼亦一是非，此亦一是非，果且有彼是乎哉？果且无彼是乎哉？彼是莫得其偶，谓之道枢。枢始得其环中，以应无穷。是亦一无穷，非亦一无穷也。故曰："莫若以明。"从此物看，对方为彼；然而从彼物，它既为此。庄子认为事物之间的这种彼此的区分是极其相对的。

②经验知识的人为性、主观性判断，对人的认识能力和知识的可靠性的怀疑。

《庄子·齐物》称：吾尝试问乎女，民银寝则腰疾偏死，然乎哉？木处则惴栗恂惧，猴然乎哉？三者孰知正处？民食刍豢，麋鹿食荐，蛆甘带，鸱鸦耆鼠，四者孰知正味？狙以为雌，麋鹿与交，与鱼游。毛嫱丽姬，人之所美也，鱼见之深入，鸟见之高飞，麋鹿见之决骤，四者，孰知天下之正色哉？

什么是好的住宅？人、猴子、泥鳅会有相同的看法吗？什么是美味，人、麋鹿、蟑蛆之虫、乌鸦感觉会一样吗？什么是美丽的容貌，人、鱼类、鸟儿判定会相同吗？显然不会，庄子解释的就是不同的认知主体对于同一事物的不同认识，强调的是事物的相对性、不确定性。庄子还讲了一个朝三暮四的寓言故事，这个寓言故事所要揭示的就是同一认知主体由于主观诉求上的原因引发的认识的相对性和不确定性。

在庄子看来，人们惯常认定的经验世界、经验事物的性质、功能、价值上的种种差别，实际上都来自于人的认知上的主观判定，是人的心智强加给外界的。庄子说："以道观之，物无贵贱；以物观之，自贵而相贱；以俗观之，贵贱不在己。以差观之，因其所大而大之，则万物莫不大；因其所小而小之，则万物莫不小。知天地之为稊米也，知毫末之为丘山也，则差数睹矣。以功观之，因其所有而有之，则万物莫不有；因其所无而无之，则万物莫不无。知东西之相反而不可以相无，则功分定矣。以趣观之，因其所然而然之，则万物莫不然；因其所非而非之，则万物莫不非。"物的大小、贵贱、有无、是非的区别，都是因为不同的认知主体或者主体的不同认知角度、不同的认知情景而出现的。显然经验知识不仅是不确定的，而且是极不可靠的。因此人的这种认知毫无意义。正因为如此，庄子不仅要齐同万物，而且要齐同种种对物的认识，即齐同"物论"。

庄子之所以强调经验世界、经验事物的相对性，显然是有感于社会的急剧变动。从社会变动的角度看，人们以往拥有的知识，特别是价值性的判断，便不得不失去实施的依据。庄子由此出发而暴露人的认知的相对性，这固然有片面，但是实际上也已经涉及认知的一般特点：认知总是主观的。

4. 孔子的仁者爱人的思想智慧

孔子（公元前551年至公元前479年），名丘，字仲尼，东周时期鲁国陬邑（今中国山东曲阜市南辛镇）人，先祖为宋国（今河南商丘）贵族，春秋末期的思想家和教育家、政治家，儒家思想的创始人。

孔子所处的春秋时代，西周社会以血缘氏族为基础的政治制度崩溃瓦解，而基于文化认同的“诸夏”民族共同体正在形成。这是中国人的文化自觉最初产生的年代，古典成为时尚，一些人开始思考天道、人生和世界秩序等方面的问题，原先由贵族所垄断的文化教育也正逐渐流入民间。孔子正是这时代精神的代表人物与集大成者，并开战国诸子百家之先河。

（1）“仁”的人生哲学

仁是孔子和弟子反复探讨的课题。孔子会针对不同的弟子与不同的时机来讲述“仁”的真谛。大抵来说，孔子的“仁”就是曾子所说的“忠恕”二字而已。孔子又说，“刚毅、木讷，近仁”“巧言令色，鲜矣仁”，告诉我们“仁道”就是真诚踏实，切忌浮夸不实而违逆正道❶。

子贡有一次问孔子：“如有博施于民，而能济众，何如？可谓仁乎？”孔子说：“何事于仁，必也圣乎！尧舜其犹病诸！夫仁者，己欲立而立人，己欲达而达人。能近取譬，可谓仁之方也已。”孔子告诉子贡行仁不必好高骛远，从自身做起，再推己及人。

颛孙师志向太高，孔子认为他的个性可能流于偏激，所以孔子告诉颛孙师行仁的方法有五道：“恭、宽、信、敏、惠。恭则不侮，宽则得众，信则人任焉，敏则有功，惠则足以使人。”孔子告诉颛孙师行仁要从“严于律己，宽以待人”着手。对于自己的修养要严谨，对待别人则是恭敬宽容，厚待别人，如此才是行仁的方法。

颜渊是孔门弟子中的模范生，孔子曾称赞他“其心三月不违仁”。孔子只希望他能用“礼”来进一步约束自己就可以了！《论语·颜渊》一章中是这样描述的。颜渊问仁。子曰：“克己复礼为仁。一日克己复礼，天下归仁焉。为仁由己，而由人乎哉？”颜渊曰：“请问其目。”子曰：“非礼勿视，非礼勿听，非

❶ 王欣．孔子学说，哲学思想［EB/OL］．新华网，2013-09-27.

礼勿言，非礼勿动。”颜渊曰：“回虽不敏，请事斯语矣。”

冉雍品德优良，又有政治才干，曾任季氏宰。当他问仁时，孔子说：“出门如见大宾，使民如承大祭。己所不欲，勿施于人。在邦无怨，在家无怨。”孔子的回答比较偏向政治层面。孔子告诉冉雍行仁的方法就是待人恭敬，使民宽爱，如此一来，大众对你没有怨恨，就是行仁政。

司马牛言多而躁。当他问起孔子什么是仁，孔子告诉他“仁者其言也讱”，揭示慎言的重要。

当子贡问仁时，孔子用比喻的手法告诉他“以友辅仁”的重要：“工欲善其事，必先利其器。居是邦也，事其大夫之贤者，友其士之仁者。”

孔子又谆谆告诫我们，“当仁，不让于师”“无求生以害仁，有杀身以成仁”以及“君子去仁，恶乎成名？君子无终食之间违仁，造次必于是，颠沛必于是”。

（2）“礼”的社会秩序

“礼”就是“节制”，宋明儒者也解作“理”。《司马迁·太史公自序》有“礼以节人，乐以发和”。我们来看孔子对于礼的阐释。

《论语·泰伯》中是这样描述的。子曰：“恭而无礼则劳，慎而无礼则葸，勇而无礼则乱，直而无礼则绞。”“礼”也是“真情”，而且在上位者必须作为人民的表率，所以孔子接着说：“君子笃于亲，则民兴于仁；故旧不遗，则民不偷。”“礼”不是浪费铺张，而是真情流露，宁愿节俭简陋，也不奢侈浮夸。《论语·八佾》中是这样描述的。林放问礼之本。子曰：“大哉问！礼，与其奢也，宁俭；丧，与其易也，宁戚。”《论语·阳货》中是这样描述的。子曰：“礼云礼云，玉帛云乎哉？乐云乐云，钟鼓云乎哉？”“礼”是对天地万物的尊重，借由对礼法的好问，来表达自己对于天地的敬意，《论语·八佾》中是这样描述的。子入大庙，每事问。或曰：“孰谓鄹人之子知礼乎？入大庙，每事问。”子闻之，曰：“是礼也。”

（3）君子与小人

在封建社会，君子与小人虽然是以身份地位区分的，但孔子不认为这是唯一的差别，更重要的在于修养和境界。对此孔子有很多说明，如他说：“君子中庸，小人反中庸。”中庸代表不偏不倚，无过不及，是修养的最高境界，同时也是方法，有着丰富而精微的内涵。近百年来，很多人将中庸误解为同流合污、

媚世自是、毫无原则的伪君子行径，其实这样的行为也正是孔子所深恶痛绝的，他说："乡愿，德之贼也。"他认为，如果不能达到中庸，狂狷是次好的境界，毕竟"狂者进取，狷者有所不为"。孔子又说，"君子喻于义，小人喻于利""君子博学于文，约之以礼，亦可以弗畔矣夫""质胜文则野，文胜质则史，文质彬彬，然后君子""君子坦荡荡，小人长戚戚""君子食无求饱，居无求安，敏于事而慎于言，就有道而正焉，可谓好学也已""君子道者三：仁者不忧，知者不惑，勇者不惧""君子不以言举人，不以人废言。君子泰而不骄，小人骄而不泰"。

（4）为政之道

"正名"是孔子最重要的政治主张。我们可以从下面这个故事来彻底了解孔子"正名"的含义。

当孔子三度至卫时，卫国发生了一件大事。原来先前卫灵公宠爱夫人南子，想要把公位传给南子的庶子。于是，嫡长子蒯聩便企图暗杀南子以保公位。不幸谋杀计划未成，而卫灵公得知此消息之后勃然大怒，欲弑子蒯聩。蒯聩逃亡至晋，卫灵公便与晋国宣战。就在卫灵公想要请教孔子有关兵阵之事时，孔子说："俎豆之事，则尝学之。军旅之事，未之学也。"隔天孔子便感慨万千地离开卫国。现在灵公过世，蒯聩又不在国内，蒯聩子辄便继承公位，是为卫出公。但是，就在此时，蒯聩亦在晋军护送下回到卫国，父子便为了争夺公位而反目成仇。孔子看在眼里十分伤心！有一天，子路问孔子："卫君待子而为政，子将奚先？"孔子便对子路不厌其烦地说："名不正则言不顺，言不顺则事不成，事不成则礼乐不兴，礼乐不兴则刑罚不中，刑罚不中则民无所措手足。"

"立信"对于孔子而言，不仅是个人的美德，而且是一个基本的政治原则。子贡请教为政的要点，孔子说："足食，足兵，民信之矣。"而其中最重要的是第三点，他说："自古皆有死，民无信不立。"

关于"德治"，孔子认为："道之以政，齐之以刑，民免而无耻。道之以德，齐之以礼，有耻且格。"孔子曾任掌刑罚的大司寇，他怎会不知道严刑峻法立竿见影的效果呢？但是，孔子深深感受到"民免而无耻"的社会隐忧，所以才提倡用道德伦理来教化人民，彻底洗涤人心，激发人的善性，才是经世济民的正途！

（5）孔子的教育理念与教学实况

孔子教学的项目有四：文、行、忠、信（原文见于《论语·述而篇》）。

文，指诗书礼乐等古代文献；行，是德行；忠，意指尽心尽力；信，即为诚实无欺。孔子对于古代文献十分重视，尤其是诗、礼、乐。他认为这三项学问对于人的性情养成非常重要。《论语·泰伯》中这样写。子曰："兴于诗，立于礼，成于乐。"诗，可以使人兴起好善勿恶之心；礼，使人进退得宜，进而可以立身于世；乐，可以使人养成完美的人格。顺道一提，孔子曾经这样称赞《诗经》："小子，何莫学夫诗！诗，可以兴，可以观，可以群，可以怨。迩之事父，远之事君，多识于鸟兽草木之名。"学不厌、教不倦，使孔子成为中国的"大成至圣先师"。他主张"有教无类"，学生多至3000人，从《论语》书上来看，他教导学生的只是人生日常所必经问题的解答，以及人与人相处所必备条件的阐明。其道合理而平凡，易知易行；然而用之于身则身修，用之于家则家齐，用之于国则国治，用之于天下则天下平。

5. 孟子的天命人伦道德的思想根源

孟子（公元前372年至公元前289年），名轲，字子舆，汉族，战国时期邹国人，鲁国庆父后裔，中国古代著名思想家、教育家，战国时期儒家代表人物。孟子及其门人著有《孟子》一书。孟子继承并发扬了孔子的思想，成为仅次于孔子的一代儒家宗师，对后世中国文化的影响全面而巨大，有"亚圣"称，与孔子合称为"孔孟"。孟子的哲学思想主要有以下三个方面。

（1）莫之为而为，莫之致而至

天命决定世间一切事物。孟子相信有决定世间一切事物的"天命"存在。他对天命是这样解释的："莫之为而为者，天也；莫之致而至者，命也。"（《孟子·万章》上，以下凡引《孟子》只注篇名）天命就是非人力所为而做成，非人力所致而达到，也就是"非人之所能为也"。这样的天命，决定了事物的存亡。孟子说："天下有道，小德役大德，小贤役大贤。天下无道，小役大，弱役强，斯二者，天也。顺天者存，逆天者亡。"（《离娄》上）又说："莫非命也。顺受其正。是故知命者不立乎严墙之下。尽其道而死者，正命也；桎梏死者，非正命也。"（《尽心》上）天命能够决定事物的得失，求之有道，得之有命，是求无益于得也，求在外者也。孟子的思想树立了天命决定世间一切事物的绝对权威。

天命决定人事成败，心性义理。孟子进一步论述的是天命决定人事成败，

决定人的心性义理。这是孟子天命决定论的核心内容，其目的是为“仁政”说和“王权神授”说服务。[1]

（2）天命决定心性义理

孟子认为“心”是“天所与我者”。他说：“心之官则思。思则得之，不患则不得也。此天之所与我者。”（《告子》上）孟子认为人性和仁义礼智四德也是天命所与的。“孟子道性善”（《滕文公》上），他认为人的这种善性来自于天命。这表现在：首先，人人都有与生俱来的善端，即善的萌芽，这种善端有四种，即“恻隐之心，仁之端也；羞恶之心，义之端也；扩辞让之心，礼之端也；是非之心，智之端也。人之有是四端也，犹其有四体也”（《公孙五》上）。顺着这些善端，并努力去发展、扩充它们，就可以达到和完成仁义礼智四德。所以孟子说：“仁义礼智，非由外栋我也。我固有之也。”（《告子》上）其次，人人都有天命赐予的良知良能。“人之所不学而能者，其良能也。所不虑而知者，其良知也。孩提之童，无不知爱其亲也；及其长也，无不知敬其兄也。亲亲，仁也；敬长，义也。”（《尽心》上）最后，人类有先天就有的共同爱好。“心之所同然者，何也？谓理也，义也。圣人先得我心之所同然耳。故理义之悦我心，犹刍豢之悦我口”（《告子》上）。

这样，孟子就论证了天命人伦道德的根源。人伦道德则是天命的体现，心性义理要服从天命，人类要按天命的要求去做。孟子说：“存其心，养其性，所以事天也，殁寿不贰，修身以矣之，所以立命也。”（《尽心》上）这样就沟通了人与天命之间的联系。人性只不过是天的本质的体现。所以归根结底，孟子崇拜的是天的权威。

（3）“仁政”与“王权神授”说

在天命决定心性义理的基础上，孟子提出了“仁政”说。孟子说：“人皆有不忍人之心，先王有不忍人之心，斯有不忍人之政。以不忍人之心，行不忍人之政，治天下可运于掌上。”（《公孙且》上）他认为统治者只要根据自己先天就有的“不忍人之心”推己及人，就可以实现仁政。实现了仁政，就可以做到“老吾老，以及人之老；幼吾幼，以及人之幼”，天下即可运于掌。《诗》云：“刑于寡妻，至于兄弟，以御于家邦。言举斯心加诸彼而已。故推恩足以保

[1] 蔡德贵．孟子哲学思想的多维透视［J］．东岳论丛，1992（3）．

四海，不推恩无以保妻子。古之人所以大过人者，无他焉，善推其所为而已矣。”（《梁惠王》上）表面看来，孟子的仁政说含有一种平等观念。如他说：“仁者爱人，有礼者敬人；爱人者，人恒爱之；敬人者，人恒敬之。”（《离娄》下）又说：“仁者以其所爱，及其所不爱；不仁者以其所不爱，及其所爱。”（《尽心》下）但实际上，孟子的仁政说是维护亲亲的宗法制的。在孟子的思想中，“仁”的中心内容是事亲。他说：“亲亲，仁也。”（《告子》下）又说：“仁之实，事亲是也。”（《离娄》上）还说：“事，孰为大？事亲为大；一事亲，事之本也。”这样，事亲就成为孟子仁政说的中心内容，这是他从天命论出发为封建宗法制做出的说明。孟子宣扬的天命论，从其形式上看已不是宗教，没有宗教的清规戒律，没有宗教的仪式，没有宗教宣扬的彼岸世界，但在本质上仍然是神学世界观，其目的是沟通天上的神权和地上的王权的联系，为封建社会的长治久安作论证。

第九章 中国古代外交与政治思想对世界的影响

1. 中国古代的外交起源

“外交”一词，从字面上理解即是同外国打交道。不过在古汉语中，“外交”一词的原义却不是指今天的外交。古语说：“为人臣者无外交，不敢贰君也。”这里的“外交”一词是指“人臣私见诸侯”，就是说，效忠于一个国君的臣子不应当同别国的君主私下交往，否则就可能被认为是有二心，不忠。早在春秋时代，由于各诸侯国的争霸，外交活动是很频繁的，已形成了中国古代外交的一些准则，如礼、信、敬和义，也形成了当时从事外交活动的各级官员的等级，如“相”，相当于今天的总理兼外交部部长；“使”，相当于今天的特使、大使；“介”，对外传达信息的人，相当于今天的参赞；“从者”，最低级的使者，相当于今天的随员。司马迁写的《史记·邓通传》中说，邓通“不好外交”，这里的“外交”一词又是说这位邓通不喜欢同外人交际或外出交际。总之，中国自古以来就有外交，只是古时不叫“外交”，而叫“外事”。三国时，东吴的孙策临终前嘱咐继承东吴主的孙权说：“内事不决问张昭，外事不决问周瑜。”内事和外事，指的就是内政和对外关系。“外事”直到今天仍是基本保持原意的常用词。后来外交也称“外务”，清朝末年就专设“外务部”，即相当于外交部。所以，“外交”一词的古意同今天的外交，无论是在内容上，还是在形式上都是截然不同的。

（1）秦汉时期

汉朝开展了积极的对外交往。以中国为中心的东亚文化圈日益扩展，影响远及欧洲和非洲：向东与朝鲜半岛南部的三韩（马韩、辰韩、弁韩）及隔海相望的日本有密切交往；向南与越南有经济技术交流；向西通过陆上丝绸之路，与中亚、西亚、南亚诸国进行交流。中国的铁器、丝绸、养蚕缫丝、铸铁术、井渠法和造纸术（应该是唐代）先后西传，佛教也通过丝绸之路传入中国。丝绸之路东起长安，经河西走廊，过玉门关、阳关，分南北两路到疏勒（今新疆喀什）会合，越过葱岭（今帕米尔高原和喀喇昆仑山），北上大宛（中亚费尔干纳盆地）和康居（锡尔河流域）到里海北岸，南下身毒（印度），西行大月氏（阿姆河流域），经安息（伊朗）转运到条支（阿拉伯半岛）和大秦（地中海东岸）。汉武帝以后，开辟海上丝绸之路，从广东沿海港口出发，最远抵达印度半岛南端。海上丝绸之路加强了中国和东南亚、南亚各国的联系，从水路沟通了东西外交圈的联系。安息在汉与大秦之间进行转手贸易。班超派甘英出使大秦，甘英至波斯湾后返回。166 年，大秦安敦王朝派使者从海道来见东汉桓帝，这是正史中中国与欧洲直接往来的最早记载（《后汉书》）。

（2）南北朝时期

法显西行取经，13 年后回国，将旅行经历写成《佛国记》。这部书是研究中国与印度、巴基斯坦等国的交通和历史的重要史料。

（3）隋唐时期

隋唐经济文化繁荣，对各国有很强的吸引力，同时唐政府鼓励外商来华。唐朝对外交通发达，陆路从长安出发，向东可达朝鲜，向西经丝绸之路可达天竺（印度半岛各国）、波斯（伊朗）、大食（阿拉伯半岛）和欧洲（如拂林即东罗马）等许多国家；水路从登州、扬州出发，可到韩国、日本；从广州出发，最远可到波斯湾。唐与朝鲜有商贸、制度、教育、物种、技术、风俗等方面的交流，与日本有使节（遣唐使）、制度（大化改新）、建筑（奈良城）、教育（儒学）、商贸（开元通宝）、生活习俗（和服）等方面交流，与东南亚的骠国（缅甸）和南亚的天竺有使节、技术、宗教等交流，与中亚的波斯和大食也有交往。唐朝时，中国人学习了天竺的熬糖法、东罗马的医术、杂技和周边邻国的乐舞风格。唐朝人杜环在非洲留下了行踪。史载东非索马里使者在唐太宗时来到中国。

（4）明代初期

一方面对外经济文化交流频繁，另一方面中外矛盾尖锐，甚至发展为侵略反侵略斗争。郑和下西洋，以政治为需求基础使其最主要目的是加强与海外诸

国的联系，最远到达红海沿岸和非洲东海岸。它是中国历史上空前的主动外交，但因为缺少经济效益作为支撑，使这一航海外交没能够成为常态化。

2. 中国古代著名的“外交”官

《论语》中说：“出使四方，不辱君命。”我国古代就有很多外交使节以自己的智慧和勇敢出色地完成了自己肩负的使命，最大限度地维护了国家的利益和尊严。

（1）晏子

晏子名婴（公元前578年至公元前500年），字平仲，山东高密人，齐国上大夫晏弱之子。齐灵公二十六年（公元前556年）晏弱病死，晏婴继任为上大夫，历任齐灵公、庄公、景公三朝，是春秋后期一位重要的政治家、思想家、外交家，以有政治远见和外交才能并且作风朴素闻名诸侯。他爱国忧民，敢于直谏，在诸侯和百姓中享有极高的声誉。他博闻强识，善于辞令，主张以礼治国，曾力谏齐景公轻赋省刑。汉代刘向《晏子春秋》叙录，曾把晏子和春秋初年的著名政治家管仲相提并论。晏婴头脑机敏，能言善辩，内辅国政，屡谏齐王，对外他既富有灵活性，又坚持原则性，出使不受辱，捍卫了齐国的国格和国威。晏婴不但在迎接外国使节的时候做到了堂堂正正，而且在每次出使外国之时，也能态度决然，随机应变，不辱使命。在民间流传很广的晏子使楚的故事，就充分说明了这一点。司马迁非常推崇晏婴，将其比为管仲，褒奖备至，用“不辱使命，雄辩四方”八个字来形容他的外交活动。他的生平事迹基本被收入到了《晏子春秋》一书中。该书主要记述了晏子的言行思想，语言简练，情节生动，写出了晏婴的形象，具有较高的艺术性。

（2）蔺相如

蔺相如（公元前329年至公元前259年），战国时赵国大臣。赵惠文王时，秦向赵强索“和氏璧”，宦官缪贤推荐手下门客蔺相如出使。他奉命带璧入秦，当廷力争，完璧归赵，出色地完成了出使秦国的使命。九年后，秦又派使臣去赵国，约会赵王在渑池（今河南渑池县西）与秦王相见。蔺相如又随赵王同行，在筵席上，没有使赵王受屈辱，大长了赵国的志气，大灭了秦国的威风，因功得任为上卿。他与廉颇一将一相，生死与共，和衷体国，使秦国长时期内不敢出兵攻打赵国。

(3) 张骞

张骞（公元前164年至公元前114年），字子文，西汉成固（今陕西省城固县）人，两次出使西域，是中国历史上第一位有影响的对外友好使者，完全可称之为中国走向世界的第一人。他体魄健壮，性格开朗，富有开拓和冒险精神，武帝时以军功封博望侯，旋拜中郎将，出使乌孙，分遣副使至大宛、康居、大夏等，自此西北诸国方与汉交通。汉朝得以与中亚交流，并打通前往西域的南北两条通路，引进优良马种、葡萄及苜蓿等。张骞对开辟从中国通往西域的丝绸之路有卓越贡献，至今举世称道。西域诸国当时无史籍记载，张骞所报道的内容备载于《史记》《汉书》中，是现在学者研究中亚史所依据的原始资料，具有重要价值。

(4) 苏武

苏武牧羊的故事家喻户晓，苏武也以其坚贞不屈的气节名垂青史。和其他七位“外交”使节不同的是，苏武的经历充满了悲壮和苦难，这也正是他得以上榜的原因。苏武（公元前140年至公元前60年）字子卿，西汉杜陵（今陕西西安西南）人，代郡太守苏建之子。公元前100年，匈奴政权新单于即位，汉武帝为了表示友好，派遣苏武率领100多人，带了许多财物，出使匈奴。不料，就在苏武完成了出使任务，准备返回自己的国家时，匈奴上层发生了内乱，苏武一行受到牵连，被扣留下来，并被逼迫背叛汉朝，臣服单于。匈奴人劝降不成，就把他独自一人流放到了人迹罕至的北海（今贝加尔湖）。唯一与苏武做伴的，是那根代表汉朝使节的旌节和一小群羊。在贝加尔湖，苏武牧羊达19年之久，始终守志不屈。公元前81年，汉昭帝派使者到匈奴去，单于终于放回了苏武。苏武出使的时候，才40岁，在匈奴受了19年的折磨，胡须、头发全白了。回到长安的那天，长安的人民都出来迎接他。他们瞧见白胡须、白头发的苏武手里拿着光杆子的旌节，没有一个不受感动的，说他真是个有气节的大丈夫。鸿雁传书的典故就来自苏武。

(5) 班超

班超（公元32年至公元102年），字仲升，扶风平陵（今陕西咸阳东北）人，东汉著名的军事家和外交家。明帝永平十六年（公元73年），班超奉旨出

使西域，和帝永元十二年（公元100年），班超年老，上疏请归，乃诏超还。公元104年，班超到洛阳，拜射声校尉，不久去世。班超在西域31年，平定了城郭诸国的内乱，对外抵御了强敌，人心向附，威信很高。他在西域进行军事活动，主要依靠当地兵力。为政宽简，吏士团结。自汉置西域都护以来，前后担任此职者，无人能与他的功绩相比。投笔从戎的典故就出自班超。

（6）诸葛亮

诸葛亮（公元181年至公元234年），字孔明，号卧龙，琅琊郡阳都县（今山东沂南县）人。诸葛亮不仅是一位伟大的政治家、军事家，也是一位杰出的外交家。魏蜀吴三国之中，蜀在国土面积、人口资源及军事实力等方面相对弱小，之所以能够形成和维持鼎立局面，相当大程度上靠的是诸葛亮的外交谋略。长阪之败，刘备集团几近覆灭，如果继续以残存的一万多士兵的军力和曹操数十万大军抗衡，无疑是以卵击石，自取灭亡。正是在这关键时刻，诸葛亮主动请缨，出使江东，用外交手段建立了孙刘联合抗曹统一战线，后来更是取得赤壁大战的胜利，粉碎了曹操一举南下的企图。诸葛亮此次外交上的胜利，保存和壮大了刘备集团的势力，为鼎立一方奠定了坚实的基础。诸葛亮第二次重大外交谋略是夷陵大战失败后，对刘备外交路线的重大调整。关羽阵亡，荆州失守，导致孙刘联盟彻底破裂。刘备去世后，诸葛亮内外交困。《隆中对》提出的“跨有荆、益”的战略受到挫折，国内新主年幼，军事将领接连丧失，人才青黄不接，而外部战线过长，面临着两个敌人。假如按照刘备的外交路线走下去，继续和孙权争夺荆州，那么，蜀国只能在魏吴夹击之下加速灭亡。冷静分析形势之后，诸葛亮果断地做出战略调整，决定放弃荆州，以最大的诚意与吴国重建联盟，以寻求东吴在东线的支援与配合。诸葛亮先后派宗玮、丁厷、阴化等人出使东吴，但成效不大。最后，诸葛亮意识到必须派高规格的使节出访。于是他便安排当时任尚书的邓芝到吴国去，终于打破坚冰，使吴蜀关系得到恢复，也促使孙权与曹魏集团决裂。诸葛亮外交谋略的核心，就是联吴抗魏。由于诸葛亮施行了切合实际的外交路线，为蜀汉创造了有利的外部环境，从而可以一心一意北伐。至于北伐最终失败，那又另当别论，丝毫不能掩盖诸葛亮出色的外交谋略。

（7）王玄策

王玄策，生殁年及出生地均不明。他的外交成就主要是因为他在出使天竺

（今印度）时的临危不惧，一战成名。公元 641 年因北印度的玛卡达送使节来唐，王玄策以对其答礼之副使节身份，于公元 643 年前往，公元 646 年归国。翌年以正使的身份再度前往印度，但被卷入天竺的王位篡夺事件。公元 658 年，王第三度被选为往印度之使节，在各地访问之间，还曾前往摩河菩提寺参拜。贞观二十二年，太宗皇帝派王玄策出访天竺。玄策带了副使蒋师仁和唐僧的师弟辩机和尚做翻译，从骑 50 余，从长安出发，行了数月，总算进入天竺境内。摩迦陀王已死，阿罗顺那篡位，听说大唐使节入境，竟派了 2000 兵将伏击。玄策、师仁及五十从骑都久经沙场，虽慌不乱，排成雁行阵把辩机护在阵中，奋力杀出重围，逃入吐蕃境内。松赞干布闻讯亲带 1000 骑兵往援，结果只救出了玄策、师仁、辩机三人，从骑尽皆战死，全队覆没。玄策大怒之余，檄召邻近各部军府节度使，及近处各大唐属国，集兵马万余，自为总管，师仁为先锋，一仗击溃天竺数万象骑，直取茶和罗城。阿罗顺那大惊，守城不出。玄策一心报仇，拿出唐军攻城的各种武器：云梯，石车，火攻，狠攻了三月余，终攻得茶和罗城兵溃城破。玄策一路追杀，斩天竺兵将 3000，另大半赶入恒河中溺死。玄策以师仁为先锋，自为后应，趁势攻入中天竺，发誓要尽灭天竺。天竺兵将与唐军一接仗便溃不成军，阿罗顺那无奈只好弃国投奔东天竺，求助东天竺王尸鸠摩，接着再收集散兵残将，欲反攻唐军。玄策欺天竺不通兵法，只知蛮斗，设了分兵伏杀计引阿罗顺那上钩，一举全歼阿罗顺那残部，活捉了阿罗顺那，余众尽皆坑杀。阿罗顺那的妻子尚拥兵数万，据险坚守朝乾陀卫，也被师仁击破，逃的逃，降的降。至此远近城邑望风而降，中天竺遂灭。因东天竺援兵阿罗顺那，玄策欲顺势再亡东天竺，东天竺王尸鸠摩吓得魂飞魄散，忙送牛马三万头，弓刀璎珞财宝若干，向唐师谢罪，以示臣服大唐，玄策方才罢兵回朝。执阿罗顺那及 1000 降臣，绑俘长安，太宗皇帝大喜过望，下诏封赏玄策，授朝散大夫。王玄策的以战促和、先战后和或许有违外交的和平宗旨，但的确也是不得已而为之。中天竺之役也是古代史上唯一有据可查的一次“中印”战争。

（8）富弼

富弼（公元 1004 年至公元 1083 年），字彦国，北宋洛阳（今河南洛阳东）人。宋仁宗时，宋、辽关系又趋紧张，契丹屯兵北境，要求遣使谈判，划地与辽。当时北宋朝臣上下因敌情叵测，无人敢担使者之任。面对主忧臣辱，富弼挺身而出，两度出使契丹。在谈判中，他从各方面陈述了双方的利害关系，不

卑不亢，仁而有威，使契丹之主自知理亏，遂息兵宁事。此次出使，使南北之民数十年不见战事，天下称善。在积贫积弱的赵宋王朝，能有富弼这样一位有胆有识的外交人才，实属难得！

3. 中国古代的核心政治思想对社会文明进步的影响

我国从有历史记载开始到封建社会结束，一直在君主制度统治之下，所有的君主并不是“虚位”的，而是掌握实权的，尤其是秦代以后，君主的权力更日趋强固，所以中国古代的政治是一种君主专制的政治，以下是最具代表性的几个方面。

（1）朝代的更迭现象周而复始

从有较可靠历史的时代——夏代以来，中国成为家天下的政治，于是形成“一姓王朝”，君位由异姓接替即表示朝代变更（五代时例外，当时盛行养子制度），在“一姓王朝”的制度下，朝代的更迭现象永远不能终止。观察史实，从夏代到清代，没有一个王朝的寿命达到1000年，最长的是周代，前后共856年，最短的是五代的后汉，仅四年。朝代的不断更迭成为中国古代政治的一个重要现象。

何以“一姓”王朝会造成不断的更迭现象？换言之，何以一个旧的朝代必定会趋向败亡，而被一个新的朝代取代？其中原因甚为复杂，颇堪玩味。而其关键则为君主本身。一姓王朝的君主，其政治才能常呈递减的现象，越到后代，政治才能越低。缺乏政治才能，则其统御权力便不断削弱，终至完全消失，这个朝代也因此崩溃。

从秦始皇废除周代封建制度起，在中国历代政治中，君主便占了极端重要的地位。君主权力之大，笼罩全国，这是周朝天子所不能望其项背的。一切政治权力有时甚至财富、名誉等权力的源泉是君主，只要君主坚持，他可以做任何他所想做的事。李斯劝秦二世要“独制于天下而无所制”（《史记·卷八十七·李斯列传》），即很明白地说明君主的权力应该是不受任何限制的。后世的君臣们虽然再也无人敢像李斯那样赤裸裸地说出君主的权力无限大，然而，实际上，历代君主除了受制于自己的观念、想法和良心外，并不受外界力量的拘束。自古以来从谏如流的君主并非没有，但是他们之肯于纳谏，并非出于他们本心的意愿。唐太宗是以从谏如流著名的，但是他的从谏乃是吸取了隋亡的教训，觉得纳谏对自己有好处才自愿接受的。赵翼《廿二史劄记》中谈到唐太宗勇于纳谏的原因时说：“盖亲见炀帝之刚愎猜忌，予智自雄，以致人情瓦解而不知，盗贼蜂起而莫告，国亡身弑，为世大僇，故深知一人之耳目有限，思虑难周，非集思广益，难以求治，而饰非拒谏，徒自招祸也。”《贞观政要》中记载唐太宗屡自言君主纳谏可使国富民安，对君主有利。一个自任其智的君主，没有任何强制的力量可以迫使他纳谏。同时，中国自古以来也没有任何法律来约束君主。人性本属好逸恶劳，无限制的权力，最易使人腐化。然而，在专制政治之下，君主的个人生活绝不能脱离实际政治而独立，君主的行为常能直接影响实际政治。君主的腐化，除了滥用权力，破坏公平与正义的原则，造成臣民的不满外，还会有两个极其不良的影响：一是为了供应君主过分的享受，政府不得不对百姓重税厚敛，这种经济上的榨取一旦超过了限度，必然是农村经济枯萎，盗贼增多，盗贼众多又会引起战乱，而战乱又足以使王朝式微，王朝式微又是王朝覆亡的前奏；二是君主的腐化，过分贪图享受，遂不理政事，大权下移，时日久积，臣下便取得威势，造成“权臣”的出现，而王朝则日渐衰微，终成“大盗窃国”之局。由此可知，君主腐化的结果，必然是王朝走向衰败。

中国古代的君位一般是世袭制度，继体之君由于生活环境的特殊和接受畸形教育的影响，其才智越后越低，又完全不了解世故与民情，于是，君主和被统治者之间的距离越拉越远。可是，君主却拥有无限制的权力，自然难免滥用权力，危害人民。有时，继体君主滥用权力而危害人民并非君主的有意而为，而是不自觉其行为对人民的后果，这便是君主远离人民的表现。中国的被统治者是极具忍耐性的，服从于名位的观念深入人心，除非万不得已绝不敢反抗居尊位者的命令。然而，忍耐是有限度的，求生与自卫乃是人类的本能天性，一旦政治上的权威影响到其生存时，必然发生反抗，战乱从此而起，其后果必然会削弱王朝的威信，使王朝步上衰亡之途。东汉末的“黄巾之乱”、唐末的“黄巢之乱”、明末的流寇和清末的太平军，均是最佳例证。东汉末年哲学家、政治家仲长统对于朝代的更迭曾有精辟的见解：继体之时，民心定矣，普天之下，赖我而得生育，由我而得富贵，安居乐业，长养子孙，天下晏然皆归心于我矣，豪杰之心既绝，士民之心已定，贵有常家，尊在一人，当此之时，虽下愚之才居之，犹能恩同天地，威侔鬼神，暴风疾霆，不足以方其怒，阳春时雨，不足以喻其泽，周孔数千，无所复角其圣，贲育百万，无所复奋其勇矣。彼后世之愚主，见天下莫敢与之违，自谓若天地之不可亡也，乃奔其私嗜，骋其邪欲，君臣宣淫，上下同恶，目极角觝之观，耳穷郑卫之声，入则耽于妇人，出

则驰于田猎，荒废庶政，弃亡人物……使饿狼守庖厨，饥虎牧民豚，遂至熬天下之脂膏，断生人之骨髓，怨毒无聊，祸乱并起，……昔之为我哺乳之子孙者，今尽是我饮血之寇仇也。至于运徙势去，犹不觉悟者，岂非富贵生不仁，沉溺致愚疾邪？存亡以之迭代，政乱从此周复，天道常然之大数也。

仲长统虽生于汉代，却可证后代史实。中国古代政治以君主为中心，而世袭制度下的君主又必趋向于无能与腐化，遂造成王朝的败亡，新的王朝取而代之。所以，中国古代的专制政体本身即含有兴亡的循环，朝代的更迭乃是必然。

（2）民本思想盛行

中国古代民本思想发展甚早，最早见于《尚书》“民为邦本”一语。儒家先哲孔子、孟子极重民本，孔子主张“仁政”，所谓仁政即是一种爱护人民的政治，孔子所说“节用而爱人，使民以时”“因民之所利而利之”“政之急者莫大乎使民富”，均表现其重民的思想。孟子乃是将民本思想发扬光大最有力之人。孟子认为君乃为民而设，民永存而君可更换，其论调在2000多年前的君主时代，确实令人可惊可佩。孟子说：“民为贵，社稷次之，君为轻。是故得乎丘民而为天子，得乎天子为诸侯，得乎诸侯为大夫，诸侯危社稷则变置，牺牲既成，粢盛既洁，祭祀以时，然而旱乾水溢，则变置社稷。”（《孟子·尽心下》）这段话几乎成为中国民本思想的象征。《孟子》一书中处处流露出政治应以民为重的思想，甚至主张“暴君可伐”之论。《孟子·梁惠王下》中如此记载。齐宣王问曰：“汤放桀，武王伐纣，有诸？”孟子对曰：“于传有之。”曰：“臣弑其君，可乎？”曰：“贼人者，谓之贼，贼义者，谓之残，残贼之人，谓之独夫，闻诛一夫纣也，未闻弑君也。”

孟子“闻诛一夫纣也”之论乃是站在人民的立场来否定暴君地位，为民本思想开创了一个新的积极的道路。

秦汉以后，民本思想在专制政治之下未能继续发扬，而是处于停滞消沉的状态。然而民本思想实未消失，例如，董仲舒之“天之生民，非为王也，而天之立王，以为民也。故其德足以安乐民者，天予之；其恶足以贼害民者，天夺之”，陆贽之“人者邦之本”，均灼然可见。历朝君主的谕旨和大臣的奏本，经常提及仁政爱民之言，虽然多是空话，但也表示民本思想在知识分子的思想中并未被消除。及至明末清初，黄梨洲感亡国之痛，乃大倡“君客民主”之论：“古者以天下为主，君为客，凡君之所毕世而经营者为天下也，今也以君为主，天下为客，凡天下之无地而得安宁者为君也。”（《明夷待访录·原君》）黄梨洲之“君客民主”说可详阅《明夷待访录》中各篇，遂使沉寂了近2000年的民本思想又大放异彩。

民本与民主并不尽同。站在人民的立场来看，民本是消极的、被动的，民主是积极的、主动的。中国古代政治有民本思想，然而却未能发展到民主思想。有民本思想而无民主思想，并非中国的“贤哲”们不知进步，而系中国的政治环境使然。

虽然中国古代未能产生民主思想，以致2000多年的历史都在君主专制政治中度过，但是，中国古代的君主专制政治也并不是君主视臣民如奴隶牛马的暴虐统治，暴君虽然偶有，但大多数的君主都知道爱民，这一点便是受民本思想的影响。在民本思想的影响下，中国古代人民虽长期处于君主专制下，而所受到的弊害却因此得以减轻。金耀基先生说：“自秦汉以降，虽有一副君主专制的骨架，但骨肉之间实含有浓厚的民本主义血脉，而因此民本主义血脉的周身流转，遂使君主专制的政治弊害得以减轻和苏解。”确为精辟之论。

梁任公曰：“我国有力之政治思想，乃欲在君主统治下，行民本之精神。”证之史实，在中国古代政治中，随时都隐现出民本的精神。

（3）缺少法治精神

中国自汉代以后，政治上无疑受儒家思想影响最大，历代君臣绝大多数都崇尚儒家思想。儒家思想在政治方面注重身教与德治，是一种标准的人治主义思想。孔子主张重礼德之教化，轻政刑之督责。季康子问政，孔子对曰：“政者，正也。子帅以正，孰敢不正?”孔子曰：“其身正，不令而行，其身不正，虽令不从。”又曰：“苟正其身矣，于从政乎何有？不能正其身，如正人何?”又曰：“上好礼则民莫敢不敬，上好义则民莫敢不服，上好信则民莫敢不用情。”可见孔子的治政方法乃是在上位者以身作则，“修己”而后“治人”。孔子这种身教与德治的思想，后代儒家沿袭其意，于是政治上偏重人治而缺少法治精神。

中国古代并非没有法律，但是历代王朝却未能建立起法治精神，其中原因很多，与儒家思想也有密切关系。儒家在政治上是较讲阶级性的，历代法律的制定者多受儒家思想的影响，“刑不上大夫，礼不下庶人”，于是法律的平等性便有了问题，失却平等的原则，法治精神便很难建立起来。同时，儒家重视礼教，鼓励自新，“过而能改，善莫大焉”乃是古代士人的共同想法，于是法律的弹性很大，缺少强制性，遂使法治精神不易养成。

最足以破坏法治精神的是，中国古代法律的对象是臣民，任何法律都不足以约束君主，君主是超越法律的。君主不仅本身的行为不受法律制裁，而且还常以命令改变法律的裁判，尤其是接近末代的君主多属昏庸或暴虐，更常发布违背法律的不良命令，遂使法律失去其公正性，法治精神更是荡然无存。

（4）政治高于一切

一个社会的组织是复杂的，每个社会内的权力结构常各有不同，例如，非洲部落及南太平洋中许多小岛的原住民，其社会中最高的权力为宗教；今日英美社会最高权力为工商企业；古代希腊斯巴达社会中的最高权力是军队；中国古代社会中的最高权力是政治。

从孔孟以来，中国的知识分子并不隐瞒他们渴求从政做官的心理。孔子、孟子的求仕，不过是为了希望实现他们的政治理想，因此，做官只是手段。可是，孔孟以后的士人常失去了崇高的政治理想，做官成为他们的目的。“十年寒窗”不是为了研究学问，而是为了高官厚禄，受教育的目的不是为了求知，而是为了做官。“学而优则仕”的想法深入人心，“仕”以后的政治理想却极少有人去顾及。

知识分子之所以热衷于政治，其最大的动力乃是中国古代君权至高无上，君权超越了社会上其他一切的权力，包括宗教权力、经济权力、知识权力、军事权力，等等。从政做官即是分沾了君权，取得了社会上最高的权力，在权欲的引诱之下，人人莫不希望获得官职。

李斯曰：“诟莫大于卑贱，而悲莫甚于穷困，久处卑贱之位，困苦之地，非世而恶利，自托于无为，此非士之情也。”（《史记·卷八十七·李斯列传》）人类努力奋斗的目的无非是要使生活（物质的与精神的）得到改善，穷困与卑贱当然不是人所愿居的。然而如何才能脱离穷困与卑贱？中国古代重农轻商，商人虽易赚钱，却不易争得社会地位，不易获得名声，务农虽号称为“本”，但农人经常是穷困与卑贱的，所以，商与农均不是理想工作；中国古代的宗教在隋唐以后，佛教渐盛，僧侣受人尊敬，但是僧侣生活必须清苦自恃，又非缺乏“出世”思想的士人所愿为；中国古代除了乱世，军人的地位并未受到重视，尤其在唐中叶及宋以后，武夫是受到社会鄙视的人，士人于是少有愿弃文习武者；中国古代虽重师道，然而却没有专业性的教师，教书的职业向来是清苦的，在没有完善的学校制度下，教师连基本的生活保障都有问题。除了落第和老迈的士人外，没有人愿意以教书为职业。经商、务农、僧侣、行伍、教书均非理想的工作，因此，人人只有寄望于从政。知识分子乃是中国社会的领导阶层，知识分子为了脱离穷困与卑贱之地而热衷于政治，更使得政治权力高过社会上的其他权力。

在中国古代社会中，官吏的地位是崇高的。地方官被喻为人民的“父母官”，自是高人一等，威风八面。官吏退休以后，常成为其家乡的士绅，是社会上的领袖人物，受到乡民的尊敬。因此，社会上对于做官的人总是另眼相看的。赵璘的《因话录》中记载一段唐人的故事：

赵琮妻父为锺陵大将，琮以久随计不第，穷悴甚，妻族相薄，虽妻父母不能不然也。一日，军中高会，州郡请之眷设者，大将家相率列棚以观之，其妻虽贫，不能无往，然所服故弊，众以帷隔绝之。设方酣，廉使忽驰吏呼将，将惊且惧，既至，廉使临轩，手持一书笑曰：“赵琮得非君之婿乎？”曰：“然。”乃告之曰：“适报至，已及第矣。”即授所持书，乃牓也。将遽以牓奔归，呼曰：“赵郎及第矣。”妻之族即撤去帷幛，相与同席，以簪服而庆遗焉。

赵琮未及第前，既“穷悴”，又为“妻族相薄，虽妻父母不能不然也”，宴会之中，其妻为众人所轻视，竟被“以帷隔绝之”，此种情况，实如李斯所谓处于“卑贱之位，困苦之地”，然而，一旦及第，做官有望，于是妻族立刻改换嘴脸，而邀其妻“相与同席，以簪服庆遗焉。”赵琮的事例正可以说明社会上对于做官者和无官者常采取截然不同的态度。《儒林外史》第三回写范进落魄潦倒时，被他的岳父胡屠户奚落责骂，等范进中举以后，胡屠户立时改了嘴脸，称范进为“贤婿老爷”。范进的故事乃小说家之言，未必可信，然而却可以反映《儒林外史》的作者吴敬梓所处时代的人们对于做官者与无官者两种不同的态度。社会上对从政者的恭敬，更能折射出在中国古代社会权力的结构中，政治高于一切。

（5）宗族政治

自夏禹以来，中国君主世袭的制度即是家族政治的代表。其实，中国古代的家族政治并不仅限于君主，臣民之间也莫不处处表现出家族政治来。周代的世袭制度，从天子到大夫，以宗法关系建立政治系统，无疑是典型的家族政治。秦始皇废止了世袭制度以后，宗法式的家族政治在形式上大为削弱，只有君主的家族仍可世袭分封，而臣下世袭之制则告终止。但是，在实质上，家族政治仍广泛地存在，最显著的例证即是自西汉便已开始塑造的门第与世族观念。魏晋南北朝时期门第观念尤其深刻，政治为豪族所把持。一直到唐代末叶，门第

仍然影响到实际政治。自宋以后，门第观念虽渐淡薄，但由于中国人向来家族观念浓厚，家族内的团结力量很大，因此，亲戚间在政治上互相牵引、互相提携的现象长期存在。

证据撰《云溪友议》记载唐人故事一则：

潞州沈尚书绚，宣宗九载，主春闱，将欲放榜，其母郡君夫人曰："吾见近日崔、李侍郎，皆与宗盟及第，似无一家之谤，汝叨此事，家门之庆也，于诸叶中，拟放谁耶?"绚曰："莫先沈先也。"太夫人曰："沈先早有声价，沈擢次之，二子科名，不必在汝，自有他人与之。吾以沈儋孤单，鲜有知者，汝其不愍，孰能见哀?"绚不敢违慈母之命，遂放儋及第焉。

像"沈绚之放沈檐及第"的同类事例在中国古代随时皆有，因此形成了中国古代的宗族政治。

（6）士人政治

秦始皇统一中国后，贵族政治的局面被打破，知识分子得以参与政治，尤其在汉武帝以后，政治上的重要位置，逐渐由知识分子充任。历代宰相绝大多数是文人，于是，造成了士人政治。

士人政治的形成，一方面由于中国古代的士人掌握有知识权力，成为社会上的精英分子，而其本身又具有政治的热忱，愿意参与政治活动；另一方面也是历代君主的有意促成。叔孙通曰："儒者难与进取，可与守成。"（《史记·卷九十九·叔孙通传》）中国的士人向来具有"尊君""守分""修己"的思想，重用士人，不仅可使社会上最优秀的人才殚精竭智为政府效劳，且有利于形成政治上安定的氛围，对于在位的君主和王朝是绝对有利的。

士人政治的形成，对中国的古代政治产生了甚大的影响。由于士人在政治舞台上扮演主要角色，武人的政治地位下降，尤其是唐中叶以后，武人常为社会所轻视，唐代从武后到懿宗之间，武人地位相当低下，加上宋代君主有意地重文抑武，遂使武人甚少有政治上的决策参与权，除非在战乱时期。中国士人既重"守己"，又极端尊重"传统"，于是士人当政的局面遂造成中国古代政治的保守。以国家疆域为例，中国古代文化之高度发展、人口之众多、物资之丰富，与邻近小国文化之落后、人口之稀少、物资之贫乏成鲜明对比，中国如果要积极扩张疆域，并不是太困难的事，然而，在士人政治的强大保守性之下，对于邻近小国，政府大都采取安抚而不兼并的政策，除了元代以外（元代是极少士人政治气息的一个时代），中国很少以武力大举对外开疆拓土的。秦始皇、汉武帝、隋炀帝、唐太宗的征讨外族，均引起当时或后世士人的讥评，因此，中国疆域的扩张只是靠着中国文化的同化力来进行的。再以政治制度为例，在士人政治的浓厚保守性下，一种政治制度常能实行相当长的时间，如尚书六部之制，确立于隋代，一直到清末仍然沿袭，使用了1300多年。又如卿寺之制，秦汉已确立，一直到清末仍然存在，其实许多卿寺已无事可做（在康梁变法中便主张把许多无事可做的卿寺衙门撤废），只不过是保守传统而不敢改革，这一制度竟沿袭了2100多年之久。时代在前进而制度却固守不移，这使得中国古代政治很少有改进的表现（中国古代偶有“善治”，但那是因为出现了开明君主，而非政治制度改良的结果）。

（7）统治阶级的可变性

在古代中国，君主虽掌握绝对的权力，但政治政策的策划和行政工作的推动仍要依赖官吏来执行，所以，除皇帝外，官吏也应该是中国古代的统治阶级。自秦汉以来，中国统治阶级的可变性便很大。在春秋战国时代人们视官吏为特异的“布衣卿相”，至秦汉以后这一现象便成为惯常，尤其在实行考试制度以后，优秀人才可以经由科举而踏上政治舞台。所谓“十载寒窗无人知，一举成名天下闻”，便是只要遵循一定的途径，埋首努力，就可以由被统治阶级一跃而成为统治阶级的一分子。人才的流转既无障碍，革命的情绪便不易上涨。中国古代许多王朝在三四任皇帝以后，便形成君主昏庸暴虐、政治腐败的情形，然而王朝能继续生存下去（明朝便是显著的例子），很重要的一个原因便是优秀人才自觉有向上成为统治阶级的机会，因而不愿倾向革命。所以，在统治阶级可变性大的情形下，中国古代政治比较容易维持一个长期安定的局面。

4. 中国古代民本思想对人类文明进步的促进

中国古人曾说“学于古训，乃有获”，又说“事不师古，以克永世，匪说攸闻”（《尚书·说命下》）。学习历史并自觉地总结历史，这是治国安民而致永世太平所必需的，毫无疑问，古人所创立的民本思想，便是我们民族所要总结的珍贵历史遗产之一。

根据历史记载，民本思想早在前文明社会向文明社会过渡的夏代便已被提出。《尚书·五子之歌》（《古文尚书》，虽然学者们认为是伪书，但它真实地反映了古代的历史事实）记载说：“皇祖有训，民可近，不可下。民为邦本，本

固邦宁。”这是夏康（夏代的太康）弟弟为劝诫其兄所做的诗歌。其意是说，民众是国家的根基，根基稳固，国家安宁，因此要求夏康敬民、重民、爱民，修善、德行，敬重民众的力量。

在夏代的夏康有三人，即太康、仲康和少康。启统治之后的太康时代，正是中国古代前文明社会时期向文明社会转变的关键时期，不但古代国家形态正在形成，而且一种新的社会关系正在酝酿，社会进入了一个承上启下的历史转变时期，如何继往开来就成为一个新的历史课题。在这种情况下，夏康之弟向其兄提出“皇祖有训”并劝诫其兄执行之，是极有可能的。

为什么会在中国古代原始社会向奴隶社会过渡时期滋生出“以民为本，本固邦宁”的民本主张呢？这里面有着深刻的历史背景，简言之，这是中国古代文明路径所决定的。

关于中国古代文明路径的问题，著名史学家侯外庐曾在20世纪30年代提出并做了精辟的论述：“如果用恩格斯家族、私产、国家三项作为文明路径的指标，那么，‘古典的古代’是从家族到私产再到国家，国家代替了家族；而‘亚细亚的古代’是由家族到国家，国家混合在家族里面，叫作‘社稷’。”（《中国古代社会史论》）在此所提的“古典的古代”是指希腊、罗马的古代，“亚细亚的古代”则主要是指古代的中国和印度，侯先生认为中国古代从前文明社会向“文明社会”过渡所走的是一条特殊的文明路径，不仅不像古代希腊、罗马粉碎了血缘氏族关系进入“文明社会”，相反地，氏族血缘关系被保留，国家在血缘氏族关系的基础上建立，国在家中，家国同构。国家混合在家族里面，政治和亲情搅和在一起，使得统治与被统治、压迫与被压迫、剥削与被剥削都被血缘亲情所掩盖。从国家而言，血缘氏族自然也是被统治的对象，但就氏族是国家赖以存在的基础而言，氏族又不是一般的被统治对象，在一定意义上是国家政治统治的直接参与者。国家是否得到氏族的支持，或者说血缘氏族是否得到国家的保护，直接关系到国家的安危。正因为如此，夏康之弟才有对太康“民为邦本，本固邦宁”的劝诫。所谓“皇祖有训”，正是原始社会血缘氏族首领爱护其所属部落子民的遗训，敬民、重民、爱民的民本主张正是在此家国一体的政治环境中脱胎而出的。

如果说夏代尚是前文明社会向文明社会的过渡阶段，敬民、重民、爱民的“民为邦本，本固邦宁”的民本主张只是作为皇祖遗训被提出，民本思想尚在酝酿和始发时期，那么到氏族血缘关系建立的殷商王朝时，其情形则不一样了。殷商是我国古代的第一个国家，随着国家的建立，“皇祖有训”的敬民、重民、爱民不仅仅是遗训了，而已成为治理国家的政治理念。商的开国者汤便告诫下属说："予有言，人视水见形，视民知治下。"（《史记·殷本纪》）这就是说，以水为镜子可以看到自己的形象和面貌；以民为镜子可以看到国家治理的好坏和民众的安乐与忧患，民众是国家的根基，决不可轻慢。类似的说法在《尚书·盘庚》也有记载，殷王在训小民时说"设中于乃心"，"中"作帝王意志用，意思是要把小民放在心中，这表示了王者对小民的关怀之意。当时最高统治者认为把小民放在心中，乃是上天赋予自己的责任与使命："天惟时求民主，乃大降显休命于成汤，形殄有夏。"（《尚书·多方》）所谓"民主"并不是今天的民主，而是指君主要为民做主，要关怀和保护民。

"唯天生欲，无主乃乱"（《尚书·仲之诰》），如果执政者不为民做主，天下就会大乱。由此可见，"民为邦本，本固邦宁"的民主主张，已由告诫夏康的祖训变成了汤的一种政治理念。

殷商覆亡，周王朝继起，虽然周取代了殷的统治，实现了王朝的更替，但商推行的民本政治理念被传承。周王朝同殷商一样，把民作为国家的根基，提出治国必须"当于民监"。《尚书·酒诰》说："人无于水监，当于民监。""监"即照镜子之意，在治理国家中要把民众作一面镜子，时时相照。不仅如此，周人认为"当于民监"即是奉天命："天视自我民视，天听自我民听。"（《尚书·泰誓中》）又说："天聪明，自我民聪明，天明畏，自我民明畏。"（《尚书·皋陶谟》）这就是说，上天所见，来自民众所见，上天所听，来自民众所听，同样，上天智慧来自民众智慧，上天所畏，来自民众所畏。天命体现了民众的意志，奉天命也就是奉民命。把敬民、重民、爱民上升到天命的高度，可见民本主张受到了周王朝高度的重视，得到了进一步的彰显。

还值得一提的是，民本主张不仅被周王朝传承和极力推行，而且敬民、重民、爱民也被赋予了新的含义。周人认为重民、爱民，即是"保民"，换言之，是"裕民"。何谓"裕民"呢?《尚书·无逸》曾记述说："君子所其无逸，先知稼穑之艰难，乃逸，则知小人之依。""裕民"既包括体察种田者的艰难，也包括同情小民的痛苦，关心小民生存的要求，所谓"无淫于观，于逸，于游，于田，以万民惟正之供"。不仅如此，周人还提出了"敬德保民"，认为保民、或者说"裕民"，首先当政者必须"敬德"，"惟文王之敬忌，乃裕民"。周文王之所以被称为爱民的圣君，就在于他能"敬德"，主动修养自己的德性。也正因为如此，周王朝能永求天命，得到上天的庇佑。如果像殷纣王一样，只顾自己贪图安逸，那么民众就会诅咒你，反对你，离你而去。"天命靡常"，这不但

得不到上天的庇护，与此相反，所得到的是上天的惩罚，从而亡国失位。由此可见，周人的民本主张不仅是一种停留在思想上的观念，而且在一定程度上进入到国家政治生活，影响到了政治的发展。可以这样说，“以民为本，本固邦宁”的民本主张，在周王朝已演进为国家的政治生态。

对于殷周时代所衍生的以民为本的政治理念和政治生态，20 世纪以来许多史学家都做了探究，提出了众多的解释。有的学者认为殷周时代出现的“以民为本，本固邦宁”的民本思想和主张，不是奴隶社会本身的一种正常现象。奴隶社会中，奴隶主对统治的奴隶，只有奴役与压迫，把奴隶当作说话的牲畜对待，奴隶制度本身不可能产生敬民、重民、爱民的思想，因此有的学者怀疑中国古代是否有奴隶社会的存在。考古发掘似乎也为这种怀疑提供了某种根据。虽然有发现奴隶陪葬的现象，但大多数是奴隶的代葬品——木俑和陶俑，而不是奴隶本身。有学者由此推断中国古代不存在奴隶社会，或者说殷周奴隶制不发达、不典型，但对为什么中国古代社会奴隶制不发达，特别是为什么会出现民本思想的原因，并未深究。

有些学者虽然认为中国古代社会有奴隶制的存在，但对于为何滋生了与奴隶制本身不相容的民本思想，却同样未提到中国古代文明起源的特殊路径。他们只是把古代民本思想与古代殷周统治者萌芽的一种政治自觉意识联系起来，认为殷周统治者自觉或不自觉意识到君主德性修养的重要性。殷周之所以败亡，就在于失德失道，周人发现“天命靡常”，因此祈求天命庇护，强调执天命的君主修德，“以德配天”和“唯德是辅”由此被提出和受到推尊。学者们把敬民、重民、爱民与当政者政治自觉相联系一并考察，并不是没有道理。但问题在于，当政者这种政治自觉意识不可能产生于奴隶社会制度本身，更不是当政者的自发所生，换言之，这种政治自觉意识必有其深刻的历史原因。历史已表明，古代殷周时期萌生的政治自觉意识乃是受国家所保留的原始氏族血亲之爱的自然情感所诱发。众所周知，原始氏族是以血缘关系来维系的，其中维系氏族内部团结的乃是血亲之爱的自然情感，血族内部存在的以血缘相联系的父母、兄弟、姐妹，彼此之间不存在政治关系，内部的和谐团结是依靠“孝”进行调节。据考证，“孝”起源于原始社会，甲骨文出现了“孝”字，而“忠”则在很晚的“文明社会”才出现。可以这样说，孝亲道德是调节氏族内部关系和维系氏族内部团结的准则。

在此条件下，作为氏族首领的家长对其子民负有关爱和护养的责任，子民对于家长也有孝亲的义务，因此，氏族内部形成了一种互爱和谐关系。历史进入“文明社会”以后，国家虽然产生，但如上所述，殷周国家是在保持血缘家族的基础上建立的，国在家中，家长变成了国家的君主。虽然在身份和角色上似乎发生了转换，但君与父是同一个人，君主亦是君父。家长的责任自然地也就被看作是国家的责任，虽有两块牌子（家和国），但实际上两块牌子归一个人掌控。氏族血缘关系引发的关爱父母、兄弟、姐妹的血亲之爱必然被移植到国家管理上去。国是一个大家，氏族通过分封的形式与地域结合起来，形成了一种以血缘氏族与地域相结合的新的社会政治单位。因此，移植到国家管理的血亲之爱再也不能以血缘为限了，必然扩大到广大地域的人际关系，由此形成敬民、重民、爱民的“民为邦本，本固邦宁”的治国主张。由此可见，离开氏族血缘关系而仅把古代民本主张看作是殷周君主即最大的奴隶主政治自觉萌芽意识所使然，这在历史上是说不通的。

检视历史，中国古代数千年不坠的一家一姓的家族政权即是由氏族血缘关系所奠定的，我们不能设想失去本家族支持的家族政权可以维持其存在。殷周统治者对其所属的氏族所表示出的亲和力，既有皇祖遗训的原因，又有血浓于水的亲情为基础，因此，统治者表示出某种敬民、重民、爱民的心怀，不是没有可能的（确切地说这是血缘联系的氏族诱发的）。所谓“民为邦本，本固邦宁”即是由此发端的。中国古代文明起源所走的特殊路径决定了“文明社会”的政治、思想和文化发展的历史走向是不以人们意志为转移的。若论古代民本思想的背景，这就是历史背景；溯其根源，这就是最终根源。

由于中国古代民本思想反映了中国殷周社会的历史实际，体现了中国文明发展的特殊道路，所以不但被统治者所看重和推崇，而且也受到了当时思想家的热议和认同，不论是儒家、墨家还是道家，都对发端于殷的古代民本思想做了多方的阐发，并赋予了新内容。道家老子说“圣人无常心，以百姓之心为心”，提出执政者要以百姓的心愿为自己的意志。墨子则说：“察知有与无之道者，必以众之耳目之实知有与亡为仪者也。”（《墨子·明鬼下》）意即考察“有”与“无”道理必须以民众耳目感受和意志为判断标准。不仅如此，他还说：“爱民谨忠，利民谨厚。”爱民要出于忠诚，给民利要厚重。类似的说法，代表儒家思想的《大学》也指出执政者的好恶要以民为依归，“民之所好好之，民之所恶恶之”。《大学》从历史兴衰得出了一个结论：道得众则得国，失众则失国。

类似以上敬民、重民的主张，也引起了先秦时期政治家的关注，政治家管仲就有诸多的论述。他从政治活动中体会到“政之所兴，在顺民心，政之所废，

在逆民心”。（《管子·牧民》）他认为顺民心不是一句空话，而是予民以实惠，简而言之，是富民，他说：“凡治国之道，必富民。”（《管子·治国》）富民与否，这是王、霸的分界线，“王者藏于民，霸者藏于大夫，残国亡家藏于箧”。管子认为凡被拥戴的君主都把财富给予民众，与此相反，横行天下的霸道者则不关心民众死活，把财富给予官吏。如果把财富储藏在王者的小箱子，则将导致残国亡家。由此可见，所谓顺民心，最重要的是关心民众的痛苦，藏富于民，解决民的生活困苦。综上所述，发端于夏而成于殷的民本主张，经过西周和东周的发展，已成为一种社会思潮，形成颇有时代意义的国家政治理念。

在此理念的形成中，儒家创始人孔子做出了重大贡献，曾被评价为“发现了人的尊严”。孔子的“仁”学即是其代表性的理论贡献。孔子关于仁学的创立和提出，并不是偶然所发，也不是他无所依傍的奇想，而是在对中国古代国家所保留的氏族血亲之爱基础上做出的理论升华。“仁”字最早记于甲骨文，这是以文字表示原始氏族血亲之爱的记载。甲骨文的“仁”字从字形上看是“从人二”，《说文解字》注释说“独则无耦，耦则相亲”，“仁”的本意是爱人。孔子的“仁”学，在客观上为化解敌意，乃至为创建人类共生共存的和谐社会提供了思想基础。

从血缘关系阐发敬民、重民和爱民的民本理论，不独孔子如此，孔子之后的孟子亦如此。孟子说：“仁之实，事亲也。”又说：“事亲，事之本也。”（《孟子·离娄上》）孟子认为“相亲”是仁的本质，“施由亲始”“爱人”不是凭空发生的，也不是外面强加于人的，而是从血亲之爱由近及远发展的。孟子的“老吾老以及人之老，幼吾幼以及人之幼”是从“施由亲始”，即由近及远的血缘演化出来的。孟子同孔子一样，把原始氏族的血缘亲情升华为理论，并赋予了其普遍意义，突出地表现在两个方面：其一，他提出“民为贵，社稷次之，君为轻”（《孟子·尽心下》）。在民众、社稷（国家）、君主（统治者）三者关系中，他在中国历史上第一次排出了其间轻重关系。民众是国家的根基，最重要，故最贵；国家的安危和兴衰取决于民心，故国次之；君主的统治赖以民支持，故其最轻微。这种“民贵君轻”的思想是对君与民关系的颠倒，在等级特权的社会中，可谓是惊世骇俗之语，无怪乎明代的开国者朱元璋还至为恼怒，要把孟子赶出庙堂。其二，孟子把原始社会血缘亲情提升为人的固有本性，为以民为本奠定了人性论的理论基础。孟子认为人性本善，凡人都具有“四心”，即恻隐、羞恶、辞让、是非，这“四心”构成人类的普遍心理特征，因此，爱人乃是人的一种本性，爱民乃是人的本性所使，应该如此，只要是人也必须如此。以上两条是孟子在孔子之后对民本思想做出的重大贡献。至此，古代民本思想可谓形成了一个理论体系。

中国古代独有的社会结构，即由父子、君臣、兄弟、夫妇、朋友结成的五伦关系，被一层温情脉脉的血缘关系的纱幕所笼罩，保持着一种天然的“亲亲”和“尊尊”的宗法联系。这种基于氏族血缘血亲之爱的自然情感，是血亲之爱的延伸和发展，是此情感的理性化和政治化。总之，一旦离开了氏族血缘关系的基础，上述的一切都无法得到圆满的答案。历史证明，起源于古代文明路径的民本思想和主张，在中国古代政治中起到了重要的作用，或者说形成了古代中国的特殊政治生态，如德治的提出和强调，对仁政和王道的推尊，又如法先王、尊皇训，三皇五帝之训诫，等等。所有这些政治文化现象，很显然与民本主张在政治上的影响和作用，有着巨大的内在联系。

明清之际，西方世界的外来文化不断入侵，封建体制不断被瓦解，近代资本主义从孕育阶段已发展为历史大势。随着近代中国启蒙思想的萌芽与崛起，古代的民本思想和主张发生了根本变化，即由传统的民本思想演进为近代以人为本的公民意识。黄宗羲的《明夷待访录》所透析的人本思想即是这一转变的标志。黄宗羲不再从血缘关系看待和解析以民为本的思想，他从人的权利、自由的政治和道德观出发，提出“天下为主，君为客”的政治主张。

社会和国家的主人是人民，而不是君主，君主不再是压迫人民的最高统治者，相反地，它由“主”转为“客”了，“客从主便”，君主要服从主人，即人民的意志，做主人的公仆。黄宗羲把“君为主，天下为客”颠倒为“天下为主，君为客”，这与古代的以民为本思想有本质区别，是对封建专制压迫人民，蔑视人的权利和自由的挑战，是对数千年“三纲”政治的批判。黄宗羲在过去民本主张的基础上明确地提出“天下之治乱，不在一姓之兴亡，而在万民之忧乐”，国家的治乱是社会的主人，即人民的意志决定的，这显然是一种公民意识的宣示。毫无疑义，这种公民意识是古代民本思想随着历史发展而演进的结果。换言之，中国古代的民本思想为近代人本主义提供了思想上的凭借，这二者之间存在着前后相继的内在发展关系，溯其思想渊源，明清之际的民本主义可从中国古代文明起源的特殊路径找到源头。

第三部分 战争之根

（战争的终极目标是追求人类社会的持久和平）

大约 170 万年前，中国元谋人赤膊袒体进入原始社会，到公元前 21 世纪的夏王朝，中国人生活在漫长的最低层次的原始和谐社会之中，那时，有活同干，有食同吃，风餐露宿也其乐融融。[1] 后来，随着生产力的不断发展，有了剩余产品，同族同室之间操戈相向，只是为了争夺和占有一只猎物而已，战争的目的是为了生存，原始社会的人际平等关系，不可避免地被奴隶制度所取代。

战争与和平是人类的永恒的主题，而和平是人类永远追求的终极目标。如何通过正义的战争，彻底消除战争的威胁和破坏，进而实现持久和平，是全世界、全人类千百年来苦苦追寻的梦想。英国史学家汤因比说：人类已经掌握了可以毁灭自己的高度技术文明手段，同时又处于极端对立的政治意识形态的营垒，最需要的精神就是中国文明的精髓——和谐。

废墟上生长橄榄枝，硝烟中飞翔和平鸽。战争和死亡，教会人类苦苦追寻那和谐之梦。正义的战争是通往和平、走向和谐的必由之路。

中华文化传统崇尚和平、和谐。几千年来，它凝聚着人心民意，维护着国运国力，保障了社会发展和大致稳定。世界上几大古老文明多数消亡了，只有中华民族文明能够源远流长，能够团结统一，能够避免长久分裂，这是和谐文

[1] 毛泽东说，“人类几十万年以来过着和平的生活”。

明的核聚作用。

夏商周，春秋战国，秦汉魏晋隋，唐宋元明清。一幕幕王朝更替，各领风骚，最终都是走向大一统，走向安定和谐，给老百姓以休养生息，让国家社稷恢复元气。历史上流传的将相和、和亲一类脍炙人口的故事，寄托了人民对和平安宁的期盼。明代郑和七下西洋，都是向世界传播和谐文化的一种创举。600年过去了，郑和下西洋成为中华民族历史上、人类历史上非常辉煌的和谐之旅，展现了中华民族开放进取、和平友好、交流合作、协和万邦的可贵品格和开拓精神。

在几千年的奴隶社会和封建社会中，向往和谐生活的中国人，守护了以和谐文化为核心的中华民族传统，使中华大地合久分，分久合，保持了超稳定结构的社会形态，大一统的民族精神和情感。

20世纪30年代，英国哲学家伯特兰·罗素写了《中国问题》一书，认为："中国至高无上的伦理品质中的一些东西，现代世界极为需要。这些品质中我认为和气是第一位的。""若能够被全世界采纳，地球上肯定会比现在有更多的欢乐祥和。"资本主义社会中，不和谐因素比比皆是，生活在社会底层的劳动者对世界前途充满悲观。

人类对自由的无限追求，最终实现全面自由发展，是社会和谐的至高境界。而战争的终极目标是消灭战争，是追求人类的持久和平。

第十章　中西古代战争比较

1. 古代兵器发展综述

中国古代从原始社会晚期到清朝后期（19 世纪中叶）的战争中，使用的是进攻性兵器和防护装具。在原始社会晚期（新石器时代晚期）的战争中，从带有锋刃的生产工具中分化出专门用于作战的兵器。随着社会生产力的发展和战争的需要，兵器不断发展变化，到了青铜时代和铁器时代，以青铜和钢铁为主的冷兵器的发展日趋成熟。火药发明以后，火器逐渐发展起来，在很长的时期中与冷兵器并用。因此，中国古代兵器的发展以火药开始用于军事为分界线，分为前后两大阶段。前一阶段是冷兵器时代，约自公元前 21（一说公元前 22 世纪）世纪至公元 10 世纪；后一阶段是火器和冷兵器并用时代，约 10—19 世纪中叶。

兵器的起源及发展演变历史进程如下所述。

史前阶段。当骨血相通的家族或成员受到伤害和威胁之时，如果公法不值得依赖，那么选择“私法”则是一种必然。这一阶段“血族复仇”之风十分盛行，氏族或部落之间常会发生流血的暴力冲突，于是带有锋刃的生产工具，也被用于人类的互相残杀。这种杀人工具与生产工具不分的状况，在史前经历了一个很长的时期。生产力的发展和私有制的萌发，促进了原始社会的解体，开始由部落联盟向国家过渡，部落联盟之间不断发生激烈而残酷的原始战争。反映在中国的古代传说中，最著名的是 4600 多年前的涿鹿之战，以黄帝为首的北方部落联盟战胜了以蚩尤为首的南方部落联盟。原始战争日益频繁而激烈，仅用有锋刃的生产工具已不适应作战需要，人们开始设计和制造专门用于杀伤和防护的特殊用具，它们逐渐与一般生产工具分离开来，于是出现了专用于作战的兵器。这一变化大约发生于原始社会晚期，约在 4000 年以前，相当于从部落联盟向国家转化的过渡阶段，也正是古代传说中发生涿鹿之战的时候。因此，传说中常把兵器的发明归功于蚩尤，或者是黄帝及其臣子，这正反映了部落联盟间的战争与兵器出现的历史联系。从考古发掘中，已获得了带锋刃的生产工具转化为兵器的资料。以重要的原始狩猎工具弓、箭为例，弓箭至少出现于距今2万年前，但是直到距今约5600年的新石器时代才出现用箭杀人的实例。如在江苏省邳州市四户镇的大墩子新石器时代遗址中，发现了被骨镞射中的人体骨，镞体射入骨质深达2.7厘米；在山西、云南等地的新石器时代遗址中，也有类似实例发现。

新石器时代晚期。这一时期人们已经熟练掌握了磨制石器的技能，能磨成较锋利的石质工具；同时也提高了用石质工具加工木器、骨器的技术，为制造兵器创造了工艺方面的条件。当时由生产工具转化成的兵器主要有：用于远射的木质或竹制的单体弓和装有石质或骨、角、蚌质箭镞的箭，等等。同时，为抗御敌方进攻性兵器的杀伤，已经使用了原始的防护装具，主要有竹、木和皮革制造的盾，以及用藤或皮革制造的原始甲、胄。

冷兵器时代。冷兵器时代（约公元前21世纪至公元10世纪），中国古代冷兵器按材质可分为石、骨、蚌、竹、木、皮革、青铜、钢铁等多种；按用途可分为进攻性兵器和防护装具，进攻性兵器又可分为格斗、远射和卫体三类；按作战类型可分为步战兵器、车战兵器、骑战兵器、水战兵器和攻守城器械等。

青铜时代的兵器。大约在夏朝，中国进入青铜时代，经商、西周、春秋到战国时期，延续约2000年。到了商朝，奴隶制国家进一步巩固和发展，储备了具有相当规模的军事力量。必须扩大青铜兵器的产量，提高质量，并改进它们的战斗效能，用以装备商王朝日益扩大的军队，因而青铜兵器有了更大的发展。商朝以后，又经过西周、春秋时期的不断发展，到战国中期，青铜兵器的制作技术和产品质量都达到了高峰。

商朝以后，经西周到春秋时期，随着战争规模的不断扩大和生产技术水平的提高，车战的规模也日益扩大，交战双方出动的战车总数，从几百乘扩大到上千乘，随车徒兵的人数也由一乘几人到几十人。中国古代兵书《孙子·作战篇》论用兵之法：“驰车千驷，革车千乘，带甲十万”，带甲十万是包括车上和随车徒兵等的全军总人数。

车战的发展促进了车战兵器的进步。周朝车战使用的青铜兵器，质量有所提高，形制有所改进，种类有所增加。青铜兵器质量的提高，与青铜冶铸工艺的提高分不开，例如春秋战国时已能生产脊、刃青铜合金配比不同的复合剑，

使得脊韧刃利，不易折断。青铜兵器形制的改进，主要表现在两方面：一是改变外形设计以提高杀伤效能；二是增强青铜兵器和器柄结合的牢度。

周朝青铜兵器的发展成果，在《考工记》一书中得到了系统总结。该书的《冶氏》《桃氏》《函人》《庐人》《弓人》诸篇中，全面地记录了兵器的选材、尺寸、形制和制作规范，这些都可以与考古发现的大量实物相印证，表明当时已达到中国古代车战兵器最成熟的水平，也是青铜兵器制造工艺最成熟的时期。举世闻名的陕西省临潼区秦始皇陵兵马俑坑出土的大量青铜兵器，许多至今不锈，锋利异常，正是青铜兵器发展到顶峰后的产品。但是盛极开始转衰，战国中晚期也正是车战和车战用青铜兵器开始走向衰落的时期，因为更新的金属材料——钢铁制造的兵器已崭露头角，预示着冷兵器将要发展到一个新的阶段。

铁器时代的兵器。中国进入铁器时代，约在东周晚期。但是早在商朝，人们就利用天然陨铁制作兵器的刃部。春秋时期，出现钢铁制造的兵器，现已发现并经过科学检验确认为钢制品的，有湖南省长沙市出土的春秋晚期的钢剑。说明人们一旦掌握了新的金属材料，就立即尝试用来制造兵器。战国末期，钢铁兵器开始正式装备军队。

经过秦末农民大起义、楚汉之争到西汉初期，军队成分和编制等发生了新变化，这时农民作为士兵主要成分的转变已经完成。随着汉朝中央集权封建国家的巩固，从秦制沿袭下来的中央和地方的军事制度已臻于完备，依据地理条件和当地习俗的不同，分别进行骑士（骑兵）、材官（步兵）和楼船（水兵）等兵种的组建和训练，特别是为了抗御北方的古代游牧民族的侵扰，更进一步促进了骑兵的成长和发展。这一切都对西汉的兵器制造业提出了更高的新要求。

经过文景时期的经济恢复和发展，直到武帝时盐铁官营制度的建立，西汉的钢铁冶炼业有了很大的发展，生产规模日益扩大。出现了初期的百炼钢制品，还出现了铸铁固体脱碳成钢法等新工艺和局部淬火新技术，为钢铁兵器的生产提供了物质基础和技术手段。在西汉都城长安城遗址（今陕西省西安市郊），发掘出建于汉高祖刘邦时的武库，这种武库一直沿用到王莽末年才毁于兵燹。该库是用厚围墙圈起来的宏大建筑群，发掘出铁制的刀、剑、戟、矛和斧等，仅铁镞就达1000余件，还有锈结成块的铁铠甲；而出土的青铜兵器数量极少，主要是镞，其数量只有出土铁镞的1/10左右，这说明西汉时已生产了品种齐备的精锐的钢铁兵器，并且已用钢铁制造消耗量大的箭镞。这明显地反映出钢铁兵器已基本取代了青铜兵器。

由于钢铁兵器远比青铜兵器锋利且有良好韧性，加之骑兵和步兵新的战术需要，使兵器类型也有了新的变化。在进攻性兵器中，格斗兵器的变化最为明显，商周时期作为主要格斗兵器的青铜戈和青铜戟，都从战场上消失了，取代它们的是钢铁制造的戟和矛。戟的形制是战国晚期开始出现的“卜”字形，其特点是戟刺锐利而前伸，旁枝与刺体垂直横出，也极其尖锐。东汉以后，旁枝又向上弧曲，增强了叉刺的效能。直到魏晋时期，它几乎是战士必备的标准兵器。矛头的形体加长，还有体扁刃阔形似剑的，又称为铩。流行于春秋战国时期的青铜剑，逐渐让位于钢铁剑，剑体日益窄长而剑锋更加尖锐。开始使用环首的长铁刀，虽然直到东汉时期还是刀剑并用，但环首铁刀更为普遍。唯一未改用钢铁制造的是远射兵器弩上安装的弩机，仍用青铜铸制，但一般在机栝外周加了铜郭，以增强弩力，有的在望山上加刻度，用于瞄准，以提高命中率。在防护装具方面，使用了铁甲片编缀成的铠甲和兜鍪，以及铁盾。皮制甲胄仍在使用，但已退居辅助地位。

两晋以后，特别是南北朝时期，军队的主力是重装骑兵。兵器发展的重点放在改进骑兵装备方面，特别注意人和马的防护；也表现在马具的完善方面，如镫的普遍使用和鞍的改进，使人能更快地掌握骑术，便于奔驰和长途行军，提高了骑兵的作战能力。骑兵的铠甲，南北朝前期以两当铠为主，后期以明光铠为主；战马的防护是完备的“具装铠”，由面帘、鸡颈、当胸、马身甲、搭后和寄生构成。

隋唐时期，继承南北朝时期的传统，但重装骑兵的重要性下降，恢复了骑兵轻捷的特点，因此马具装铠的生产已不如南北朝时期受重视。唐朝实行府兵制，据《新唐书·兵志》载，一般士兵标准装备的兵器，为“弓一，矢三十，胡禄、横刀……皆一”，弓箭和横刀（短柄的佩刀）是当时骑兵和步兵每人必备的兵器。至于整个军队中主要装备的兵器和它们之间的比例关系，在唐代兵书《太白阴经》中有较详细的记述。

从唐朝晚期经五代至北宋初期，兵器又有新变化。传统的格斗兵器仍以刀、枪（矛）为主，但为了适应各种特殊战斗的需要，每类下又各形成若干分支，如《武经总要》记载的刀有 8 种、枪有 9 种之多，同时大量采用各种棒类兵器，以及骨朵、铁链夹棒等锤击兵器。远射兵器仍以弓箭为主，弩则向主要用于攻城的大型床弩发展。防护装具有铠甲和马甲，以及步兵、骑兵用的盾牌。这一时期的战争主要在中原和江南进行，夺取设防城市成为军队的一项主要任务，因此攻守城器械取得了引人注目的发展。

火器和冷兵器并用时代。火器和冷兵器并用时代（10—19 世纪中叶），北宋初年火器的出现，标志着火器和冷兵器并用时代的开始，经南宋、元、明到

清朝第一次鸦片战争（1840 年）以前，延续约 9 个世纪。在此期间，随着火药性能的提高和新技术的应用，新的威力更大的火器不断被发明创造出来，并在战争中起到越来越大的作用。但到清朝，特别是 18 世纪中叶以后，由于火器发展的停滞，一直到第一次鸦片战争，中国古代火器始终未能完全取代冷兵器，而是火器和冷兵器并用。当然在不同的发展阶段，火器和冷兵器所占的比重是大不相同的。冷兵器虽也有一些发展和成就，但它在战争中的作用日益下降。从整体来说，冷兵器趋于衰落，而火器的不断发明和创新，成为这一时期兵器发展的主要标志。中国古代火器的发展，可分为 3 个阶段：早期的火器，火铳的发明和发展，枪炮在外来技术影响下的发展。

早期的火器，从北宋到南宋约 3 个世纪，是早期火器的创制阶段。这个时期火器已用于战争，并有一定规模，有些火器的储备已是数以万计，在战争中起了重要的作用。但就全局来说，当时大量装备军队起决定作用的兵器还是冷兵器。北宋发明的火药箭、火毬类火器，主要是用以纵火的火攻器具，可起烧伤敌人和惊吓敌军人马的作用。南宋发明的铁火炮、火枪类火器，已有较大的杀伤和破坏作用。但这两类火器除少数可以手投外，主要是用弓、弩、礮等冷兵器来发射和投掷，飞火枪也是把喷火筒和矛枪结合起来使用，都离不开冷兵器。因此，这个时期虽然已经是火器和冷兵器并用，但还是一个以冷兵器为主的时期。

南宋时期，火药的性能已有显著的提高，金和南宋都使用了铁壳爆炸性火器“铁火炮”。这种炮是金人于 13 世纪初叶首先使用的。南宋嘉定十四年（1221 年），金军在进攻蕲州（今湖北蕲春）时，使用了用生铁铸成、壳厚 2 寸的铁火炮。绍定五年（1232 年），蒙古军进攻金南京（今开封），士兵在大型活动掩体“牛皮洞子”遮挡下掘城，守城金军用铁索悬吊爆炸威力更大的铁火炮“震天雷”，至掘城处爆炸，其声如雷，闻百里外，产生强烈的燃烧和四散飞击的铁壳碎片，毁坏了蒙古军的铁甲和牛皮洞子。景炎二年（1277 年），元军攻静江（今广西桂林），守城宋将在城陷粮绝的情况下，率部下 250 名点燃一具大铁火炮集体殉国。历史上的这些记载，说明铁火炮已具有很大的杀伤作用，火药性已经有较大的提高，火器已从纵火器材发展为直接杀伤、破坏的兵器，这是火器发生飞跃的重要标志。

火铳的发明和发展。这一阶段从元朝到明朝前期，经历了约 2 个世纪。元朝发明的火铳，是中国金属管形射击火器的第一代，这已经是用火药发射石弹或铅弹、铁弹，在较远距离杀伤敌人的武器。火铳的发明，开启了火器发展的一个崭新的阶段。到明初，火铳除了已形成可以看作是枪、炮雏形的手持铳和大碗口铳两大类以外，还开始发展了大口径的铜炮、铁炮，把火炮制造技术提高到了一个新的水平。这一时期火铳的大量生产和装备军队，特别是专用火器部队的组建，使作战方式开始发生变化。冷兵器虽然在军队装备的武器中仍占大多数，但火器的巨大作用，已使它成为战场上决定胜负的重要因素之一。

枪炮在外来技术影响下的发展。这一阶段从明朝后期到清朝第一次鸦片战争以前，大约经历了3个多世纪。这个时期从仿制外来的鸟铳（枪）和佛朗机铳（炮）、红夷炮开始，火器已分为枪、炮两大类各自独立发展，并大量装备步兵和炮兵。随着火炮威力的日益增大，逐渐取代了礮和床弩一类冷兵器，成为城堡攻防战的主要兵器。步兵装备的鸟铳（枪），填装弹药慢且不能用以刺杀，因此刀、矛、弓、箭仍然是重要兵器。这种状况一直到第一次鸦片战争还未得到根本改变，这对清朝后期的战争产生了重大的影响。

16世纪初叶，随着欧洲殖民者用新式枪炮对外进行掠夺，西方火器及其制造技术先后传入中国，其中影响较大的有佛朗机铳、鸟铳和红夷炮。佛朗机铳是葡萄牙人在嘉靖初年入侵中国时，被明军缴获的舰炮。它在构造上与火铳相比，具有身管长、装有瞄准具、使用子铳（预装火药弹丸用）等特点，因而比火铳装填方便、射速较快、射程较远、命中率较高，是当时欧洲流行的一种火炮。明朝依其形式，仿制成大中小5种规格的佛朗机铳，大型的用于舰船和防守城堡营垒，中型的用于随军机动作战，小型的用作单兵武器。

从元朝到明朝，在枪、炮获得重要发展的同时，其他种类的火器也有不同程度的进步，这些丰硕成果在明朝后期的《兵录》《武备志》《金汤借箸十二筹》等兵书中得到了充分反映。仅《武备志》就记载了火药、火炮、火铳、火箭、火牌、喷筒、火毬、火兽、火器战车、水战火器、地雷等类火器共200多种，并绘有大量附图。在火药配制方面，明代后期除吸收外来火药配方的特点而制成更适合新式枪炮用的发射药外，还配制了各种专用的火药，如引药、炸药、信号药、发烟药、致毒药等，丰富了宋元以来的火药品种。在喷筒和抛射火器方面，提高了燃烧、致毒、发烟、遮障等作战功能。利用火药反冲力推进的火箭技术，得到广泛应用，有单级火箭、二级火箭、多发齐射火箭、有翼火箭等。在爆炸性火器方面，有炸弹类、地雷类、水雷类共十几种，一般用于投掷、事先埋设或沉放于水陆通衢，其引爆方式除直接点火外，已发展为拉发、绊发、触发或机械式钢轮发火。这些火器都以各自的特点，在作战中同枪炮一起发挥杀伤和破坏作用。

从清朝开始，中国火器的发展逐渐由缓慢而至停滞。清初由于战事的需要，

尚重视火器制造，重型火器以火炮为主，轻型火器以鸟枪为主。据《清文献通考》记载，从康熙十三年到六十年（1674—1721 年），清中央政府所造的大小铜、铁炮约 900 门，但炮的基本构造和性能并无大的改进。如康熙十五年（1676 年）铸造的“神威无敌大将军”炮，仍属红夷炮型，大者口径达 110 毫米，全长 248 厘米，重 1000 千克，可发射 4 千克重的铁弹。在康熙二十四年（1685 年）收复被沙俄侵占的雅克萨时，曾使用了这种火炮。鸟枪的种类较多，其中少数采用了燧石枪机，多数仍用火绳枪机。康熙年间，戴梓曾制出燧发连珠铳和蟠肠鸟枪，对鸟枪的结构有较大改进，但未被广泛使用。至于部队配置火器的状况，与明末大致相同。康熙三十年（1691 年），在满蒙八旗中设立火器营，抽调 5000 多人专门训练使用鸟枪。雍正五年至十年（1727—1732 年），先后规定绿营的火器配备，鸟枪兵一般占 40% ~50% ，加上约占 10% 的炮兵，火器手占 60% 左右。18 世纪中叶以后，欧洲各国开始产业革命，机器工业逐渐代替工场手工业，火器的制造有了突飞猛进的发展。而这时中国仍处于封建社会，清政府由于腐败的统治和严重的保守思想，根本不重视火器的发展，很少再造火器。对外又妄自尊大，实行闭关锁国政策，使外国先进的火器及其制造技术也未能在中国传播。因而中国火器的发展大大落后于西方。直到第一次鸦片战争前后，清政府才匆忙下令在沿海各地制造火炮，加强海防，但是仍然抵挡不住外国侵略者的坚船利炮，使中国开始沦为半殖民地半封建国家。

2. 古代东西方骑兵的差异

中国古代历来重视骑兵，但中国古代骑兵的使用方式与西方是截然相反的。第一，中国马是高耐力，短距冲刺能力低下；第二，中国古代中原王朝无非两个愿望，封狼居胥和饮马黄河，其战略空间十分广大。所以要使中国古代骑兵像西方一样的作战是不可能的。所谓骑兵随机而动，中国古代骑兵主要是作为偷袭、劫营、追击使用。当然中国古代也组织过铁甲骑兵之类的军队，但不是战场的主流。两军对垒之时骑兵会在一旁游弋静等时机，等到对方战阵松动或漏出破绽之时进行袭击。

而西方由于其马种和战略空间的限制致使西方人把骑兵当作突击力使用，所以中国人对骑兵的使用与西方是截然不同的。在 13 世纪，东西方骑兵有一次巅峰的对决。

1241 年 4 月 2 日，由成吉思汗的孙子拔都率领的 3 万名蒙古骑兵（草原上飞翔的雄鹰），在匈牙利平原的佩斯城下，对阵由匈牙利王贝拉四世统领的 10 万名欧洲重骑兵（主要由法国、日耳曼和捷克的职业骑士组成）。面对强大的欧洲重骑兵的进攻，蒙古骑兵根据预先制定好的“迂回包抄”“围 3 阙 1”的作战方针，边打边退，将欧洲职业骑士们引至绍约河畔，此时双方已无力再战，各自休整。翌日黎明，拔都率领的 3 万名蒙古骑兵率先发起攻击，双方战至下午，贝拉四世决定投入全部兵力给苦苦坚持的蒙古骑兵最后一击。就在这 3 万名蒙古骑兵准备破釜沉舟决一死战之时，欧洲重骑兵的背后出现了由速不台率领的前一天夜里迂回几百里渡过绍约河的另 3 万名蒙古铁骑（即使是现在，这也是世界军事史上的一次伟大的迂回包抄），面对从四面八方射来的重箭和冲过来的蒙古骑兵，贝拉的 10 万名欧洲骑士崩溃了，他们发现西面有缺口，于是他们拼命向西冲去，可惜这却是蒙古人运用的在中国古代军事历史上屡见不鲜的“围 3 阙 1”战术，这也许是欧洲重骑兵历史上最惨烈的一幕。当争先恐后的欧洲重骑兵冲出包围圈后，却发现从两边跟上了大批的蒙古骑士，把这些欧洲骑士夹在中间，就这样欧洲骑士不停地跑，两边的蒙古骑士不停地追，不停地用弓箭做精准射击，这更像是一场狩猎，一路上黄沙漫天、惨叫不绝。就这样东西方两支大规模骑兵队伍的较量结束了。

3. 早期火器发展的方向

19 世纪中叶以后，由于中国与西方装备的巨大差距，中国面对西方近代军队，几乎没打过一场像样的仗。西方实现了近代军事革命，以火器为主，冷兵器为辅。中国则以冷兵器为主，火器也有，但属于辅助性质，装备较少且性能较差。中国由于火器装备程度低而败于西方，应该是没有错的。于是一个问题出现了：日本的火器装备程度不如中国，可是日本很快实现了近代军事革命，并在不久之后还打败了西方强国俄国，日本为什么能够迅速赶上西方而中国却不能呢？如果按火器装备程度比，中国应该比日本早一些完成近代军事革命，中国应该比日本更强才是，可事实为什么偏偏相反。

对比 18 世纪的西方、中国和日本，那时相互之间还没有发生过正面冲突，可是军事上的巨大差距已经出现了。西方在当时早就完成了近代军事革命，步兵全都使用了上刺刀的步枪，骑兵的火器程度较低，可也装备了马枪、手枪等轻型火器，还有少量使用长矛的枪骑兵，炮兵没有 19 世纪那么多，大部分是刚刚组建。当时中国人也用火枪狩猎，但使用弓箭更多，步兵装备冷兵器和火器

居半，由于火器质量差，没有刺刀，使用火枪的步兵还要同时佩备腰刀，以便在短兵相接时白刃格斗，火炮属于步兵，基本上没有独立的炮兵部队，骑兵则基本上没有装备火器。总体而言，中国与西方在装备上有明显差距，但也到了近代军事革命的门槛。当时的日本装备比中国还低，比西方就不用说了。日本基本上是步兵，在武士道的支配下个人武艺高超，那当然是冷兵器了，火枪也有，但是数量不多，也未装上刺刀，跟西方无法相比，骑兵很少，未装备火器，炮兵基本上没有，步兵也不使用火炮。所以，18 世纪时，西方装备程度最高，已经完成了近代军事革命；中国比西方不如，但也到了近代军事革命的门槛；日本最差，不仅火器装备少，就连古代最强大的骑兵也缺乏。可是，当中日遇到 19 世纪的西方时，日本却在短时间赶上了西方，中国的武器装备却落在了后面。

在中日实现近代军事革命之前，它们在火器装备上存在结构差别。这不是说火器装备程度高的更易完成近代军事革命，而是在已经使用的火器中，火枪和火炮的比例不同。日本火器装备程度低，但是在已经装备的火器中，大部分是火枪，基本上没有火炮。而中国火器的装备程度比日本高一些，但在已装备的火器中，火炮的使用多而火枪少。火枪装备高的就容易实现转变，而火枪装备少的就比较困难。就是这个差别，使日本军事很快实现了转变，而中国的转变则慢一些。

通过对西方的近代军事革命的深入研究，可以发现火枪更容易促进近代军事革命，而火炮则要差一些。因为火枪是单兵武器，可以每人一只，火炮需要集体操作，无法做到每人一炮。因此，当火炮装备多了，它只能掩护使用冷兵器的步骑兵冲杀，而无法做到替代步骑兵结束战斗。而火枪则不同，它是用来结束战斗的，不是用来火力掩护的。传统军事俗语说，大炮不能上刺刀，结束战斗靠步兵。如果步兵使用火枪能结束战斗，那么就没有必要使用火炮，火炮在战争中的使用价值仅限于火力支援。使用火炮攻击后，还要使用步兵结束战斗，而步兵冲上去之后就基本上不能使用火炮了。西方实现近代军事革命，是从火枪入手的，而火炮的兴起则是在此之后。西方人的火炮在 16 世纪时就比中国先进了，但仍然是一支古代军队，因为当时火枪使用得不多，而到了 17 世纪，步兵基本上都使用步枪了，虽然火炮还是少，但与 16 世纪相比，却有了质的差别。

日本比中国更早地完成近代军事革命，不是因为他们的火器装备程度低，而是因为日本人火炮少而火枪多的缘故。因为没有火炮的拖累，日本军队换转火枪比较方便，因为他们对火枪不陌生，而玩起刺刀来更是令他们与以前的倭刀、竹枪联系起来，于是得心应手了，至于火炮，那不重要，有几门小口径的钢炮就可以了。日本人战胜俄国人就是靠火枪射击、刺刀冲锋，他们的火炮数量上没有俄国多，质量上也没有俄国好。

当时中国太倚赖火炮。中国在明朝末年就大量购买西方火炮，可是西方火炮解决不了结束战斗的问题，还得要步兵突击，于是火枪就有用武之地了。如果中国像当时的西方一样，靠步兵抵近射击结束战斗，最多再刺刀格斗一下，那性质就大不相同了。

在宋代，中国出现了火炮，对优先发展火炮还是火枪完全没有概念。元朝倒是火器大发展，不过在元朝人眼里，管它什么火枪还是火炮，最好都不要使用，因为在马上使用火器非常困难。明朝没有元朝人的那种偏见，但是在发展方向上，明朝也选错了，明朝人觉得，火炮威力大而火枪威力小，那么还是选威力大的吧。可是明朝没有想到，战斗力不是仅有一个火力，还有机动性和防护力。火炮威力虽大，可是机动性差，防护力弱，使用范围有限；火枪威力虽小，可是机动灵活，攻防兼备，如果再用刺刀配合，那更是锦上添花。清朝本可以像元朝一样不重视火器，但清朝没有那么做，清朝的火器装备程度提高了，不过由于在火炮和火枪的选择上继承了错误的传统，清朝在近代军事革命的门槛上徘徊了很久，走了很多弯路，打了许多败仗。

4. 中西方古代战争规模的差异

与西方对比，从公元前2世纪汉朝以来，中国的人口一直较多，常备军数量更多，因此可以支持更多次动用大军的战争。中国在战国大概2000万人，西汉达到5900万；亚历山大希腊帝国的人口大概有4000来万，罗马帝国的人口有1.2亿左右。在军队规模方面，亚里山大的远征军才3.5万人，中国军队远远超过欧洲。公元前11世纪，周武王推翻纣王，双方兵力分别达8万人和17万人。公元前225年，秦王派兵20万入侵楚国失败而归；公元前224年，秦王又派兵60万入侵楚国，第二年终于灭楚国。而秦始皇守五岭用兵50万人，防匈奴30万人，修长城用50万人，造阿房宫秦皇陵用130万人（其中受宫刑者达70多万人）。以至于“丁男被甲，丁女转输，苦不聊生，自经于道树，死者相望”（《汉书·严安传》）。

在战死人数方面，公元前147年，罗马摧毁迦太基，城破时迦太基人战死8.5万人，残存的5万人悉卖为奴[1]。中国历史上的战争往往死亡人口过半，自

---

[1] 周一良，吴于廑. 世界通史·上古部分［M］. 北京：人民出版社，1973：305.

秦以来，出现过15次人口大灭亡。中世纪欧洲无常备军，打仗是临时召集军队，打仗的主要是中上层的贵族骑士，平民一般不参加军队。西方人打仗时，军队规模很小；诸侯间的交战一般就几百上千人的规模，骑士间的交战往往通过个人间的决斗来解决。所以，因战争造成的死亡比中国小得多。由于中国人吃粮食，粮食的保存期比较长、不容易腐化，能养很多的军队。军队规模大，相对来讲，打起仗来死的人多。

但以单次而论，最大规模都差不多，因为军队的动员难度随军队数量呈几何级数上升，人数较高的军队带给后勤的压力过大，而且在战场上的不稳定因素也会增多。一般来说，西欧较大规模的战争一般动员军队2万~5万人，中国稍多一点，可以支持7万人左右。超过10万的军队非常少见，且大多失败。

因为军队远征，靠着后方运送粮食是非常低效的，而且军队越多，运送粮食的难度就越大，粮队规模越大，运粮者路上吃掉的粮食就越多，送到前线去的就越少。所以很多时候，后勤都要靠就地征集。而对于单位人口的生产力，中国和西欧是差不多的，所以在后勤支持上决定了无论是中国还是西欧，难以在单次战役中投入大军。

中世纪的欧洲各国的军队规模小。因为欧洲人吃牛羊肉，肉易腐化，所以不能养大规模的军队。欧洲打仗，往往赶着牛羊去打仗，这样战争的规模就小，死得人当然就少。而中国幅员辽阔，常备军需要守卫的土地远比单个西欧国家要大，所以即使总数众多，也会被分散，不可能集中在一起。而在古代落后的生产力下，将各地的军队征召到一起往往需要花费数月甚至几年时间，对国家财力是难以承受的负担，在战争中也没啥效率。较多的军队往往意味着各族联军或大量低素质炮灰部队。在古代战场上，士兵和将领都不可能纵览整个局势，局部的失利往往会被周围的士兵当作全盘失败，导致士气连锁崩溃。而同时，在古代战争中，肉搏占据绝对核心的位置，所以总人数的优势往往只能转化为阵列更宽、更利于包围侧翼和后排这样的优势，而素质上的优势反而可以转化为局部人数优势，即高素质的士兵可以以更密集的阵型作战，拥有更高的士气和更好的装备，导致局部区域的以多打少。高数量的低素质军队面对少量精兵，很容易出现局部的失利，而人数越多，由局部失利引发士气崩溃的概率就越大，所以军队超过10万就极少有能打胜仗的了，一支数量较少的精兵无论如何都比低素质大军要有效得多。

古代中国人多的主要体现是，可以在较不重要的局部战争中仍然动员超过2万的士兵。

当然这是古代战争的特点。欧洲在进入近代战争后，动员能力暴增，拿破仑战争时期已经可以支持十几万人的大军，而到 19 世纪中叶已经可以一次动员 40 万人到一场战役中，远远超过当时的中国。后来东西方都进入现代化民族国家，就都可以动员百万大军。

5. 中西方古代战争的目的异同

尽管在古代西方的骑士都好勇斗狠，互相不断打仗，但骑士在战场上的争斗往往不以杀戮对方为目的，更多以商业利益为目的。杀死对手，就无法做生意了，损害了自己的商业利益。所以，尽量少杀是西方战争的特点。

在廷切布雷（1106 年）之役，英王亨利一世的 300 名贵族打败了亨利一世之兄的所有诺曼底骑士，400 个骑士被捕，但亨利的骑士却没有一个阵亡。布汶之役是古代西方流血最多、最富决定性的一场战役，1500 个骑士中，只有 170 个丧生。

这主要是由于骑士间的默契与规约均要求善待俘虏及索取合理的赎金额。通常俘虏以信誉保证于一定日期缴给赎金后即被释放，很少有骑士会破坏这种誓约。有史载英法战争时，在克里西及普瓦泰被俘的法国骑士，与英国的俘虏他们的人自由而舒适地生活在一起，并与他们的主人分享餐宴及运动，直到被赎回为止。这种以金钱赎俘的方式，甚至连国王也不例外。

在英国议会大厦威斯敏斯特宫门口，竖立着英格兰国王理查一世（1157—1199 年，1189—1199 年在位）的铜像，戴盔披甲，骑着高头大马，挥剑直指青天，看上去英武不凡，被称为英国议会大厦的保护神。那上面用法语写着“狮心王”。这位被称为“狮心王”的英格兰国王是不会讲英语的。理查一世是金雀花王朝的第二位君主，当时，他的王国的主要疆域是在法国，包含了今天法国的大部分地区；在英国，他也只统治英格兰地区。理查在位 10 年，却只在英格兰待了 6 个月。

理查因为在一次战役中打败了“基督徒世界最大的敌人”——阿拉伯的撒拉丁而一举成名。据记载，理查在与撒拉丁交战时英勇无比，身为国王，他亲自杀入敌方阵营，连自己的坐骑都在激战中被砍死了。撒拉丁被迫撤退，还送给理查两匹骏马表示对他的钦佩。

在回国的路上，理查被奥地利的神圣罗马帝国皇帝亨利六世扣押，以索赎金。不料，亨利六世的妹妹爱上了理查。一次，他们在幽会时被捉获，亨利六

世十分生气，但他无法因这个原因而处死一个国王，于是他让人将一头狮子放进了狱中，但没有放食物，希望饥饿的狮子吃掉理查。当狮子张开大嘴要吃理查的时候，理查却抢先一步，将手伸进狮子的咽喉，一直插入胸膛，将它的心脏掏了出来。然后他大摇大摆地走到宴会厅，将狮子心往盘子里一放，开始享用起来，把旁人吓得面无人色。此后再无人敢暗算他，“狮心王”的称号也就不胫而走。英格兰最终为理查支付了天文数字的赎金——英格兰因此而陷入了严重的财政困难。但在英国，从来没有人责难理查，反而为曾经拥有这样一位当时欧洲甚至世界上最英勇的武士和最善战的国王而自豪。这是英国议会决定在议会大厦外面矗立他的雕像的原因。

骑士在战场上甚少杀戮对方的另一个重要原因，就是考虑到伤亡过重会引起严重的复仇，因此战场战死最多的是地位低下的步兵。

在骑士团体内，所有人都一律平等。为了使骑士们成为社会稳定的重要因素，统治者和教会必须对其精神上的价值取向和行动精力上的指向有所规范和引领。10 世纪末在法国南部地区发起并扩展到北部的上帝和平运动，就是在教会领导下的维护权利和秩序的运动。从 989 年到 1050 年，教会多次在法兰西举行会议，订立《上帝之和平》，将那些在战争中滥杀无辜者开除教籍，并在各中心地区组织和平会议以说服贵族停止私战。1027 年始，法兰西教会便宣告“神命休战”。起先这种休战还限收获季节和假日以及每星期的某几天，最后发展到只允许每年中有 80 天时间可用于私战或封建战争。12 世纪，“神命休战”成了西欧教会法和民法的一部分。

西方的宗教性起义的屠杀规模比较小，宗教的信奉者总是希望能尽量争取更多的皈依者，有一种普天下的信教者是一家的概念。布鲁诺不是因为日心说而是由于他的异端被烧死，而且没有诛连到他人。天主教承认自己所犯下的罪，并一直在为过去的过错进行弥补。

中国的战争的目的不是商业利益，而是占领土地，达到改朝换代的目的。因此，必然斩草除根、赶尽杀绝，杀得越多越能使己方掌权。

《汉书》记载王莽篡汉时将反对他的刘信、翟义、赵明、霍鸿等人及其亲属全部“坑杀”，该书所载的王莽关于诛杀这些人的诏书中，明明白白地写着是要将这些人的尸体堆土，筑为“方六丈，高六尺”的京观，上面再树 6 尺高的旗杆，写上“反虏逆贼鲸鲵”。可见“坑杀”或京观实际是一回事，都是指将尸体堆积封土。

第十一章 中国古代军事思想对世界军事进步的贡献

中国古代军事思想形成于先秦时期，与当时社会思潮的演进有密切关系。古代军事思想中义利兼顾的战争观，德法并用的治军观，奇正结合的制胜观都对后世产生了深远影响。

1. 中国古代军衔制度的发展

我国古代从春秋时期就陆续出现了元帅、将军、校尉的称号，这比西欧国家早了十几个世纪。中国古代军队的武官阶品体制，与西欧军衔体制职能一致，但形式不同，各自独立，二者没有承袭关系。1894 年，清朝政府决定依照西欧国家军队编练新军。到 1904 年建立了新军的阶位、品级。现在，世界上绝大多数国家的军队都实行军衔制。各国对军衔等级的设置，大都采用西欧式军衔体制。

元帅。唐代开始在军队里就设有元帅、副元帅等战时最高统帅，宋朝有兵马大元帅，元朝有都元帅、元帅。

将军。春秋时晋国以卿为将军，战国时始为武官名，汉代将军名号颇多，魏晋南北朝更繁，隋唐以后历代皆设有将军官校。古代军队的编制单位，统带一校之官称校尉。汉武帝初置中垒、屯骑、步兵、越骑、长水、胡骑、射声、虎贲等八校尉，为专掌特种军队的将领，其地位略次于将军，后通称将佐为八校。晋武帝时设有军校，为任辅助之职的军官。清代有步军校、护军校等官职。

尉。春秋时晋国上中下三军皆设尉，秦汉时太尉、大尉、中尉地位颇高，以后带尉字的官员地位逐渐下降。唐代折冲府以 300 人为团，团设校尉。明清时的卫士和八九品阶官称校尉，清代七品官中有正尉、副尉。

士。夏商周三代，天子、诸侯皆有上士、中士、下士之官，是卿大夫以下的低级官职，秦以后间有袭用古制而以上、中、下士为官职者。

中国人民解放军从1955实行军衔制，1966年被取消。第六届全国人大二次会议通过的新兵役法规定，恢复实行军衔制。1988年7月1日，第七届人大常委会第二次会议批准通过了《中国人民解放军军官军衔条例》，中断了23年之后，我军又开始实行新的军衔制度。

2. 先秦时期的军事思想

中国古代军事思想形成于先秦时期。“国之大事，在祀与戎”，战争作为阶级斗争的最高形式，占据了先秦时期社会活动的显著地位。在秦之前约3000年的时间里，见于史籍记载的有800余次大小战争及武力冲突。丰富的战争实践活动促使一些有识之士开始关注、总结、研究战争问题，而各个阶级、阶层与政治集团为了赢得战争的胜利，也迫切需要为自己服务的军事学家，以为战争实践提供理论指导。因此，军事思想在先秦时期的形成与高度繁荣，乃是历史的必然。[1]

在当时，先秦军事思想的发展与当时社会思潮的演进有密切关系。战乱频仍的现实向当时的思想家们提出了一系列亟待解决的社会问题，由于各学派立论的角度不同，出现了学术史上的“百家争鸣”，但“务治”是阴阳、儒、墨、名、法、道六家要旨。当时的军事思想家在研究总结兵学理论时，能够面对现实并吸取儒、道、法、墨等各家思想，使得中国古代军事思想具有深厚的哲学底蕴与可贵的实用理性精神。先秦时期军事思想的核心主要表现有以下三个方面。

（1）义利兼顾的战争观

战争的价值在于运用武力或武力威慑手段，达成某种特定的政治目的。同时，军事又是政治的延伸，政治条件的好坏又直接影响战争的结果。《孙子兵法》所强调的“五事七计”中，将“道”作为战争取胜的首要因素。孟子说：“天时不如地利，地利不如人和”，也是强调道义民心对战争胜负的决定性作用。孔子将为政的三要素概括为：“足食，足兵，民信之矣”（《论语·颜渊》）。他认为“民信”乃治国、治兵的根基所在，是决定战争胜负的根本保障。可见，在先秦的兵学思想中，道义原则得到了广泛的认同。

---

[1] 张明，于井尧. 中国古代军事思想史［M］. 长春：吉林文史出版社，2006.

中国历代的思想家都主张通过正义战争“以道取天下”，并由此形成了崇尚道义的战争价值观。随着兵儒合流的趋势日益明显，军事思想逐渐把崇尚道义作为主要的价值取向。这种取向强调对战争的性质加以区分，合乎道义的战争应该支持，反之则加以谴责和反对。孔子在得知季氏将伐颛臾时，严厉批评了冉有和子路没有劝阻季氏的不义行为；但对于正义的战争，他又给予肯定与支持。齐国田常作乱欲以伐鲁，孔子号召弟子挺身而出：“夫鲁，坟墓所在，父母之国，国危如此，二三子何为莫出”（《史记·仲尼弟子列传》）。孔子还嘉奖在战争中有英勇表现的冉有为“义”。在战争问题上，孔子超越于现实的社会政治经济层面，始终以“义”为价值坐标，这种义战立场成为古代军事思想的重要特点。

先秦时期，兼并战争激烈频繁，“春秋无义战”让崇尚义战的人们发出无奈的叹息。当时，战争成为维护和争取利益的最有效武器。在战争问题上，孙子表现出理性冷峻的认识，谋战必先谋利，“兵以诈立，以利动，以分合为变”是孙子兵学实用理性和精髓要义的集中体现。在开展战争的原则上，孙子强调“合于利而动，不合于利而止”（《孙子兵法·九地篇》）；于己不利，绝不轻易发动战争，“非利不动，非得不用，非危不战。……合于利而动，不合于利而止”（《孙子兵法·火攻篇》）；能否获利、能否取胜是用兵的最高原则，当将帅与国君意见不一致时，将帅不一定要服从国君的命令，而应该以能否取胜，是否合乎国家利益为开战的根本依据，“故战道必胜，主曰无战，必战可也；战无不胜，主曰必战，无战可也”（《孙子兵法·地形篇》）。

如何实现战争利益的最大化，孙子提出了“全胜”的战略思想，其基本含义就是：“采取万全之策，用最小的代价获取使敌完整地屈服的理想胜利。”《孙子兵法·谋攻篇》提出：“凡用兵之法，全国为上，破国次之；全旅为上，破旅次之；全卒为上，破卒次之；全伍为上，破伍次之。是故百战百胜，非善之善者也；不战而屈人之兵，善之善者也。”“全胜”的战略思想对后世影响巨大，后世的诸多兵法、战争、商业都继承和发展了这一战略思想。

（2）德法并用的治军观

治军就是指对军队的管理和训练。中国古代治军的思想十分丰富，孙子是我国古代治军理论的主要奠基者之一。孙子为吴王阖闾操练宫女，“约束不明，申令不熟，将之罪也；即已明而不如法者，吏士之罪也。”孙子斩杀吴王爱姬以统一号令，严明军纪。令行禁止，赏罚分明乃兵家常法，为将治军的通则。只

有三军遵纪守法，听从号令，才能克敌制胜。[1]

《孙子兵法》“五事七计”中所强调的“法”为“曲制、官道、主用也”，又将其细分为法令、兵众、士卒、赏罚等几个方面。孙子非常重视军队的法制建设，认为军队法制建设的重点是统一号令，加强纪律，以达到“勇者不得独进，怯者不得独退”的目的。在残酷的战争和牺牲面前，为保证军队的战斗力，除了军法的约束，孙子认为还要做到“与众相得”，即官兵要团结一致，将帅要关心爱护士卒，士卒才能在战争中效命。孙子强调：“智、信、仁、勇、严”乃为将之德，要求将帅要智勇双全、赏罚分明，还要爱抚部属、树立威信。历代名将也多是德法并用治理三军，如吴起一方面改革兵制，严格训练，申明法令，“材士则是矣，然不遵将令，虽材必斩”，毫不犹豫地斩杀违纪士兵，能够“以法立威”，同时又与下层士卒同衣同食，为士卒吮脓疮，能够“以德附众”，才使得他的军队具有强大的战斗力。

孙子以明确的理念指导治军，“卒未亲附而罚之则不服，不服则难用也，卒已亲附而罚不行，则不可用也。故令之以文，齐之以武，是谓必取”（《行军篇》），提倡用宽容仁厚的思想工作和人文关怀手段使得官兵思想统一，用严格的军纪军法规范军队，从而使官兵行动整齐一致。孙子强调恩威兼施、德法并用，以实现“修道而保法”的根本目的。

孙子的治军思想主要包括严明赏罚、重视选将、严格训练、统一号令、爱卒善俘等诸多方面，其核心精神就是刚柔相济、恩威并施、文武两手、德法并用。“师出以律，出律凶”，军队只有遵守军规军法，才可用于战争，才能增加取胜的概率。另外，只有将卒能“居同乐，行同和，死同哀，是故守则同故，战则同强”，平时能“爱兵如子”，战时才能做到“上下一心”“安危与共”。

为适应世界新军事变革的发展潮流，一方面，我们要不断完备军事法制内容，健全军事法制体系，为军队的正规化和现代化建设提供法律、制度保障；另一方面，要不断提高思想道德修养，“居上要宽”，重视官兵人际关系的和谐稳定。

（3）奇正结合的制胜观

《老子》在历史上第一次区别了治国与用兵的不同方法要领，即“以正治国，以奇用兵”，这准确概括了军事斗争以奇变、诡诈为本的本质属性。老子已

[1] 严芳田，颜剑辉．中国古代军队管理思想浅探［J］．军事历史，1992（2）．

经开始触及军事斗争的内在规律，这对中国古代军事思想的充实和发展具有深远影响。

面对残酷的战争，古代兵家将更大的精力投入对制胜之道的研究和阐述上，用之指导战争，以赢得战争的胜利。古代兵家非常推崇智谋的作用，孙子说："凡战者，以正合，以奇胜"（《孙子兵法·势篇》）。张预注："两军相临，先以正兵与之合战，徐发奇兵，或捣其旁，或击其后，以胜之"。即用正兵迷惑敌人，而后出奇制胜。杜牧在注释《孙子》时说："先王之道，以仁为首；兵家者流，用智为先"。这深刻地揭示了孙子兵法乃至整个古代兵学崇智尚谋的基本特色。

在"奇"与"正"的对立统一中，中国兵法特别强调用奇的重要性。战争既是力量的争锋，也是智慧的博弈，"兵者，诡道也""兵无常势，水无常形"，战争没有一成不变的法则，聪明的统帅必须善于用奇，出奇制胜。正如孙子所说："善出奇者，无穷如天地，不竭如江河"。注重反常思维，讲究反常用兵，出奇制胜，构成中国军事思想的一个重要特色。在古今中外的战争史上，许多妙计破敌、出奇制胜的战例，至今仍为人们所称道。孙膑"围魏救赵"、韩信"破赵之战"等都是出奇制胜的典型战例，这些战例中所透射出的科学思维之光令人叹服。

3. 两汉时期的军事思想

(1) 西汉初期的军事思想

西汉立国之初，由于经过长期的战争，整个社会"满目疮痍"，经济遭受极大破坏，人口锐减，国库空虚，而且随后的政治形势也相当严峻。国内诸侯王各自拥有大片封地，手握重兵，实力日趋强大，甚至"自为法令，拟于天子"，与朝廷矛盾尖锐。边境受到异族威胁，特别是北边的匈奴，雄踞一方，"拥有控弦之士三十余万"。并虎视汉廷边境，入侵燕、代之地。因此，形成了汉代初期独特的军事思想——军事经济战略思想。[1] 西汉初期军事经济战略思想主要表现在以下四个方面。

①积粟输边。贾谊在给汉文帝上书时强调："夫积贮者，天下之大命也"。

---

[1] 赵兰香. 两汉军事经济战略思想初探［J］. 伊犁教育学院学报. 2005（3）.

国有积贮，“以攻则取，以守则固，以战则胜。怀敌附远，何招而不至?”若国无积贮，“卒然边境有急，数十百万之众，国胡以馈?”而要使国家有积贮，就必须“驱民而归之农，皆著于本，使天下各食其力”。晁错在向文帝上书时也强调了“守边备塞，劝农为和”“贵粟”“务农”的主张，并提出了具体方法，“今募天下人粟县官，得以拜爵，得以除罪。如此，富人有粟，农民有钱，粟有所渫”。“令民有车骑马一匹者，复卒三人。车骑者，天下武备也，故为复卒……令民入粟受爵至五大夫以上，乃复一人耳，此其与骑马之功相去远矣。爵者，上之所擅，出于口而亡穷；粟者，民之所种，生于地而不乏。夫得高爵与免罪，人之所甚欲也。使天下人粟于边，以受爵免罪，不过三岁，塞下之粟必多矣”。通过务农积谷、“入粟拜爵”的手段，达到积粟实边、加强边防物质基础之目的，这是一项具有重要意义的战略思想，因而被文帝采纳实施，产生了良好的效果。

②移民实边。为防御匈奴，晁错向文帝提出了徙民实边的建议。一是在边塞“要害之处，通川之澎，建立城邑，每个城邑安置移民”毋下千家；二是对徙边的移民，要“先为室屋，具田器”，提供居住及生产条件；三是愿意徙边的移民，凡有罪者，免其罪；无罪者，“赐高爵，复其家，而免除赋役”；四是对初迁的移民，“予冬夏衣，廪食，能自给而止”，等等。晁错的这些建议被采纳后，“使屯戍之事益省，输将之日益寡”，不仅有助于加强边境的防御力量，而且有利于安定社会秩序。

③发展养马业。汉初，经过秦末的战乱，社会经济残破，马的数量也大为减少。当时，“自天子不能具醇驷，而将相或乘牛车”“马至匹千金”。由于战马缺乏，不能组建骑兵，刘邦在白登山大受匈奴折辱。为扭转这种局势，汉文帝时，采用免役办法鼓励民间养马。景帝时又规定，禁止马匹出关，防止好马外流。同时还“益造苑马以广用”，扩大官营养马场的规模。据《汉旧仪补注》：“太仆牧师诸苑三十六所，分布北边、西边，以郎为苑监，官奴婢三万人，分养马三十万头”。经过文、景二代的努力，汉朝军马的生产走上了一个新的台阶，也为以后的战争胜利打下了坚实的基础。

④开放关市。自高祖刘邦“白登之围”后，汉廷深感军事实力暂时无法与匈奴争锋，因此对匈奴采取了忍辱退让政策，除了“和亲”政策外，西汉政府还“开放关市”，双方在边境进行贸易往来，来换取暂时的安宁。

(2) 西汉武帝时期的军事思想

通过汉初几十年的积蓄，至汉武帝即位后，汉王朝的经济、军事实力空前强大。为了消除边患，汉政府主动出击匈奴，对匈奴先后发动了三次大规模的战争。在主力伐胡的同时，汉武帝又大力从事边疆的拓展与开发，主要反映在“积极经营西域，征楼兰、伐大宛；派唐蒙通夜郎，开发西南；平定南越、闽越的叛乱；镇抚西羌；对卫氏朝鲜政权开战”。经过艰苦的开边战争，将早已同中原王朝存在广泛联系的许多边疆地区，置于汉廷的管辖与治理之下，从而使统一的多民族国家得到空前发展和巩固。

为了战争胜利和拓边的需要，汉武帝在军事经济方面采取了积极的措施。这一时期军事经济战略思想主要表现在以下六个方面。

①加强马政建设。马匹是古代中国富国强兵的重要标志之一，为适应边防战争的需要，汉武帝在西汉前期养马业兴起的基础上，加强马政建设，十分重视用马装备军队，发展骑兵。除了以国家名义征用民间私马、战争掠夺马匹外，还通过政策刺激吏民养马，以适应军马的需求。一是提高马价。汉武帝元狩五年，“天下马少，平牡马匹二十万”。如淳注曰：“贵平牡马价，欲使人竞蓄马”。此时由原来的每匹一至二万钱，定为匹二十万钱，旨在鼓励民间多养雄马，以资国家对军马的需求。二是卖爵得马。汉武帝规定：“除千夫、五大夫为吏，不欲者出马”。如淳注曰：“千夫、五大夫不欲为吏官者，令之出马也”。三是官马民养。元鼎四年，“令民得蓄边县，官假母马，三岁而归，及息十一”。李奇曰：“今令民能蓄官母马者，满三岁归之，十母马还官驹，此为息十一也”。允许人们在边县畜牧，官府借母马于民，三年归还一定数量的幼马，以补充官马的来源。四是亭养母马。即让封君和官吏按比例出母马，由亭繁息，国家从中征调子马。由于汉武帝重视马政建设，使得当时养马、用马规模空前，也使骑兵获得了突破性发展，成为与匈奴作战的主力。在解决国家军队马源的问题上，西汉以牧养、征集为主。

②边郡军屯。为保障战时军粮不乏，汉廷在边郡实行军队屯田，以便就地筹粮，减省转输之费，并借屯军增强边防战备力量。此举开始于武帝，行之于后世历朝。屯田是一种由国家经营的与军事有关的活动，屯田的生产资料及田卒的生活资料包括口粮、衣物，均由国家供给，所有屯田收获物全部上缴国库，赵充国在《屯田奏》中阐述军屯的战略意义时说：实行军屯，“以为武备，因田致谷，威德并行，一也；又因排折羌虏，令不得归肥饶之地，贫破其众，以成羌虏相叛之渐，二也；居民得并田作，不失农时，三也；军马一月之食，度支田士一岁，罢骑兵以省大费，四也；至春省甲士卒，循河湟漕谷至临羌，以示羌虏，扬威武，传世折冲之具，五也；以间暇时下所伐材，缮治邮亭，充入

金城，六也；兵出，乘危檄幸，不出，令反叛之虏窜于风寒之地，离霜露疾疫瘃之患，坐得必胜之道，七也；亡经阻远追死伤之害，八也；内不损威武之重，外不令虏得乘间之势，九也；又无惊动河南大开、小开使生它变之忧，十也；治湟中道桥，令可至鲜水，以制西域，信威千里，从枕席上过师，十一也；大费既省，徭役豫息，以戒不虞，十二也”。奏章的最后结论是“屯田得十二便”。屯田“内有亡费之利，外有守御之备”，对屯田的作用从理论上做了全面深入的论述，认为开展军屯是对敌威德并行，一举两得，不仅可以节省军费，减少徭役，而且可以保护当地居民的生产，有助于加强边防力量，迫使敌军不战而溃，具有重要的战略地位。

③盐铁佐边。为反击匈奴，解决财政困难，保障军费开支，汉廷实行了战时财经政策。桑弘羊提出，要想保障战争军费，必须广开财源，农商俱利，行盐铁、均输。他认为，“治家非一室，富国非一道”，除了“使民务农，还应发展工商业”。他说，“古之立国家者，开本末之途，通有无之用，市朝以一其求，致士民，聚万货，农商工师，各得所欲，交易而退……工不出，则农用乏；商不出，则宝货绝。农用乏，则谷不植；宝货绝，则财用匮。故盐铁、均输，所以通委财而调缓急也”。又说，“昔商君相秦也，内立法度，严刑罚，饬政教，奸伪无所容。外设百倍之利，收山泽之税，国富民强，器械完饰，蓄积有余。是以征敌伐国，攘地斥境，不赋百姓而师以赡，故利用不竭而民不知，地尽西河而民不苦。盐铁之利，所以佐百姓之急，足军旅之费，务蓄积以备乏绝，所给甚众，有益于国，无害于人”。正是基于这种思想，他协助汉武帝制定并实行盐铁专卖和均输平准制度，并推行以“赀以征赋”“算缗告缗”等战时经济政策，使国家的财政收入大量增加，为反击匈奴、统一边疆的战争提供了军费保障。

④大规模地开辟交通干线。为保证后勤补给的需要，汉武帝元封四年，修“回中道”。自汧、回中开始，伐山开道，以通肖关。又命汉中太守张卯主持修“褒斜道”，作者数万人，道五百余里。还命唐蒙、司马相如扩建“西南夷道”，凿山通道千余里，这些交通干线极大方便了军资的转输。

⑤扩大军费来源。汉武帝在位期间，战事多，规模大，军费开支庞大。当时的军费开支主要包括：养兵费，这主要是军官俸禄和在役士兵的衣粮供给，是用于满足军事人员物质生活需要的费用；武器装备费，它含武器装备的生产、保管和修缮费用；边防工程费，包括诸如坞垒、坞堡、驿站、亭障、障隧等工程的修筑和维修；战争费，包括军需物资的补给及装备消耗、军功赏赐费、安葬抚恤费以及归降费等。筹措军费的途径是征收算赋、口钱和更赋，这是每个

编户都必须承担的义务。其中算赋是对成年人征收的人头税；口钱是对儿童征收的人头税；更赋是“戍边三日”的代役钱。此外，在战时军费短缺时，政府还采取一些临时性措施，以扩大军费来源，其有“算轺车，算缗钱”“加口钱”“赀六畜”“入粟补吏”“卖武工爵”等[1]，以保证战时财政之需。

⑥加强军队的武器装备。武器装备是战争的工具，也是决定战争胜负的重要因素，为了战争的胜利，汉武帝注意加强军队的武器装备。除了组建骑兵团外，正式装备军队的各种武器也得到空前的发展，包括常备武器的制造、储备及管理，军用车船的制造，边塞守御装备、传令系统等，以保证军备的供应、更新，发挥武器装备的战斗性能。

（3）东汉时期的军事思想

东汉立国后，由于长期战乱和自然灾害，社会经济极度残破，尤以青、徐、兖、冀和三辅地区最为严重。光武帝采取了一系列恢复与发展社会经济的措施。例如招抚流亡，赈济贫乏；释放与禁止杀虐奴婢；假民或赋民公田；减省租赋以及精兵简政等。同时，为了防备边犯，保卫中原经济文化及汉廷的安全，加强边防设施建设。针对当时“边陲萧条，靡有孑遗，障塞破坏，亭隧绝灭”的情况，光武帝对边防设施进行了大量修复。例如建武十二年（公元 36 年），派遣杜茂“将众郡弛刑屯边，筑亭候，修烽燧”。建武十三年，“诏（王）霸将弛刑徒六千人与杜茂治飞狐道，堆石布土，筑起亭障，自代至平城三百余里”。建武十四年（公元 38 年），马武“屯常山、中山以备胡……又代膘骑大将军杜茂缮治障塞，自西河至渭桥，河上至安邑，太原至井陉，中山至邺，皆筑保壁，起烽隧，十里一候”。建武二十一年（公元 45 年），“遣中郎将马援、谒者分筑烽隧，保壁稍兴”，当时修复这些“亭障”“烽燧”“保壁”之类的目的，旨在保境安民。

考察两汉政府的军事经济战略思想，总体来说，国家经济建设是服务于军事、服务于战争的。但不同时期，在对经济和军事问题上其侧重点是不一样的。西汉初期，接秦之弊，为恢复生产、发展经济，统治者下令“军队复员”，对匈奴采取“和亲”“开放关市”政策，在“休养生息”“轻徭薄赋”政策下，人民得息养于田亩，由于战事较以前减少，军费开支相对下降，所以老百姓的负担较轻，生产积极性比较高，整个社会积累的物质财富多。汉武帝即位后，

---

[1] 赵兰香．两汉军事经济战略思想初探［J］．伊犁教育学院学报，2015，18（1）．

战争空前增多，军费开支空前浩大。例如元朔二年，因通西南夷道，筑卫朔方，转漕辽远，所“费数十百巨万”。元狩二年，浑邪王率数万之众来降，用去的赏赐费就不少，加上战争消耗，“是岁非凡百余巨万”。汉武帝为了支持战争的进行，将国家财政纳入战时轨道。一方面，垄断自然资源，实行盐铁官营；另一方面，又重赋予民，增加税收，所谓算缗钱、加口钱等税目接踵而来。当时，一切为了战争，军费支出达到了汉代的最高峰，结果“国库空竭”“天下虚耗”，民怨沸腾，农民反抗斗争时有发生。昭、宣之世，统治者“知时务之要，轻徭薄赋，与民休息”。四夷宾服，边境少事，军费支出呈现下降趋势。老百姓的负担减轻，生产积极性提高，社会经济得以恢复，出现了“昭、宣之治”。

王莽当政时期，由于土地兼并，政治腐败，使得社会矛盾迅速尖锐，内外战争接踵而至，军费开支狂增，人民负担加重。比如天凤元年，发巴蜀兵击“句町”，前后三年，“赋敛民财，什取五，益州虚耗”。沉重的负担使得农民起义不断，王莽政权很快垮台。东汉刘秀称帝后，吸取前朝教训，“精兵简政”，当时“天下少事，文书调役，务从简寡，至乃十存一焉”。军费开支再次下降，农民负担减轻，社会经济向前发展，出现了历史上少有的“光武中兴”。从和帝开始至东汉末年，阶级矛盾和民族矛盾急趋尖锐，国家进入多事之秋，军费的支出又不断上升。人民负担不断加重，最终酿成了黄巾起义的暴发，东汉政权名存实亡。两汉政府的军事经济战略思想，虽然在一定程度上加重了人民的负担，激化了社会矛盾，同时也促使社会经济得以不同程度的恢复和发展，赢得了战争的胜利，巩固了边防，加强了中原王朝同边疆地区的联系，使许多边疆地区置于汉廷的管辖与治理之下，统一的多民族国家得到空前发展和巩固，从而推动了各族人民的合作、进步与民族融合，而且对于沟通中外交通、促进中外的联系与交流等，都有着深远的战略意义。

4. 魏晋南北朝时期的军事思想

由于魏晋南北朝是我国历史上长期分裂割据、政权更迭最为频繁的时期之一，也是北方少数民族和汉族大同化、大融合时期之一，各割据势力之间、民族之间、统治阶级与被统治阶级之间的矛盾不断激化。长期的封建割据和连绵的战争使得这一时期的军事思想得到了极大的丰富和发展。[1] 该时期的军事思

---

[1] 石亚东. 魏晋南北朝时期的军事经济思想——以“曹操、诸葛亮、袁准”为例［J］. 合肥师范学院学报，2009（3）.

想主要表现在以下六个方面。

（1）“联盟战”的运用和发展

“联盟战”思想古已有之，三国最为典型。魏、蜀、吴，都有一批智囊人物，统帅都具有雄才大略。曹操很能干，诸葛亮在《后出师表》中称赞他，“曹操智计，殊绝于人，其用兵也，仿佛孙吴”。孙权一方也有智囊团，其代表人物是周瑜、鲁肃、陆逊等。刘备则有以诸葛亮为首的智囊团。三雄斗智的水平很高，联盟战运用的非常好。我们以赤壁之战为例，有关材料对战争本身记载并不多，最出名的就是谋略运用。当时曹操20万部队下江南，号称80万，把刘表集团降服以后，企图乘胜一举两克，消灭刘备和孙权。当时刘备已经很弱了，孙权降曹心不甘，抗曹又畏惧。在这种情况下，诸葛亮和周瑜透辟地分析形势，也掌握了孙权的心理状态，说服了孙权，建立了吴蜀联盟，取得了赤壁大战的胜利。两弱抗一强，避免了被各个击破的命运。荆州之战是三家围绕荆州这个战略要地，相互争夺。关羽北上打襄樊，攻魏防吴（当时诸葛亮的方略是联吴），他和吴国关系搞得很紧张，缺乏战略头脑。接着，吕蒙白衣渡江袭下荆州，抄了关羽的老家。关羽军心动摇，败走麦城。之后刘备报夷陵之战，是防魏攻吴。孙权出兵也是拉曹魏打蜀国。从中可以看出，蜀汉方面都是处在打一个防一个的态势中，最为失策。吴国是拉一个打一个，联曹魏打蜀汉，有所得益，荆州拿回来了，并争夺了一部分地区。曹魏破坏了蜀吴的联盟，支持他们打，坐山观虎斗，坐收渔翁之利。在三角斗争中，如何使用联盟战，利用各种矛盾强己弱敌，以最小的代价取得较大的效果，是值得研究的问题。

（2）战略的制定、运用已达到相当高的水平

在《隆中对》中，诸葛亮分析形势、制定战略方面，非常高明，充分展现了他料敌审视、因情定策的智谋。诸葛亮首先谈的是天下大势，他从政治、经济、军事、地理等方面分析了曹、孙、刘表、刘璋的强弱优劣等情况，认为曹操已经有百万之众，挟天子以令诸侯，诚不可与之争锋；孙权据有江东，已有三世，国险民附，贤能为之用，只能为援而不可图；荆州刘表、益州刘璋，势险地富，主弱，可图而成帝业。然后提出了“跨有荆、益，保其严阻，西和诸戎，南抚夷越，外结好孙权，内修政理，天下有变，则命一上将将荆州之军，以向宛、洛，将军身率益州之众，出于秦川……则霸业可成，汉室可兴矣”的一系列战略。这一分析是精当的，先后、敌友、内外、军政，层次清楚，见解

很高，成为制定方略的典型。刘备听了《隆中对》，豁然开朗，事实证明，按诸葛亮的方略，步步成功。后来关羽失去了荆州，刘备"以温而战"，夷陵之战，败名失地，都是违背了这一方略的结果。诸葛亮六出祁山时，虽出秦川，但荆州方面没有上将率兵向宛、洛，未能实现诸葛亮当初的设想，所以以失败告终。

（3）攻心战思想明确，运用巧妙

攻心战的思想，战国时就已提出来了。孙膑和齐威王就讲到了"凡伐国之道，攻心为上""务先服其心"。这些谋略的运用都要掌握敌人的心理状态，都有一个攻心的问题，诸葛亮定南中，马谡的建议是，"攻心为上，攻城为下，心战为上，兵战为下"。诸葛亮接受了这个意见，"七擒七纵"孟获，使他心悦诚服，这就是攻心之妙。晋灭蜀以后，对阿斗采取优待政策，使阿斗"此间乐不思蜀"。以后进一步采取"慰巴蜀之心""倾吴人之望"的怀柔政策，使吴国归附的人很多。

（4）阵图的发展和车战的一度复兴

古代的阵，体现了集团性力量的使用。"勇者不得独进，怯者不得独退"。如墙而进，如山而立，作为一个整体来运动。开始是单元的，后来发展为多元的。这时期又有发展，诸葛亮的"八阵图"是一个典型的阵图，比较复杂。64个小方块组成一个大方阵，后面还有游骑。宋代的《武经总要》和唐代李荃的《太白阴经》里都留下了诸葛亮"八阵图"的一些材料。另外，这时车战又一度复兴，主要是刘裕北伐南燕的时候，使用了4000辆战车。从秦以后，大量使用战车打仗已经不多见了，可这时又出现了一次。西晋的战争也用了一些，比如马隆伐西羌，改造成一种"偏箱车"，但正式作为车战就比较少了。车主要作为运输工具来使用，或为抵挡骑兵，偶一用之。唐朝曾经有人想把车战恢复，没有成功，一直到明代，在新的历史条件下另有发展，和火器结合使用。

（5）水陆攻战配合和城邑坚守防御

水陆配合作战。如晋灭吴，晋军分别从长江下游、中游、上游六路出兵。下游钳制，上游主攻，顺流而下，沿长江全线作战这是首次。在短短40多天里，涤荡长江3000里，攻克要城六七座，最后迫使孙皓投降，为后来的渡江作战提供了重要经验。

城邑坚守防御。当时社会战乱频繁，各地地主豪强、地方势力都各自组织武装，修垒、作坞、筑壁，以保护自己的乡里，出现人自为战、城自为战的情况。城邑坚守较成功的一个是东阳，一个是虎牢。特别是虎牢（今河南荥阳汜水镇），孤城坚守200天，是很出名的。虽说它后来因为救援的将领畏缩不前，失去战机被北魏打下来，但是它钳制了北魏很多兵力，说明利用城邑，采用各种方式，依靠民众，用地道依险进行坚守，是起作用的。有些城邑守住以后，便于全局的配合。

坚壁清野。南北朝时期，“壁万”“坞”比较多，“壁垒坚者不易攻，原野清者无所获”，以这种方式对付敌军，也能起作用。如后赵的皇帝石勒，部队出来以后，一无所获，军队饿肚子，只好另找别的出路。坚壁清野在这段时间用得比较多，比较出名。

（6）不拘一格选拔将帅

这一思想并不是魏晋南北朝时期开始的，但这时有它的特点。当时实行“九品中正制”选择人才区分为“九品”，由中正官负责选定。当时门第观念很重，“中正”不正，选来选去都是门第高的子弟当高品官。所以当时有种说法，“上品无寒门，下品无士族”。与这种腐朽的政治制度相反，有一些著名人物像曹操、诸葛亮、孙权、符坚都主张据才用人。曹操有一句名言，叫“唯才是举”，他是爱才的。他还认为，只要才能好，其他方面蹩脚一点也可以。于禁、乐进是行伍出身，张辽、徐晃是被俘的，都成为曹操的名将。南北朝时期的刘牢之、刘裕原来地位都是低微的，后来都成了重要人物。

5. 隋唐时期的军事思想

隋朝在整个历史上存在的时间较短，只经历了两个皇帝（存在39年），这样的时间比之唐朝280多年的历史，总让人们感到隋朝的地位远不如唐朝。但实际上，隋朝结束了魏晋以来长达300多年的分裂局面，开创了自秦汉以后的又一大统一的局面，为唐朝的繁荣奠定了基础，因此在讨论这一时期的军事思想时，一定要将两者放在一个时期内进行讨论。这一时期的军事思想主要体现在以下七个方面。

（1）独具代表性的军事著作《李卫公问对》

《李卫公问对》是唐太宗和将军李靖关于军事问题讨论的辑集。《李卫公问

对》是《武经七书》之一，继承了前人的军事思想而又有新阐发，主要是围绕夺取主动权，致人而不致于人来阐述用兵的原理法则，《李卫公问对》强调指出：兵法“千章万句，不出乎致人而不致于人而已”。它对古兵书中的“奇正观”做了比较全面深入的解释。奇正观点在《老子》里就有之：“以正守国，以奇用兵”。孙武又提出了“奇正”的用兵原则，但都没有更多的解释和阐发。而《李卫公问对》对此作了比较全面的解释，讲得比较清楚、深刻、系统，充实了内容，进一步发展了《孙子》以来的奇正思想。书中对攻守一法因情而用也有较好阐述，提出：“攻是守之机，守是攻之策”“同归于胜”。此外，对“示形”“分合”“虚实”以及古代的军制、阵法、兵书的源流都有所探讨，把不同说法加以澄清，并提出了独特的见解❶。

（2）军事著作《太白阴经》和《通典·兵典》

李荃的《太白阴经》中，论兵的内容很丰富。《太白阴经》基本是前代兵书典籍有关内容辑集，而有所阐发，强调人谋、刑赏，对于军队礼仪，各类攻防战具，驻防行军，以及战斗队形、阵法，军事公文程式，甚至人马医护、天文、物象观测都有涉及。里面存录了不少有价值的资料。杜佑写《通典·兵典》时，用了其中很多资料。《兵典》是《通典》的一个组成部分。《通典》本身是个类书，《兵典》也辑录了许多有关资料。每个军事思想原则按时间顺序记述各代的论述并辅以事例。

（3）“中外相维，重首轻足”“内重外轻”“居重取轻”的军事布局思想

历代中央政权的军事布局思想都是重内防、重京城、重要地，内外相连，内重外轻，便于控制。有时边地情况紧张时，外边也会加重一点，这属于特殊情况。唐朝府兵 657 府，而关内就有 128 府，占用数的 43%，占总兵力的一半稍弱。河东 164 府，河南（洛阳一带）74 府。其他各道，就比较少了。这样布局，既便于机动，又便于控制，这对于巩固中央政权，稳定皇权地位是有作用的。反之，王朝的统治则不稳。仍以唐朝为例，“安史之乱”前，节度使兵权加重了。节度使是从唐睿宗的时候开始的，当时边地设 10 个节度使，掌管了军事节制使、度支使和采访使的职能，即政治、军事、财政一手抓，形成尾大不掉的局面。“安史之乱”后，藩镇割据的情况就更严重了，唐宪宗时，全国总

---

❶ 王斌.《李卫公问对》及其军事思想研究［D］. 长春：吉林大学，2009.

兵力是 57 万，各节度使的兵力 40 多万。唐王朝直接控制的兵力只有 8 万。节度使拥兵自重，不听中央的招呼，唐王朝对付不了。后来采取“以藩制藩”的策略削藩，起到一些作用。但藩镇之间本身有利害关系，每削一藩，其他藩镇就要考虑自己。有时削一落而增一落，去一强又生一强。在利用矛盾上有一定作用，但不是根本办法。“安史之乱”以后，唐王朝军权旁落，再也没翻过来，一直到灭亡。所以，军事布局上中外相维，首重脚轻，内重外轻，居重驭轻，所谓居关中以临四方，是有一定道理的，也是古代封建王朝比较注重的一个思想。

（4）着眼主要战略目标，轻重缓急有所舍取

在战争之前制定战略目标在隋、唐几个战例里都有运用，包括唐高祖“乘虚入关中”“河东决策”，李泌“以两军絷四将”等。其中“乘虚入关中”之战：大业十三年（617 年）七月，李渊命李元吉留守太原，亲自率军 3 万，在西突厥兵协助下，向长安进发。长安代王杨侑派虎牙郎将宋老生、骁卫大将军屈突通抵御李渊。李渊南下逼近霍邑（今山西霍县），正赶上连雨，军队缺乏粮食，李渊、裴寂准备返回太原，李世民哭谏，他说：“现在正是收获季节，田野到处都是菽谷，何必担心粮食不够？如果遇到抵抗就班师撤兵，恐怕将士解体，大势已去”。李建成支持李世民的主张，也反对退回太原，李渊才同意与隋军在霍邑交战。战斗开始之前，李渊、李建成在城东列阵，李世民在城南列阵，太原兵初战不利，李世民从城南率骑兵直冲隋将宋老生阵，从背后夹击隋军。李渊与李世民合击，隋军腹背受敌，遭到惨败，宋老生被杀，霍邑被攻克。随后李渊相继攻克临汾郡和绛郡（今山西新绛县），进逼龙门（今山西河津市西北）。九月，李渊率兵围攻河东（今山西永济市），隋将屈突通固守，久攻不克。裴寂认为应不惜任何代价攻下河东，然后再进入关中，李世民则认为兵贵神速，应该直捣关中。这两种意见都有道理，如果不消灭屈突通而直接入关，那么前面有长安隋军，后面有屈突通援兵，李渊会腹背受敌；如果老是疲兵围攻河东，关中隋军就有充分时间组织有效抵抗，会失去战机。李渊权衡两种意见，各取其长，分兵两路，留诸将围攻河东，牵制屈突通，自己率领李建成、李世民大军攻取长安。李渊率军迅速渡过黄河，派李建成扼守潼关，阻挡关东隋军，李世民自渭北进入三辅，关中各支武装纷纷投降李渊，稳定了关中局势。

（5）据险养威，建立基地

李渊父子明确提出“据险养威”，占领“形胜”地，积蓄力量，伺机进退。

他们占据关中以后，经营关陇和汉中、河东，建立了一个好的根据地，然后出兵东下打洛阳，削平各股势力，统一了全国。这种思想在许多农民起义中就比较少见，例如唐末风云激荡的黄巢起义。

唐末农民起义领袖——黄巢，自从响应王仙芝聚众起义后，亲自率领的起义军纵横大江南北，几乎打遍全国，起义军先后渡过长江四次，黄河两次，屡屡突破唐军防线，占领了很多地区。但黄巢的起义军始终是流动作战，在占领了新的地区后，就把原有的地区放弃了，黄巢从来没有建立一个真正的农民起义根据地，这是黄巢起义失败的主要原因。因为没有建立根据地，黄巢的起义军只能打到哪里就在哪里吃住，后勤供给和兵源补充都成为问题。黄巢实在没有办法时，只好放纵士卒抢掠百姓，这样做虽然能解一时之困，但失去了民心，也失去了人民的支持。没有广大民众的支持，起义怎么可能成功呢？另外，因为没有根据地，黄巢在撤离长安后进退失据，没有明确的方向和目标，只能靠攻城略地来补充实力，继续进行流动作战。起义军战斗力虽强，但不可能每战必胜，一旦战败只能狼狈逃窜。当起义军近 300 天攻不下陈州时，军中粮尽，黄巢手下将士“掠人为粮，生投于碓硙，并骨食之”。但这种残忍的行为并不能挽回起义军失败的命运，只会加速其灭亡。

（6）城邑坚守，围城打报，轻骑急袭

关于城邑坚守，唐代有两个比较著名的战例。一个是李光弼守太原，一个是张巡的睢阳之战。睢阳之战发生在“安史之乱”中期，“安史之乱”中期，安禄山的叛军在扫平河北后，挥师南下，攻克洛阳，直逼潼关。同时派唐朝的降将令狐潮领兵四万进攻雍丘（今河南杞县）。雍丘附近有个真源县，县令张巡招募了 1000 余人，先行占领雍丘。叛军到后，张巡身先士卒，率兵直冲敌营，打退叛军。第二天，叛军又围上来，在城周围架设了百余门大炮。架梯登城。张巡命令士兵把野蒿浇上油，顺城墙往下投，又一次打退叛军。张巡领兵，或者趁叛军休息时出城猛冲，或者夜晚缒墙而下偷袭敌营。就这样，他率领雍丘将士坚守了 60 多天，戴甲而食，裹伤复战。打退叛军 300 多次进攻，杀伤叛军大半，使令狐潮不得不退兵。过了两月，令狐潮又领兵来攻雍丘。此时长安已经失守，玄宗逃往四川，雍丘军心动摇。城里六名很有声望的大将一起找张巡劝降，张巡佯作答应。第二天，张巡召集大家开会，堂上设天子画像，引这六将于前，责以大义，当场斩首。军心大振，誓言守城。叛军不断攻城，日子一久，城里的箭用尽。这天深夜，张巡命令士兵扎上千草人，裹以黑衣，用绳

子从城头吊下。叛军发现后，马上不断向草人射箭，直到天亮，才发现是些草人。待守军拉回草人，净得几十万支箭。第二天晚上，张巡选了500名死士，仍用绳子吊下城。叛军以为又是草人骗箭，笑而不理。于是这500人趁敌不备，直袭令狐潮大营，令狐潮来不及组织抵抗，几万叛军四下逃窜，一退十几里。令狐潮恼羞成怒，继续增兵，围住雍丘。又有一日，张巡手下大将雷万春在城头巡视，叛军看到，一起放箭，雷万春一不留神，脸上中了六箭。但为安定军心，岿然不动。令狐潮以为张巡又是拿个什么木头人来骗他，叫来探子一打听，大惊，在城下对张巡说道："向见雷将军，方知足下军令矣，然其如天道何！"张巡回答："君未识人伦，焉知天道！"命令将士出城猛冲，令狐潮忙逃，守军俘获叛将14名，杀死100多人，大获胜利。张巡守军不过1000多人，而叛军总在几万人。但就这样坚守了一年。直到张巡接到睢阳（今河南商丘）太守许远派人送来的紧急文书，说叛军大将尹子奇领兵13万，来攻睢阳，请他马上援救。张巡赶到睢阳，与许远兵合一处，不过6000余人。许远虽官职更高，但知道张巡善兵，就请张巡来指挥守城。虽说双方兵力悬殊，但张巡带兵坚守，和叛军激战了16天，俘获敌将60多人，歼灭两万多人，使尹子奇不得不退兵。

李世民围城打援的运用非常成功。打洛阳王世充的时候，唐军以10余万人攻城。王世充以五六万之众固守，双方都很艰难。王世充请窦建德出兵10万精锐来救援，对唐军很不利。当时一部分人主张退兵，李世民则根据当时情况，决定控扼要地，围城打援，最后打败了窦建德，回师又解决了洛阳问题，一举两克。轻骑追击也用得比较多。《孙子》中讲"穷寇勿追"，这是在一定情况下的原则。唐代是穷寇急追，乘胜而下，一举而下，一举而歼，不使它喘息，不使其死灰复燃，重整旗鼓。

（7）"穷兵黩武""毁戈牧马""兵权不一"思想的危害

隋文帝时，国力富强，天下储积可供十年之用。史书记载有些地方可用五六十年。唐贞观十年（636年）的一个报告里还讲到，国家（长安）府库隋朝留下来的东西还没用完，已经过去二三十年了。可见隋朝不能说不富。李渊起兵，用的是太原府里的兵甲、仪仗。李密瓦岗农民军夺取洛阳一带国库的粮仓，在那里发展起来，也是依靠隋朝的财富。隋王朝尽管财力雄厚，但是个短命王朝，主要原因是隋炀帝的暴政和穷兵黩武，对外用兵，对内讲排场。出巡时，军队有时十来万跟着他，宣耀武力，耗费很大。国家有些军事设施并没有用在军事上。穷兵黩武并不等于加强军队建设，相反使军队实际战斗力下降了。《贞

观政要》中魏征论述隋亡的经验教训，有一条就是“穷兵黩武”，当然还有其他原因。说明“国富”“穷兵黩武”，不等于兵强；兵不强，国富难久。

“毁戈牧马”，忘战必危。唐贞观、开元时期是发展时期，唐玄宗的后期，由于承平日久，军内不重武事，缺乏训练。史书上、兵书上叫“毁戈牧马”。搞生产是需要的，但不注重军事，国不知备，兵不知战，一旦变生，就没有办法应付。白居易的《长恨歌》里说：“渔阳鼙鼓动地来”，即指安禄山反唐，就没法抗击。战士素质很差，有些战士在城墙上听到攻城的鼓角声，吓得从城墙上掉下来了；有的将领望风披靡，不知所措。安禄山率众趁势而下，很快夺取了洛阳、长安，唐朝几乎灭亡。后来靠李光弼、郭子仪的部队经过很多曲折，才平息叛乱。古人讲的穷兵则亡，有道理；忘战必危，也有道理。“兵权贵一”，即军队是要高度集中统一指挥的，兵权不一，指挥紊乱，打不好仗。安史之乱的时候，九节度使围邺之战，参加的有名将郭子仪、李光弼等9个节度使，兵力20多万（号称60万）。安禄山之子安庆绪的兵力不足七八万，还有史思明的部分兵力。从兵力上讲唐王朝占优势，可结果唐军失败了，除李光弼和另外一个节度使的兵没受损失外，包括郭子仪在内，各部队都受很大损失。原因之一，就是没有统一指挥。唐肃宗认为，郭、李都是元勋，地位、威望不相上下，不好互相统属，没有任命一个最高指挥官，派了一个监军鱼朝思，而他又不懂军事。由于兵权不一，结果失败了。古代论兵常常把这件事作为一个典型的例子来说明兵权不一的危害。兵权贵一，将无帅则争，兵无将则乱，古今中外都是一个道理。

6. 两宋时期的军事思想

宋代军事思想的发展，大略而言，经历了四个阶段：宋初太祖、太宗、真宗三朝，北宋仁宗、英宗、神宗、哲宗、徽宗、钦宗六朝，南宋高宗、孝宗、光宗、宁宗四朝，南宋理宗、度宗、恭宗三朝[1]。

第一阶段：62年，是宋朝的建立和巩固时期，各种制度在此期间确立定型。宋初，承五代之后，统治者特别注意防止五代闹剧的再度上演，“事为之防，曲为之制”，采取了一系列措施，重建并加强了中央集权，并使之制度化、法律化。新的兵制在这一阶段建立、完善，对军队的控制加强了，各种严明的

---

[1] 张其凡．岳飞军事思想试探——兼论宋代军事思想的发展［EB/OL］．中国哲学网，2009－09－23.

纪律条文制定出来了，对将帅严加防范。于是，“将从中御”“右文抑武”，将帅与士兵不再能胶固在一起，必须机械地执行成命，兵书之类成为禁书，军事学术呈现萧条局面。这一阶段出现的兵书，寥若晨星。迄今可以考知的，前期主要有符彦卿《人事军律》3卷，后期主要有许洞《虎钤经》20卷，此外还有刘质《兵要论》，陈贯《形势》《选将》及《练兵论》3篇，胡旦《将帅要略》20卷，景泰《边臣要略》20卷，等等。

符彦卿的《人事军律》，从书名看，也是强调军纪的。晁公武《郡斋读书志》（袁本）卷3下载：“其序称：言兵者多杂以阴阳，殊不知往亡……此但述人事”。此书今已不存。胡旦、景泰之作，今已不传，内容不详，从书名看，是讲边防将帅须知的。[1]

第一阶段军事思想的发展，主要体现在现仍传世的《虎钤经》一书。该书撰者许洞，是宋代最伟大的科学家沈括的舅舅，其军事思想直接影响了沈括。《虎钤经》对《孙子》和《太白阴经》等军事著作的军事思想有所发展，主张“用兵之术，知变为大”。

第二阶段：前后105年，是宋代军事思想的重要发展时期。这一时期军事学术的发展，主要依赖于官府的提倡与鼓励。仁宗与英宗两朝，宋军与西夏多次交战，屡战屡败，西北困弊。朝野内外，有感于严重的西患，开始重视军事，研究军事。庆历三年（1043年）七月，诏殿前都指挥使李用和马军副都指挥使曹琮，选诸军班都虞侯以上善弓马、晓文字、堪将领者以名闻。十月，仁宗命曾公亮等人组织了一批学者，采集古代兵法、本朝军规、前人用兵史实及宋朝开国以来防守边境的计谋方略和阵法器具等，著文绘图，历时五个年头，于庆历七年（1047年）四月至六月间编成《武经总要》40卷。此外，宋仁宗撰有《神武秘略》10卷，“纂古今兵书战策及旧史成败之迹，类权谋、形势、阴阳、技巧凡四门三十篇”；王洙撰《三朝经武圣略》15卷，“奉诏编祖宗任将、用兵、防边事迹，分二十门”；张预撰《十七史百将传》10卷，“每传必以《孙子兵法》断之”。还有《兵法精义》《庆历军录》等书。这一时期的军事著作，以总结前人的军事经验为主，希望由此探索防御西北的正确的战略战术，扭转对夏作战的颓势。

为倡导学习武事，庆历三年（1043年）五月，在国子监设立武学，以培养军事人才。八月，武学被罢，愿习兵书者，可在国子监听读。天圣七年（1029

[1] 王军营. 北宋文人论兵与《何博士备论》诸问题研究［D］. 西安：西北大学，2009.

年）闰二月，诏置武举。九年（1031 年）五月，仁宗亲自在崇政殿试武举人。康定元年（1040 年）三月，举行大规模的武艺校试活动，中选者 181 人。此后到庆历三年（1034 年）建立武学，共有过 7 次武举，每次所取从不及 10 人到 50 余人不等。

宋神宗熙宁、元丰年间，王安石及其同党主持变法期间，军事学术呈现出繁荣局面，成为庆历以后的又一高峰时期。熙宁五年（1072 年）六月，在武成王庙重新设置武学，"生员以百人为额，选文武官知兵者为教授。使臣未参班与门荫、草泽人召京官保任，人才弓马应格，听入学。习诸家兵法，教授纂次历代用兵成败、前世忠义之节足以训者，讲释之。愿试阵队者，量给兵伍。具艺业考试等第推恩，未及格者，逾年再试。"对毕业后的责任，也作了具体规定。同时，颁布《武举试法》，规定武举的兵法、策论在秘阁，武艺在殿前司考试；殿试时，又试骑射及策于庭。八年（1075 年），诏：武举与文举进士，同时锁试于贡院。元丰元年（1078 年），立《大小使臣试弓马艺业出官法》，对各种考核成绩应授予的官职做了具体规定。这些武学的管理办法与武举的考试规定表明，武学、武举正式定制。这些制度多为后世所引用。元丰年间，神宗又命人校定《孙子》《吴子》等兵法七书，作为武学的统一教材，武举考试则尚以《孙子》《吴子》为重。

神宗时期的军事著作，主要有下列几种：校刊武学七书的武学博士何去非，撰有《何博士备论》一书，不分卷；张商英托名黄石公，撰《素书》1 卷；熙丰变法的主将之一吕惠卿，撰有《三略素书解》1 卷；结合西北战争的实践，王韶撰有《熙宁收复熙河阵法》3 卷；沈括、吕和卿等于熙宁八年（1075 年）上《修城法式条约》2 卷。

徽宗崇宁三年（1104 年）令诸州置武学，立《考选升贡法》。钦宗靖康元年（1126 年），诏：诸路有习武艺、知兵书者，州长贰以礼遣送诣阙，无限数，将亲策而用之。通直郎秦元著有兵书、阵图、师律三策、大八阵图一、小图二，"皆酌古之法，参今之宜，博而知要，实为可用。"诏令赐对。"当时君臣，虽无雄谋远略，然犹切切焉以经武为心"。

秦元的著作，并未传世。哲宗、徽宗、钦宗时期的军事著作，今所存且较为重要者，乃《百战奇法》一书，明代李贽称其"极用兵之妙，在兵家视之，若无馀策"。

在第二阶段中，有代表性、能够反映军事思想发展的著作，乃《武经总要》《何博士备论》《百战奇法》三部书。很凑巧，此三书正好分别成书于此阶段的前、中、后三个时期。

《武经总要》是一部研究军事理论和军事技术的综合性兵书，是迄今所存宋代分量最大的兵书，也是宋代最重要的官修兵书。此书对将帅问题和军事训练有专门论述，强调要重视将帅的选任与军队的严格训练；在作战的指导思想方面，指出："善制敌者，必先审于己"，在此基础上，"察彼之形势"，方能"以理击乱"；认识到军队内部的团结对取胜十分重要，强调要"千人同心"；注重以奇取胜，指出："奇非正，则无所恃，正非奇，则不能胜"。

《何博士备论》提出了"兵以义举"的战争观，重视以严格的纪律治军；指出在用兵作战时，"势""勇""智"三者中，"智"最为重要，要"以智用兵"，善于根据具体情况的变化而调整作战部署，方能掌握主动；指出对待兵法的正确态度，应是"不以法为守，而以法为用"。

《百战奇法》提出了重"教战"和"为将之道"的治军思想，指出："凡欲兴师，必先教战"，"为将之道"一要信任部下，二要有威严，三要对士卒有仁爱之心，四要有"割弃性命而战"的勇敢精神；提出了"以计为首""要在应变"的作战指导思想，主张"用兵之道，以计为首""兵家之法，要在应变"；还对攻守、主客、先后、进退、奇正、虚实、分合等问题有所论述，多有精辟见解。

第三阶段，包括南宋高宗、孝宗、光宗、宁宗四朝98年，是宋代军事思想发展的高峰时期。这一时期军事学术的发展，客观环境起了重要的促进作用，战争成为其雄厚之基础，官方则听之任之，未像第二阶段那样提倡与推动。

从北宋末年金军攻宋开始，宋金间的战争，绵延持续了约80年。尤其是前10年，战争尤为激烈频繁，金军铁骑纵横大江南北，南宋政权为生存而苦苦搏战。北宋亡国的惨痛，南宋立国的危机，现实生存的需要，使南宋朝野不能不分外关注军事，探讨军事理论，总结防御经验，论述江东必胜。于是，各类军事著作纷纷涌现，如王彦《武经龟鉴》20卷，"其书以孙子十三篇为主，而用历代事证之"；杨甫《制胜方略》30卷，述《左传》至隋唐用兵事迹。还有辛弃疾《美芹十论》，陈亮《酌古论》，陈傅良《历代兵制》，陈规、汤《守城录》，李舜臣《江东十鉴》，李道传《江东十考》，许学士《南北十论》，陈克、吴若《东南防守便利》，唐仲友《鲁军制九问》，钱文子《补汉兵志》，华岳《翠微北征录》等书。

在80年的宋金战争中，宋军经历了赵宋皇朝开国以来所未曾经历过的激烈而多样化的战斗。宋军主要采取防御的态势，有过黄天荡阻击战，陕州、和尚

原、饶风关、仙人关、顺昌等地的守城战，也有过襄阳、郾城、颍昌等进攻战，还有采石的防江作战。其作战规模之大、之多，战斗之激烈程度，都大大超越了宋军此前所经历的战斗。在实战中，一批将帅成长起来，活用兵法，指挥有方，有效地遏止了金军的攻势，并曾多次击败金军。这批将帅，包括岳飞、韩世忠、刘琦等人，岳飞是其中的佼佼者，他还留下了一批著作。

第三阶段的军事著作，较为重要的是《守城录》《历代兵制》《美芹十论》《酌古论》《翠微北征录》及岳飞的论著，这些著作反映了这一时期军事思想的发展。

《守城录》是我国第一部系统论述城市防御的专门著作，是成功的城市防御战的总结。它总结了在火炮应用于攻城作战以后，如何进行城市防御的理论和实践；主张变革旧的"城池之制"，增强城市防御炮击的能力，城市防御设施必须有利于对敌人进行反击；强调要充分发挥火炮在守城中的作用，以炮击抑制炮攻；主张善守，反对死守，应当守中有攻，攻防结合。

辛弃疾是曾经驰骋疆场的著名词人，他的《美芹十论》不仅仅是书生谈兵，而是有实战经验为基础的。在治军思想上，他强调"致勇""久任""合志并力"，主张激发将士的勇气和士气，提高战斗力，应当久任将帅，不轻易更换，要加强军队内部的团结，"合志并力，协济事功，则天下幸甚"。在作战的指导思想方面，他提出了"审其势""察其情""审宜先后"的原则，主张集中兵力，反对处处设防，认为应积极防御，以攻为守。

陈亮是南宋时的著名哲学家、文学家，史称其"喜谈兵，议论风生"。《酌古论》是陈亮青年时所著兵书，通过对19位历史人物的用兵作战经验教训的分析，提出了一些很有价值的军事思想。陈亮提出了"正义战争必胜"的思想。他认为，在作战指导中有两种"术"，实际上提出了现代所说的"战术"与"战略"的概念，主张从战略上把握全局，提出"善用兵者，因其势而利导之"，并对攻守、奇正等问题有所论述。

第四阶段，包括理宗、度宗、恭宗三个时期，共55年。理宗时期，权臣史弥远、史嵩之、丁大全、贾似道等人先后专权，朝政日坏，国运日衰。在蒙古铁骑的凌厉攻击之下，苦苦撑持了40余年后，南宋政权终于灭亡。孟珙、赵范、赵葵、王坚、张珏等将帅在战场上英勇善战，建立了赫赫战绩，但他们却并未能留下什么传世的军事著作。

这一时期引人注目的事件，是武学七书地位上升，在武学与武举中均将七书视为一体，其地位与权威性大大提高，遂有《武经七书》之称。陈振孙《直斋书录解题》卷12《李卫公问对》条即曰："今武举以七书试士，谓之武经"。自此以后，《武经七书》在武学典籍中具有了最崇高的地位，成为武将必读的经典著作。

7. 明代的军事思想

明代处于中国封建社会后期，中央集权的封建专制空前加强，封建经济进一步发展，生产技术水平提高，思想统治更加强化，实用之学兴起。这些对明代军事思想的形成和发展都有重要的影响。

明代的军事思想与以往相比，主要在以下四个方面对以往的军事思想有所补充、修正和阐发。

（1）战争观

明代军事家认为战争具有双重性，既有救民涂炭，除暴去苛，安定民生的一面，也有妨民残民的一面，因此主张用兵要慎重。[1]

明代军事家指出，制止战乱的发生有两种手段：一是加强武备，二是安定民心。"治兵然后可言息兵，讲武而后可言偃武""当天下无虞之时，而常谨不虞之戒"。只有大力进行军队建设才有可能不动用军队，只有大讲武备才有可能不动武。但仅仅靠武备是不够的，无论是反对外敌入侵，还是制止百姓"暴动"，安民是最重要的。安民是制止祸乱的根本。要用儒家思想教育百姓，使之皆出道化之下；要减刑罚，薄赋敛，使百姓能生活下去。所以"良吏优于良将，善政优于善战"。在和平时期，不可重文轻武，也不可重武轻文，文德教育有时比军队更重要。进行战争同样要注意两个方面：一是国家的财力，"国不富不可以兴兵"；二是民心，"民不和不可以合战"。在有的人看来，民心更加重要。人心不归，就是有众多的军队、贤能的将领，也不能获得战争的胜利，作战必须以得民心为本。

明代人对战争的认识，在前人认识的基础上有所深化。这主要表现在"兵能弭祸，亦能召乱"上。这个"召乱"，不是"好战必亡"的乱，而是多多少少看到了战争给百姓造成的灾难，从而引起的祸乱。在制止战争和进行战争的问题上，也多多少少考虑到了"民"，这恐怕是明代以前的人所不及的。

---

[1] 范中义．明代军事思想简论［J］．历史研究，1996（5）．

（2）军队建设方面

明代人在实践的基础上，总结出一套比较系统的军队建设理论。军队是由人和武器装备构成的，军人是由官和兵构成的。明代的军事家既注意练兵，又注重练将。

练将。“练将”一词过去人们没提到，尽管明以前已有培养训练将领的机构武学，但只提出了选拔和任用将领。“练将”一词的提出，本身就表明人们对培养训练将领认识的深化。在将领标准上，明代人不是泛泛地讲“智、信、仁、勇、严”，而是具体地提出将领应该正心术，立志向，做好人，要有忠君、卫国、保民、爱军、恶敌、光明正大、宽宏大量、廉洁奉公、实心任事、不妒贤嫉能、不刚愎自用的品质和作风；要精通兵法，熟悉韬略，具备善于节制、长于指挥的才干；要有广博的学识和明辨是非的能力；要有高超的军事艺术，熟悉各种兵器的使用并精通一二种。这些具体而实用的标准，既便于有志为将者去磨炼自己，也便于取将者选拔任用，为前人所不及。

在培养训练将领上，戚继光提出了既要读书，又要实践的主张。读书要广，既要读品德修养方面的书籍，又要读战策和广博学识的书籍。读书要心领神会，融会贯通，师其意不泥其迹。在读书的基础上还要“履夫实境”“置诸桴鼓实用之间”，以便熟悉己情、敌情和山川之形，学习运用兵法，增长才干；通过“实境”考察将领，然后根据德、才、识、艺的不同，委以相应的职务，这些又是发前人所未发。

在选拔任用将领上，强调“不以远而遗，不以贱而弃，不以仇而疏，不以罪而废”，不论门第，不求全责备，反对用世将，用私人；强调审之要严，用之要专，疑人不用，用人不疑，不监兵，不中制，使其充分发挥自己的才能。

练兵。首先贵在选兵，要选乡野老实之人，不用城市油滑之徒；要勇、力、捷、技具备，尤其注重胆气精神，其次是编制体制。为提高部队战斗力，强调军队的编制要与战斗队形的变化相一致。“习战之方莫要于行伍，治众之法莫先于分数”，一切阵法只在伍法中变化；军队要体统相维，大小相承，兵将相识，士兵要强弱一力，巧拙一心，生死一令，进展有度，虽退亦治，成为有节制之师。再次是训练，主张兵不贵多，惟贵精练。练兵要分强弱，因能别队，量材分等，随材异技；既要练耳、目、手、足，更要练胆练心；练胆气是练兵的根本，练心则气自壮。练胆，或强调“必先教技，技精则胆壮，胆壮则兵强”，或强调“身率之道”“倡忠义之理，每身先之，以诚感诚”，并以赏罚为辅助手段。注重思想教育，以儒家的孝悌忠信、亲上死长思想为重要内容。练兵时从难从严，要练实战真本领，禁绝“花法”；注重平时养成，“虽闲居坐睡嬉戏亦操也”。

这套具体而又系统的练兵方法，是前人未曾阐述过的。如真能按着这套办法去做，当时确实可以练出精兵。

武器装备。在武器装备方面，明代的一些军事家首先强调不断改善更新，使之优于敌人。徐光启认为有精兵而无精器以助之，是谓徒强；有人无器，人非我有。西方火器传入之后，更强调火器的重要，“大炮至猛至烈，无有他器可以逾之”。为此，要改造原有火器，制造新武器，求精求新。其次，强调各种性能不同的武器相互配合，长短相杂，刺卫（刺杀和防卫）兼合，远近兼授，相资为用。火器和冷兵器相配合，大中小船编在一起，攻击性武器和防御性武器相互补充。再次，强调武器与使用武器的人的正确结合。不同士兵的武器“皆当因其才力授习不同”，即让不同年龄、不同体格和素质的士兵使用不同的武器，充分彰显士兵的长处，从而充分发挥武器的威力。最后，强调灵活使用各种武器。长兵器要会短用，短兵器要会长用，以充分发挥武器的效能。

明代军事家们不仅看到了军队建设的各个方面，更可贵的是他们阐述了军队建设各个方面的关系。人和武器的关系，人是主导方面。“有精器而无精兵以用之，是谓徒费”“士兵立得脚跟定则拽柴可以败荆，况精器乎”。练将和练兵的关系，练将更重要。“必练将为重而练兵次之。夫有得彀之将而后有入彀之兵。练将譬如治本，本乱而未治者，未之有也”。将德和将才的关系，将德是第一位的。“不贵其有过人之才，而贵其有事君之忠”“材艺之美，必有不二之心，庶成其材”。练胆和练艺的关系，练胆是根本。“练胆气乃练之本也。”练心和练气的关系，练心更重要。气发于外，根之于心，练心则气自壮，等等。

以上这些关于练将、练兵、武器装备及其相互关系的论述，不仅谈及军队建设的各个方面，又指出了这些方面是互相联系、有主有次的整体，从而形成了关于军队建设的较为系统完整的理论。

(3) 边海防思想

明代始终面临着倭寇的海上入侵和北方民族的袭扰。在长期激烈的边海防斗争中，独具特色的边海防思想逐渐形成并趋于完善。

朱元璋建立明朝之初，对外采取了和平的方针，期于“与远迩相安于无事，以共享太平之福”。为了保卫和平，保卫刚刚建立的政权，采取了防御战略，不

发兵征讨他国；严加戒备，来则御之，去则不追。其后，边海防思想在斗争中不断充实。总的指导思想是外示羁縻，内修战守。所谓羁縻就是笼络、怀柔、安抚。但安抚是有条件的，是重政治安抚，剿抚兼施，“顺则抚，逆则剿，逆而又顺则又抚之，顺而又逆则又剿之”，以威慑其暴，以惠感其心。对海外国家，“来市则予之，来寇则歼之”，除盗不除商。所谓内修战守就是加强边海防建设，敌人来犯，能战能守。加强边海防建设要建立多层次的防御体系。边防，设险以守，守之于边墙，守之于旷野，守之于城堡。修边墙，建重兵；以边墙当其出没，以重兵当其长驱。海防，御之于海洋，御之于海岸，御之于内河，御之于城镇。大造舰船，发展水军，强调防之于海为上策，敌来则攻之，去则追之，屡来屡攻，屡去屡追，直至把敌歼灭。内和外的关系，强调内治，治理好国家，搞好战守准备，是巩固边海防的先决条件。战、守、和的关系，强调以守为本，战、守、和互相为用。要因其势，随其机，应其变，灵活运用三种手段，掌握主动权，达到防御的目的。这些思想发前人所未发，具有鲜明的时代特色。

（4）作战指导思想

明代的军事家和军事理论家对以往的作战指导原则不是盲目的信从，而是根据自己的实践对这些原则进行阐发或修正，从而使其得以发展。下面举几个例子，予以佐证上述观点。

关于攻守。攻与守是兵学中的一对范畴，明代人强调攻守结合。“攻之中有守，守之中有攻。攻而无守则为无根，守而无攻则为无干。”要求集武器配备、军事设施两种功能为一体，并由此引起作战方法的变化。戚继光抗倭时创建的鸳鸯阵就是集攻守为一体的典范。装备了火器的战车，行则阵，止则为营；进可以战，退可以守；又可以与步骑协同作战，御冲以车，卫车以步，骑为奇兵，共同对敌。城防，则要构筑城濠、牛马墙、城墙等多层工事，骑墙敌台要火力相交，要设附城敌台，以台护铳，以铳护城，以城护民。所以“车营，战中之守也；沿边台垣，守中之战也”。

关于虚实。明人阐述了“气虚”“气实”的概念。他们认为，不仅兵疲食少为虚，士卒离心，上下有隙也是虚，称之为“气虚”；不仅兵强积广为实，主将圣明，上下同心也是实，称之为“气实”。战斗的失败，往往是“气虚”所致。

关于奇正。明人对《孙子》和《李卫公问对》中讲的奇正多有补充和修正。《孙子》说："善出奇者，无穷如天地，不竭如江河。"明人补充道："更知善用正者，亦如天地之无穷，江河之不竭。"《李卫公问对》中说："善用兵者，教正不教奇。"明人指出："奇而不教，则号无以别，变何可施？孙子谓，奇正相生，循环无端，安有不教而能相生无端者耶?"《李卫公问对》中说："正而无奇，守将也；奇而无正，斗将也；奇正皆得者，国之辅也。""殊不知奇正原不可分，惟临时因用，始有奇正之名。若以用正、用奇，奇正皆得而分守将、斗将、国辅之别，则臣不敢服也"。明人关于奇正的基本看法是，奇正原来是不分的，只是在临用时才有奇正之分。用兵时，与敌人正面接触的部分就是正，其左右两翼即为奇，但也有正内之奇，奇内之正，无不可为正，无不可为奇。奇正的变化是根据临时指挥来决定的；善用奇正的变化，便可得知敌人的虚实；善用奇正的人使敌人不知是奇是正。

关于选锋。《孙子》说："兵无选锋曰北。"戚继光指出：平时不注重训练，有事之际，又复立名选锋，每哨队内抽其愿者、强者，凑合而发。咸知兵无选锋之虑，独忘临敌易将之危。人心忽更所属，行伍分离，上下易置，已难责成。他们强调，选锋应选于无警之日，非选于对垒之秋。一营之内未尝尽强而无弱，兵家亦未尝弃弱而不用。选锋要选其人未教之前而教之，再选于既教之后而用之。

关于拙速巧久。《孙子》说："兵闻拙速，未睹巧之久也。"明人指出："拙速巧久论恐未可拘，速而果拙，何贵于速，迟而果巧，何嫌于迟"，认为孙子的说法只适合列国相争的时代，而不适合于后来。

关于围师必阙。《孙子》说："围师必阙"。明人指出："攻围之法，不可执一也。如贼势大败，贼少我众，所围之处或山林人家又复狭窄，方可四面合围，必使一倪不返。如贼气方盛，我少贼众，或所围之处散阔，而我兵分守不足，必缺生路一面，分兵于去围十里之外，必循之路伏之。"这就指出了"围师必阙"是有条件的。

关于阵法。明代人对营阵的认识更深刻，指出营阵的基本原则是"所贵为奇正，有分合，利于相救，便于攻守"。

如此等等，不胜枚举。总起来看，明人对前人的军事理论，有的补充，有的修正，有的阐发得更全面。

第四部分 科技之根

（科技推动了人类物质文明的进步）

科学技术日新月异、迅猛发展，以前所未有的速度改变着人类社会的生产和生活方式，成为促进经济和社会发展的主导力量。中华民族的科技活动有悠久的历史，曾经为人类发展做出过巨大的贡献，并且在 16 世纪中期以前一直处于世界科技舞台的中心。早在距今 3300 多年以前的甲骨文中就有有关日食的记载。距今 2500 年以前的战国时期问世的《考工记》准确地记载了六种不同成分的铜锡合金及其不同用途。公元 1 世纪初期的西汉时期，中国人发明了造纸术，公元 105 年左右中国科学家蔡伦又改进和提高了造纸技术，从而使造纸技术在中国迅速推广开来。公元 3 世纪左右，中国人发明了瓷器，这一技术在 11 世纪传到波斯，由那里经阿拉伯于 1470 年左右传到意大利以及整个欧洲。到唐朝，中国科学家发明了火药，并在公元 9 世纪首次将其用于战争之中。在 11 世纪中期的宋朝，中国科学家发明的指南针和活字印刷技术得到了广泛的应用。15 世纪中期，中国医学家李时珍所著的《本草纲目》成为中国古代医学发展的集大成者。到此时为止，中国古代科学的发展达到了顶峰时期，四大发明已经先后登上了历史舞台。著名英国科学家李约瑟博士认为，中国“在 3 世纪到 13 世纪之间保持一个西方所望尘莫及的科学知识水平”，现代西方世界所应用的许多发明都来自中国，中国是一个发明的国度，如下表所示。

中国古代主要科技成就一览表

发明名称	发明者	发明时间
十进位制	源于甲骨文	公元前 13 世纪
冶铁	佚名	公元前 513 年
铜锡合金记录	源于《考工记》	公元前 4 世纪左右
针灸	源于《内经》	公元前 3 世纪左右
水力鼓风设备	杜诗	公元 31 年
造纸术	蔡伦	公元 105 年左右
瓷器	佚名	公元 3 世纪左右
浑天仪	张衡	公元 2 世纪初
《九章算术》	刘衡	公元 260 年左右
圆周率计算	祖冲之	公元 5—6 世纪
《齐民要术》	贾思勰	公元 533—544 年
火药	源于《梦溪笔谈》	公元 7 世纪
指南针	源于《梦溪笔谈》	公元 11 世纪初
活字印刷	毕昇	公元 1041—1048 年
《本草纲目》	李时珍	公元 1578 年

由于从明代 14 世纪 60 年代末开始，中国对外长期实行“闭关锁国”政策，影响了近代科学技术在中国的传播和发展，并使之处于相对停滞状态。与此同时，欧洲成为现代科学的发源地，生产力突飞猛进，科学技术获得迅速进展。中国逐渐拉大了与世界先进国家的距离。

放眼古今中外，人类社会的每一项进步，都伴随着科学技术的进步。尤其是现代科技的突飞猛进，为社会生产力发展和人类的文明开辟了更为广阔的空间，有力地推动了经济和社会的发展。中国的计算机、通信、生物医药、新材料等高科技企业的迅速增长，极大地提高了中国的产业技术水平，促进了工业、农业劳动生产率大幅度提高，有力地带动了整个国民经济的发展。实践证明，高新技术及其产业已经成为当代经济发展的龙头产业。

科学技术是人类文明的标志。科学技术的进步和普及，为人类提供了广播、电视、电影、录像、网络等传播思想文化的新手段，使精神文明建设有了新的载体。同时，它对于丰富人们的精神生活、更新人们的思想观念、破除迷信等具有重要意义。

第十二章　中西方古代科技的发展成就及对比

1. 古希腊、古罗马科技的发展

远古时期到公元前3世纪，西方科技发展中心在古希腊、古罗马。最早认识到科学技术与道德有联系的是古希腊数学家、天文学家泰勒斯，他看到了科学技术中蕴含的善的意义。在泰勒斯的雕像上刻有这样的铭文："去寻求一种唯一的智慧，去选择一种唯一的善"。这里"寻求智慧"与"选择善"是统一的，"寻求智慧"也就是寻求知识，包括寻求科学技术知识，这即是说寻求科学技术知识与选择善是一致的。毕达哥拉斯的"数是道德的根源"、苏格拉底的"美德即知识"、柏拉图的"善的理念是科学和真理的来源"、亚里士多德的"科学技术以善为目的"、德漠克利特的"原子是决定人生怡然自得和幸福的原因"、伊壁鸠鲁的"自然科学是人获得快乐的根源"和卢克莱修的"认识自然运动规律是理解幸福的前提"等观点说明这一时期的科技伦理思想自始至终都在探讨科学技术与道德的关系问题。

古希腊、古罗马的历法，萌芽状态的几何、进位制，青铜、铁器，雄伟的巨石和泥砖建筑独领风骚，它们所代表的科学技术也登上了西方古典时代的顶峰。

2. 古代西方科学的腾飞

公元476年，西罗马帝国灭亡，欧洲进入了封建社会。历史学通常把西罗马灭亡到1640年英国资产阶级革命这1000年称为中世纪，而科学史稍有不同，一般是指古希腊罗马文明结束到欧洲文艺复兴这1000年的时期，即大约是从公元5世纪到15世纪。

在这一时期，欧洲科学由于遭到基督教神学的压制和迫害沦为神学的婢女，任何揭示自然奥秘的科学思想只要不符合宗教教义都会被斥为异端邪说而遭到镇压。尤其是当基督教被立为国教以后，教会垄断了文化教育，垄断了整个精神生活。

教会这种一教遮天的特殊地位决定了它必然会敌视、压制以对自然的探索为己任的科学。其中最突出的证据就是藏书达70万册、珍藏着人类古代文化和科学知识的世界第一大图书馆——亚历山大图书馆曾两度遭到基督教徒的焚毁，以及由柏拉图创建、持续了900多年的古希腊学术大本营——柏拉图学院被封闭（公元529年），这标志着欧洲古典科学文化的终结和科学史意义上的欧洲“黑暗中世纪”的真正开始。❶ 直到11世纪十字军东征发现了古希腊文明以后，情况才有所改变。在这种社会环境下，科学知识难有生根发芽的土壤，科学研究和技术发明当然阻力重重、停滞不前。

由于欧洲在中世纪特殊的社会环境，使得科学技术不可能在这时期有大的发展，出现倒退也是不足为怪的。然而，即便如此，中国古代科学的落后、陷入桎梏甚至出现开始落后于西方的迹象，从13世纪就已开始了，因为此时中国人的思想和欧洲人相比已经远远落后了。

11世纪后期，意大利成立了欧洲历史上第一所正规大学，此后，欧洲各地相继出现了许多大学，如牛津大学（1168年）和剑桥大学（1209年）及巴黎大学（1200年）等。至14世纪末欧洲已有65所大学❷。这些大学成为当时学习和交流科学技术的专门学术机构，为欧洲科技起飞，也为近代科技在欧洲的产生准备了条件。从大学开设的课程来看，既包括人文学科，也包括自然学科，语法、修辞、逻辑、数学、几何、天文、音乐、法律、医学等一应俱全。在校学生多达千人，学制5~6年。这些大学同时也为欧洲的科技革命提供了主力军，文艺复兴运动的主将有2/3都是以上这些大学培养出来的，如达·芬奇、培根、哥白尼、塞万提斯、布鲁诺等。

而与此同时的中国高等教育还袭用以前的“程朱理学”“四书”“五经”千古不变，“农医天算”悉听君便，自然科学始终屈从于人的实用意图，不但起步较晚，而且时兴时废，完全掌握在统治阶级的手中。那时连办新式大学的想法都没有，这不能不说是一个差距。

---

❶ 徐继素，陈君慧. 世界通史［M］. 北京：中国戏剧出版社，2013.

❷ 潘永祥. 自然科学发展简史［M］. 北京：北京大学出版社，1984.

3. 中西方古代科技对比

古代东方有辉煌的四大文明——古埃及、美索不达米亚、古印度和中国，西方有灿烂的古希腊、古罗马文明。作为世界璀璨文明的两极，它们既有相同点也有许多不同之处，那么它们的根本区别是什么呢？

整体上来讲，西方古代的科技是形而上的，而中国古代的科技是形而下的。中国人重内省，西方人重外律；中国人重权谋，西方人重直线。西方由数理理论而推演研发很多先进的发明，而中国人是在发明创造的过程中解释世界理解自然。西方通过世界观和方法论来研究问题，有系统的科学思想和体系，像古希腊就有欧式几何，在工业革命前就有牛顿力学作为基础。而且西方哲学和自然科学一直是齐头并进，属于互为表里，而中国比起自然科学，显然是把哲学看得更重些，属于从属关系。

而中国的科学由于一直属于散点发现，所以一直没有很系统的体系。再加上中国一直注重儒学的思想，对于理工学科学习和投入的人很有限，所以流传也很难。

中国古代的科技一直是以“用”为目的，一切科学研究基本上都是为了生产生活。可以说中国古代科学很大部分都是工科范畴，此外还有农学医学等，纯算数也往往和天文历法有关，而天文学与农业息息相关。

古代西方科学技术的发展特点主要有以下几点：善于吸收与继承先进的科学文化，善于运用理性来探讨自然界的本质和规律，善于确立科学的研究方法及对其进行运用，善于运用逻辑将自然知识上升到科学的形态。而与之相比，中国古代的科技发展则有所不同，古代的中国人民拥有独特而实用的科学体系，并且由于社会因素而导致中国古代便形成了大一统的技术结构。

西方人崇尚理性，而中国人重视实用，民族性格所导致的差异很大部分体现在了科学的发展之上。古希腊的哲学家整天思考宇宙与生命的意义，而中国古代的墨子却毫不留情地嘲笑制造出能飞三天的木鸟的鲁班。然而在科技发展的速度上，古代中国确实领先于西方，公元前3世纪到13世纪科技发展的中心一直在中国。

秦汉时期的世界，科技的主要领域开始形成独立体系。中西方在科学上各有长短，东汉宦官蔡伦的造纸术，张衡的浑天仪、地动仪，“医圣”张仲景的《伤害杂病论》，华佗的“麻沸散”等创造发明突出，尤其是秦王陵兵马俑体现了我国科技发展的精湛水平。秦汉时期中国的科技和西方的科技各有特点，数学方面，中国形成了由《九章算术》奠基，以实用为特征的算法化体系；西方则形成了由《几何原本》奠基，以抽象空间形体关系的推导为中心的纯逻辑体系。天文方面，中国形成了精细观测、天文历法、比附人事（用自然的变化，推测、演变成人事变化移易的哲学思想，比如二十四节气、十二属相等就是在这个基础上产生的）的传统；西方则致力于构造宇宙模型的理论探讨，终于使托勒密地心说体系得以建立，它比中国盖天、浑天、宣夜三说更加完备并合理解释了当时人们所掌握的天象。物理学方面，墨子在光学与阿基米德在力学上各有成就，但后者在萌芽状态实验、量化处理和理论高度上优于前者。综合科学上，《墨经》与亚里士多德的系列著作相比略逊一筹。因此，总体上说这一时期的西方科学水平更高。然而，技术对比却是另一番形势：我国以大规模水利工程、农家肥、绿肥和改良农具为依托的农业技术足以与罗马相匹敌；金属冶炼业一举完成了自块炼铁经铸铁到炒钢的过渡，许多技术早于西方几百、上千年；医学上，希波克拉底和盖伦无论就理论的精深还是实践的效应来说都不能与扁鹊、张仲景、华佗相比；制造技术上，抛开农具、冶金、机械，中国的司南、地动仪、提花机、造纸术更是世界首创。就科技的综合水平而言，中国从汉代开始，科技发展水平已居世界前列。

因此，古代西方与中国的科技发展特点各有优劣，西方科学的逻辑性让西方国家在近现代快速崛起，而中国古代科学所提倡的实用性则为我们创造了灿烂的华夏文明。全面认识古代中国科技的成就，既要看到古代科技成就辉煌灿烂的一面，也要注意古代科技在内容和使用上的不足。

①中国古代科技重经验，西方近代科技重实验。中国古代科学从内容上看主要是经验的总结，缺乏理论探索和理性认识，还处于对自然界各种现象的描述阶段即感性认识阶段。而西方近代科学把系统观察和实验同严密的逻辑体系结合，形成以实验事实为根据的系统的科学理论。

②中国古代科技重综合，西方近代科技重分析。中国古代科技直接从现象中进行整体理论综合，只知其然，不知其所以然。西方近代科技善于分析，把分析的实践上升到科学方法论的高度再加以阐明，从而给近代科学理论提供有效方法和明确方向。

③中国古代科技重实用，西方近代自然科学重理论。中国古代科技实用性强，一般能直接满足人们的实际需要，却很少能用逻辑方法对这些经验材料进行整理，做出理论概括和分析。西方近代自然科学则恰好相反，更加注重科学

理论的探究和分析。

④中国古代科技服务于农业，西方近代科技主要服务于工业。中国科技领域主要是应用科学，科学技术是建立在手工生产的基础上，基本上是经验的产物，没有上升到理论高度，科学研究仍主要是采取传统的整理典籍和总结经验的方法。西方科技与机器大生产密切相连，理论研究为主，是科学实验的产物。大多数科学家的研究采用观察、实验以及数理逻辑推导的方法。16 世纪中西科学在内容上和研究方法上的差别，正是近代科学与传统科学在本质差异上的具体表现。具体原因有以下四个方面。

一是社会经济发展方面的差异。西方在社会生产力的提高下，资本主义产生并得到发展；而中国是分散落后的小农经济。

二是文化教育方面的差异。早在 13 世纪，西欧各国便产生了一些综合性大学；而中国的教育制度完全是为了培养皇权专制的奴才，以儒学为教育内容，脱离社会实际。

三是思想文化状况的差异。中国从秦汉时期就实行严厉的文化专制主义制度，明清时期更是登峰造极；而西方则经历了文艺复兴运动及宗教改革的思想解放。

四是政治方面的差异。中国的封建专制极力限制和阻挠资本主义发展；西方的专制王权奉行重商主义等措施，客观上有利于资本主义发展，从而推动了近代科技文化的发展。

中国古代科技曾经走在世界前列，一度被称为“发明和发现的国度”。除四大发明之外，还有众多世界之最，例如，东汉的《九章算术》，采用了当时世界上最先进的十进位值制记数法，这本书也是当时世界上最先进的应用数学著作；再如，中国古代天象观测记录，是世界上公认最悠久最系统的。纵观古代中国的科技成就，比较重视实践经验的总结，而轻视理论的概括和抽象。因此，中国文化具有强调实用技术、忽视抽象科学的倾向。从中国传统学术中的实用之学如农学、医学、地学、天文历算之学等有比较突出的成就中，就反映了这一特点。西方的亚里士多德就以科学调查的方式研究自然界，创建了严密的逻辑论证系统。同时，这些科技成就与农业及其人与自然的和谐密切关联，发达的应用数学、天文测量及其系统的农学都与农业文明息息相关，而发达的中医学及其中药学研究也在一定程度上体现了人与自然和谐相处的人生态度，正与儒家“天行有常”“天人合一”的理念相契合。

第十三章 中国古代科技的运用与转化

我国古代科技的高峰时期为宋代，历史上宋朝的声威远逊于唐朝，但就科学技术而言却达到了中国古代历史上的高峰，有人说，唐代是人文主义的，而宋代则偏重科学技术方面。宋代雕版印刷对后世影响很大，今日盛行宋体与仿宋体即为明证，宋代相继出现铜版印刷、活字印刷，其中活字印刷是世界印刷技术史上最重要的发明。宋代航海事业的发展，最终促使了指南针的发明和广泛应用。宋代地理学取得突出进步，地志的编写风行全国，《太平寰宇记》《元丰九域志》等全国总志相继问世，郡县志更是不胜枚举。宋代地图制作也是空前繁荣，传世地图中，“淳化天下图”“华夷图”“禹迹图”都各有千秋，中国最早的印刷地图是南宋程大昌的《禹贡山川地理图》。宋代还是南方水田耕作技术体系的形成时期，出现了中国最早的水稻品种专志《禾谱》，作者是北宋曾安仁；宋代最有名的农学著作是陈旉的《陈农书》。宋代出现了许多动植物专谱，著名的有欧阳修《洛阳牡丹记》，范成天《梅谱》等，苏颂的《本草图经》是现有最早的动植物形态专著，宋代还出现了人体解剖形态图，即吴简的《欧希范五胜图》。宋代医学全面发展，两宋有药物学著作 80 余部，如以唐《新修本草》为底本，编成的《开宝重定本草》等书。除官修本草外，四川还出现两本重要的本草著作，一是陈承的《重广补注神农本草并图经》，二是唐慎微的《经史证类备急本草》。后者是继陶弘景《本草经集注》、唐《新修本草》之后本草学的第三次重大总结。另外，宋慈的《洗冤集录》代表了当时世界法医学的最高水平，也是最早的法医学著作。北宋成书的《河防通议》对黄河水势做出了系统总结，沈括的《梦溪笔谈》首次讨论了流水的搬运、堆积作用。11 世纪上半叶贾宪著的《黄帝九章算经细草》是北宋最重要的数学著作，秦九韶的《数学九章》是南宋最杰出的数学著作。杨辉是南宋著名数学家和教育家，也是元以前传世著作最多的数学家。沈括是宋代也是中国历史上杰出的科学家，他的综合性学术著作《梦溪笔谈》26 卷，涉及数学、天文历法、地理、地质、气象、物理、化学、兵器、水利、动植物及医药等许多领域，反映了当时的科技水平，被美国著名的学者李约瑟称为“中国科学史上的里程碑”，

沈括本人则被称为“中国整部科学史中最卓越的人物”。宋政权高度重视农桑生产，著名的蚕桑著作有《耕织图》和《蚕书》。《营造法式》是中国古籍中最早的一部建筑技术专著，为北宋李诫编修，它以图样和文字记录了宋代建筑的修造法规，佐以宋代实物，可知宋代建筑技术已达相当高的水平。

我国古代科技源于生活，而生活需要各种实用技术。造纸、印刷、纺织、陶瓷、冶铸、建筑等中国人引以为豪的发明创造无不带有鲜明的实用烙印。

1. 古代科技在天文领域的运用与转化

历法与天文学的发展是紧密相连的，中国是世界上天文学产生最早的国家之一，也是最早有历法的国家之一。远在5000多年前，中国就有了《阴阳历》，每年366天。商代（公元前1600年—公元前1066年）时期，已有专门的官员负责天文历法，当时采用的是《阴阳合历》，将闰月放在岁末，称为“十三月”。西周（公元前1066年—公元前771年）时期，天文学家用圭、表测量日影，确定冬至、夏至和一年的二十四个节气，来指导农牧业生产。下面以日晷为例介绍中国古代天文方面的科技成就。

日晷是我国古代利用日影测得时刻的一种计时仪器，通常由铜制的指针和石制的圆盘组成。铜制的指针叫作“晷针”，垂直地穿过圆盘中心，起着圭表中立竿的作用，因此，晷针又叫“表”，石制的圆盘叫作“晷面”，安放在石台上，呈南高北低，使晷面平行于天赤道面，这样，晷针的上端正好指向北天极，下端正好指向南天极。在晷面的正反两面刻画出12个大格，每个大格代表两个小时。当太阳光照在日晷上时，晷针的影子就会投向晷面，太阳由东向西移动，投向晷面的晷针影子也慢慢地由西向东移动。于是，移动着的晷针影子好像是现代钟表的指针，晷面则是钟表的表面，以此来显示时刻。

由于从春分到秋分期间，太阳总是在天赤道的北侧运行，因此，晷针的影子投向晷面上方；从秋分到春分期间，太阳在天赤道的南侧运行，因此，晷针的影子投向晷面的下方。所以在观察日晷时，首先要了解两个不同时期晷针的投影位置。

2. 古代科技在医学领域的运用与转化

在我国古代科学的各分支中，未被近现代科学所融汇，且至今仍有强大生命力的，唯有传统的中国医药学。其之所以能够如此，原因之一是它拥有自己的理论、方法和内容，即形成了一套完善的科学体系。中国古代科学的其他分支，虽然也有各具鲜明的中国特色，也可说是各有体系，但与中医药学相比较，都不如它那么完整和完善。下面以我国古代外科方面的成就为例介绍古代医学的发展历程。

我国外科学具有悠久的历史。《周礼》记载的医学分科中，已有相当于外科医生的“疡医”，负责治疗肿疡、溃疡、金疡、折疡一类外科疾病。这说明外科在我国周代已发展到一定水平，否则是不会有专科医生出现的。成书于春秋战国时期的理论专著《内经》，对外科病的诊治已有不少宝贵论述。长沙马王堆三号汉墓出土的帛书《五十二病方》，是和《内经》同时或更早出现的一部外科专书，已对破伤风、疥疮、狂犬病、痔瘘、漆疮等许多疾病有所认识和论述。特别是设计制造了用新鲜犬“膀胱吹气法”，使内痔充分暴露于手术时医生的视力所及范围之内，以及用结扎切除等手术治疗痔核，用搔爬术治疗瘘管，用葫芦加工造成疝气罩以治疗疝气等，都是十分突出的成就。秦汉以后，外科名医辈出，先进的科学技术，专门的论著，杰出的手术病例，不断出现，有些在世界上曾处于领先的地位。

3. 古代科技在数学领域的运用与转化

根据史书的记载和考古材料的发现，古代的算筹实际上是一根根同样长短和粗细的小棍子，一般长为 13 ~ 14cm，径粗 0.2 ~ 0.3cm，多用竹子制成，也有用木头、兽骨、象牙、金属等材料制成的，270 多枚为一束，放在一个布袋里，系在腰部随身携带。需要计数和计算的时候，就把它们取出来，在桌上、炕上或地上都能摆弄。别看这些都是一根根不起眼的小棍子，在中国数学史上它们却是立有大功的，而它们的发明，也同样经历了一个漫长的历史发展过程。

在算筹计数法中，以纵横两种排列方式来表示单位数目的，其中 1 ~ 5 均分别以纵横方式排列相应数目的算筹来表示，6 ~ 9 则以上面的算筹再加下面相应的算筹来表示。表示多位数时，个位用纵式，十位用横式，百位用纵式，千位用横式，以此类推，遇零则置空。这种计数法遵循十进位制。

算筹的出现年代已经不可考，但据史料推测，算筹最晚出现在春秋晚期战国初年（公元前 722 年—公元前 221 年），一直到算盘发明推广之前它都是中国最重要的计算工具。所谓十进位制，又称十进位值制，包含有两方面的含义。其一是“十进制”，即每满十数进一个单位，十个一进为十，十个十进为百，十个百进为千……其二是“位值制”，即每个数码所表示的数值，不仅取决于这个数码本身，而且取决于它在记数中所处的位置。如同样是一个数码 2，放在个位上表示 2，放在十位上就表示 20，放在百位上就表示 200，放在千位上就

表示2000……在我国商代的文字记数系统中，就已经有了十进位值制的萌芽，到了算筹记数和运算时，就更是标准的十进位值制了。

按照中国古代的筹算规则，算筹记数的表示方法为：个位用纵式，十位用横式，百位再用纵式，千位再用横式，万位再用纵式……这样从右到左，纵横相间，以此类推，就可以用算筹表示出任意大的自然数了。由于位与位之间的纵横变换，且每一位都有固定的摆法，所以既不会混淆，也不会错位。毫无疑问，这样一种算筹记数法和现代通行的十进位制记数法是完全一致的。

中国古代十进位制的算筹记数法在世界数学史上是一个伟大的创造。把它与世界其他古老民族的记数法作一比较，其优越性是显而易见的。古罗马的数字系统没有位值制，只有七个基本符号，如要记稍大一点的数目就相当繁难。古美洲玛雅人虽然懂得位值制，但用的是20进位；古巴比伦人也知道位值制，但用的是60进位。20进位至少需要19个数码，60进位则需要59个数码，这就使记数和运算变得十分繁复，远不如只用9个数码便可表示任意自然数的十进位制来得简捷方便。中国古代数学之所以在计算方面取得许多卓越的成就，在一定程度上应该归功于这一符合十进位制的算筹记数法。马克思在他的《数学手稿》一书中称十进位记数法为“最妙的发明之一”。

4. 古代科技在农业技术领域的运用与转化

我国是个伟大的文明古国，在农业和手工业方面曾有过许多重大的发明和创造，但在浩如烟海的文化典籍中，却无一部全面反映农业、手工业生产技术的书。《考工记》一书的内容虽比较丰富，但它反映的主要是先秦时期的百工技艺，有关农业生产技术则涉及较少。《天工开物》则承上启下：一是既全面系统，又深入细致；既有一般性介绍，又重点突出。无论在广度还是深度上，都均非其他古代技术专著可以比拟。二是重视实践，以实带虚，全书以描写生产过程、介绍技术要点为主，绝少空发议论。间有议论时，也是言简意赅，精辟之至。三是重视各种事物间的数量关系，及其所引起的质量变化。作者在书中经常使用一些数字比例来说明问题。四是坚持从客观事物的内部去寻找事物变化的客观规律。五是具有批判精神，对一些不正确看法，能依据自己的调查研究，重新做出判断。六是重视人的自然属性，较好地阐述个人在自然界中的地位。认为人是不能永远活着的，在这短暂的一生中，要靠五谷来维持生命，但五谷不能自生，要靠人去种植。

《天工开物》一方面继承和发扬了前人的优秀成就，另一方面也有许多新的研究成果。它的主要技术成就有以下十点。

第一，在作物分类学上提出了一些新的方法和标准，且与今人之分类法十分接近。如它把古代农业归纳成了乃粒、乃服、彰施、粹精、甘嗜、膏液、曲蘗7个大类，这在先世或者同时代的其他农书以及本草类书中是不曾见过的。该书还把水稻排到了五谷之首，稻下又分出了水稻、旱稻，麦下又分出了大麦、小麦，并指出了荞麦非麦。这些分类方法，给人一种眉目清秀之感。

第二，在水稻栽培技术上，较早地阐明了秧龄和早穗的关系。它首次记述了再生秧技术，以及冷浆田中用骨灰、石灰包秧根的技术，这对于提高粮食作物的产量具有十分重要的意义。它还最先记述了早稻在干旱条件下变异为旱稻的问题，从而在世界生物变异理论上写下了光辉的一页。

第三，在麦类栽培管理技术方面，最先指出了以砒霜拌豆麦种子以作防虫杀虫之法，最先指出了荞麦的吸肥性。

第四，在养蚕技术上，最先记述了利用“早雄配晚雌”的杂交优势来培育新品种的方法，并指出了家蚕“软化病”的传染性，指出“需急择而去之，勿使败群”的处理方法。

第五，较早记述了山羊绒可用于织造之事。

第六，在金属冶炼方面，空前绝后地记述了串联式炒炼法，较好地记述了明代灌钢工艺的发展，首次记述了今俗称为“焖钢”的箱式渗碳制钢工艺，最早记述了火法炼锌的操作方法。

第七，在铸造技术上，最早以图文并茂的方式记述了大型器物的铸造工艺，较早图示了活塞式鼓风箱的使用情况。

第八，在金属加工方面，最早明确地记述了响铜的合金成分以及有关响器的成型工艺，最先记述了铁锚锻造工艺、钢铁拉拔工艺，以及一种叫作生铁淋口的特殊化学热处理工艺，较早地详述了金属复合材料技术的基本操作。

第九，煤炭技术方面，较早对煤进行了分类，较早记述了煤井排除瓦斯的方法。

第十，化工技术方面，最早记述了银朱生产过程中的质量互变关系，可认为这是“化合物”观念和“质量守恒”观念的萌芽。

《天工开物》一书在崇祯十年初出版发行后，很快就引起了学术界和刻书界的注意。明末方以智的《物理小识》较早地引用了《天工开物》的有关论述。在明代末年，就有人刻了第二版，准备刊行。大约17世纪末年，它就传到了日本，日本学术界对它的引用一直没有间断过，早在1771年就出版了一个汉籍和刻本，之后又刻印了多种版本。19世纪30年代，有人把它摘译成了法文之后，不同文版的摘译本便在欧洲流行开来，对欧洲的社会生产和科学研究都产生过许多重要的影响。如1837年时，法国汉学家儒莲把《授时通考》的

"蚕桑篇",《天工开物·乃服》的蚕桑部分译成了法文,并以《蚕桑辑要》的书名刊载出去,马上就轰动了整个欧洲,当年就译成了意大利文和德文,分别在都灵、斯图加特和杜宾根出版,第二年又转译成了英文和俄文。当时欧洲的蚕桑技术已有了一定发展,但因防治疾病的经验不足等而引起了生丝之大量减产。《天工开物》和《授时通考》则为之提供了一整套关于养蚕、防治蚕病的完整经验,对欧洲蚕业产生了很大的影响。著名生物学家达尔文亦阅读了儒莲的译著,并称之为权威性著作。他还把中国养蚕技术中的有关内容作为人工选择、生物进化的一个重要例证。据不完全统计,截至1989年,《天工开物》一书在全世界发行了16个版本,印刷了38次之多。其中,国内(包括中国大陆和中国台湾)发行11版,印刷17次;日本发行了4版,印刷20次;欧美发行1版,印刷1次。这些国外的版本包括两个汉籍和刻本,两个日文全译本,以及两个英文本。而法文、德文、俄文、意大利文等的摘译本尚未统计在内。《天工开物》一书在一些地方长时期畅销不滞,这在古代科技著作中并不是经常看到的。

5. 古代科技在冶金铸造技术领域的运用与转化

我国古代冶金铸造技术的杰出成果应当首推"司母戊大方鼎"。司母戊大方鼎是殷代青铜器的代表作,它是中国出土的最大的青铜器。司母戊大方鼎高1.33m,重875kg。从外观上看,司母戊大方鼎腹壁宽厚像墙,宽大肥厚的耳朵装饰猛虎咬人的纹样,鼎体四周是雷纹,四角是兽面纹,腹壁上铸着"司母戊"铭文,整个造型给人一种威武的感觉。它是1939年3月在中国中部河南省安阳侯家庄一个农田中被发现的。当时,正值中日战争,村民们恐其被日军掠夺,又把它重新埋入地下,1946年6月再次被挖出,可惜已经丢失一只耳朵。1959年,中国历史博物馆建馆时,将司母戊大方鼎运到首都北京珍藏。

从司母戊大方鼎的铭文中可以推断,这件器物是商王为祭祀他的母亲铸造的。司母戊大方鼎充分显示了殷代青铜器的冶铸水平,从铸造痕迹上看,司母戊大方鼎是用20块模子一同铸成,这不仅反映了当时青铜冶铸工场的宏大规模,也反映了当时组织生产和管理生产的高超水平。司母戊大方鼎在很多方面都有很高的成就,冶铸专家看到的是古代铸造工艺的发达,美术工作者从鼎的纹饰中总结出绘画语言精华,史学家发现了重要史实的实物证据,而书法家强调殷代文字的艺术价值。的确,中国的青铜器,就是一部百科全书。

6. 古代科技在航海技术领域的运用与转化

航海罗盘是我国古代航海技术的一大成果，指南针也叫罗盘针或司南，是我国古代发明的利用磁石指极性制成的指南仪器。早在战国时我们祖先就了解并利用磁石的指极性制成了最早的指南针——司南。战国时的《韩非子》中就提到用磁石制成的司南，东汉思想家王充在其所著《论衡》中也有关于司南的记载。司南由一把“勺子”和一个“地盘”两部分组成。司南勺由整块磁石制成，它的磁南极那一头琢成长柄，圆圆的底部是它的重心，琢得非常光滑。地盘是个铜质的方盘，中央有个光滑的圆槽，四周刻着格线和表示 24 个方位的文字。由于司南的底部和地盘的圆槽都很光滑，司南放进了地盘就能灵活地转动，在它静止下来的时候，磁石的指极性使长柄总是指向南方。这种仪器就是指南针的前身，由于当初使用司南必须配上地盘，所以后来指南针也叫罗盘针。

在制作中，天然磁石因打击受热容易失磁，磁性较弱，所以司南不能广泛流传。到宋朝时，有人发现了人造磁铁。钢铁在磁石上磨过，就带有磁性，这种磁性比较稳固不容易丢失。后来在长期实践中又出现了指南鱼。对指南鱼再加以改进，把带磁的薄片改成带磁的钢针，就创造了比指南鱼更进一步的新的指南仪器。把一支缝纫用的小钢针，在天然磁石上磨过，使它带有磁性，人造磁体的指南针就这样产生了。指南针发明后很快就应用于航海。世界上最早记载指南针应用于航海导航的文献是北宋宣和年间（1119—1125 年）朱彧所著的《萍洲可谈》（成书略晚于《梦溪笔谈》），朱彧之父朱服于 1094—1102 年任广州高级官员，他追随其父在广州住过很长时间。该书记录了他在广州时的见闻，当时的广州是我国和海外通商的大港口，有管理海船的市舶司，有供海外商人居留的蕃坊，航海事业相当发达。《萍洲可谈》记载着广州蕃坊、市舶等许多情况，记载了中国海船上航海很有经验的水手。他们善于辨别海上方向：“舟师识地理，夜则观星，昼则观日，阴晦则观指南针”，这表明当时舟师已能掌握在海上确定海船位置的方法，也说明我国人民在航海中已经知道使用指南针了。这是全世界航海史上使用指南针的最早记载，我国人民首创的这种仪器导航方法，是航海技术的重大革新。指南针应用于航海并不排斥天文导航，二者可配合使用，这更能促进航海天文知识的进步。

第十四章　中国古代科技的发展历程、特点及衰败原因

1. 中国古代科技发展总体概况和特点

中国是一个有着悠久历史的文明古国，中华民族的勤劳智慧为国家带来了很多成果。在封建社会早期和中期，中国科学技术处于世界领先地位，许多有重要跨越性意义的科学技术，都是中国最早发明和使用的。四大发明，即造纸术、指南针、火药和印刷术，它们对于整个人类科技发展和社会进步起着巨大的推动作用。恩格斯曾经指出：火药、指南针和印刷术的发明，都是资本主义发展的必要前提。中国在天文历法、数学、农学、医学、地理及陶瓷、建筑和纺织等众多科技领域，令西方人望尘莫及。在相当长的一段历史时期中，中国古代科技水平一直稳居世界前列。但是在16世纪（明代中后期）以后，一些欧洲传教士带来了西方的自然科技成果和先进的世界观念，在中国学术界广泛传播，打开了一部分国人的眼界。可是“中华帝国”却在驱逐传教士，一味地奉行“闭关锁国”政策，陶醉于“天朝大国”的虚幻之中，导致近代中国处于被动挨打的尴尬状态，极大地阻碍了中华科技的发展。至此，中国古代科技的发展陷入了低迷的状态。

中国古代的科技发明源自对农业、狩猎技术的发明，这是中国古代劳动人民在劳作中脱胎于实践不断积累的经验和技艺。与西方将诸多人的原始创造发明，如对火的使用、船的发明归功于神的力量不同，中国是世代口口相传古人的神话故事，其中说到的众多基础工具是古人通过劳作发明并创造进而传承下来的。

在科学发展的最初源头上，中国古代是走在西方的前面的，中国古代更早地肯定了人在科学技术创造中能够发挥的作用。但是，中国正统文化中的科学，敬天信神是前提，科学家要提高自身的道德修养，整个社会也崇尚道德，民风淳朴，社会风气良好。正是在这样道德基础比较好的社会环境中，对道德要求很高的科学才能够承传下来。

正因为中国古代科学的特征，能够直接探索到宇宙和生命的奥秘，所以在承传上一直非常谨慎，宁愿不传、失传，也不误传给心术不正之人，即使是子女都不行。即中国古代科学在传承上讲究宁缺毋滥，随着时间的推移，整个社会道德的持续下滑，许多好的东西最后只好带进棺材里去了，中国古代科学的精髓在社会上就失传了。

中国古代科学的一大特点是很少采用定量分析的方法。正因为此，许多人认为中国古代没有真正的科学。事实上，中国古代是走了一条不同的科学道路，而选择什么样的科学发展道路，与社会整体状态有很大关系。

现在关心中国科学发展的人经常问一个问题，中国古代科学技术具有辉煌的成就，但是为什么近代以来“落后”了？为什么中国近代没有出现像西方这种自然科学？这就是所谓的“李约瑟难题”。要搞清楚这些问题，需要对中国古代文化与科学技术有一个比较深刻的了解和认识，认清中国古代科学的伟大之处，以及和现代西方科学差异背后的本质是什么。

中国古代科技发展的特点主要表现为科技内容上应用性强，对事物发展规律的探索不够；研究方法上主要采用传统的典籍整理与经验总结，缺少实验；在科技使用上主要服务于封建农业经济的发展需要，缺乏将科技有效地转化为生产力并成为科技进一步发展动力的意识。

（1）中国古代的科学技术发展是独立性、连续性与阶段性相统一

从地理环境上看：我国北面是寒冷的西伯利亚，东临浩瀚的大海，西南是高耸着的喜马拉雅山，西部有阿尔泰山、喀喇昆仑山以及沙漠、戈壁的阻隔，因而虽然与其他地区和民族、国家不断地发生过接触和交流，但在这样的地理环境下，在当时的交通条件下，大规模的经济思想、文化和科学技术的交流几乎是不可能的，因此我国科学技术的发展在古代具有一定的独立性。我国古代社会从五帝、夏、商、周、春秋战国直至清末，4000年间，一直绵延不断，受外来影响不大，这使得我国古代科技发展得以延续。其阶段性体现在不同的时期对于不同的领域，其科学发展兴盛不同。像我国汉朝的《九章算术》构建了我国数学的初步体系，其联立一次方程的解法比欧洲要早1500年；春秋时期的军事科学技术遥遥领先，这一时期的《孙子兵法》一直沿用至今。

(2) 中国古代的科学技术是结构的大一统

中国古代的科学技术大多是围绕巩固大一统社会的需要发展起来的，并最终形成了大一统的技术结构。中国是农业古国，历代封建统治者出于巩固政权的需要都推行“以农立国”的政策，大兴水利是这一政策的集中体现。水利工程既是农业经济的需要，又是大一统社会结构的要求，单靠小农经济不可能产生大规模的水利工程，来自大一统社会结构的推动是古代中国水利技术始终保持领先地位的重要原因。中国古代最著名的建筑奇迹万里长城是为了满足国防需要建立起来的，郑和下西洋所产生的航海技术是为了满足政治需要而发展起来的，冶金、纺织、制瓷、四大发明等无一不是如此，它们都是为了满足封建社会的政治、经济、军事等方面的需要而存在、发展的。但自明清两代之后，科学技术开始衰败。

(3) 中国古代科学技术注重实用、忽视理论

中国是农业大国，其科学技术的发展几乎都是从实践应用中逐渐发展起来的，其实用性极强，但很少有理论上的总结和升华。在天文、数学上虽然也有很多对现象的描述和规律的总结，但并没有进行理论上的进一步探讨。

(4) 中国古代科学技术的发展以官办为主

中国古代的科学技术发展初期来自于农民的生活需要，后期基本以官办为主，造纸、火药等就是为了满足统治阶级的需要。得到统治阶级的支持，为科学技术的发展提供了一定的便利性，这也是我国古代科学技术得到繁荣发展的一个重要原因。

2. 中国古代科技的基本领域和标志性成就

古代中国几千年的科技成就，主要集中在技术层面的四大发明和四大农书，科学层面的《九章算术》与珠算、《石氏星表》《授时历》与浑仪，以及医学层面的《伤寒杂病论》《本草纲目》，等等，这是中国成为文明古国的重要标志。

这些成就的取得与下列因素有关：农耕经济的持续发展；统一多民族国家的巩固与发展；日常生活生产的需要；文化传播的推动；教育的进步；强调真知、重视实践经验的科学思想的推动；科技工作者和劳动人民的勤劳智慧及其

对科技的探究，等等。

中国古代科技非常发达，而同时期的欧洲远远落后，但近代却截然相反。从世界有历史记载以来一直到现在，中国都是人数最多的国家，在古代，技术的进步依赖的不是国家的教育而是工坊之间的经验积累，人多，意味着更容易积累经验，也就意味着技术更容易进步，这是中国古代技术先进的最主要的原因。在西方古希腊时期对应的是中国的夏商时期，时间应该在公元前 3000 年左右，当时世界上最发达的民族是苏美尔，其次是埃及，印度，最后是中国和希腊，同时期的中国并不比希腊发达多少，在哲学上还略有不足，中国比西方更发达应该要从战国算起，标志是铁器的大量应用，而至于领先世界则是从汉朝开始的。

从历史数据显示，中国的人口在 1840 年之前一直占世界的 30% 以上，而同期的欧洲人数相对较少，从生产动力来看，二者完全不在一个级数上。客观地说，欧洲技术上落后绝不是他们人种差，而是由于当时的地缘差距，使欧洲很难发展农业技术，使其不容易进步。

中国自古就是以农耕为主，而欧洲则是以工商业为主，这里就要说明二者的优劣了，农耕文明要求天时以及稳定，稳定的环境方能促进生产力的进步，否则就会退步。分析我国的历史发展脉络可以看出，我国一直是大一统国家，整个社会发展相对稳定，所以在相当长的时间内，在世界整体都处在农耕时代时，作为在规模上最大、条件上最稳定的古代中国，当时的科学技术不发达是没有道理的。但是农耕的缺点也很明显，因为农耕的特点就是自给自足，农民为了提高粮食产量因而能促进生产力的发展，但是也仅局限于促进农耕技术以及相关事务的发展。我国的四大发明基本上是因为满足实用才出现的，这就导致了我国在农耕时代能独占鳌头，但一旦大家处在不同的位置后，农耕文明的缺点便会暴露无遗。欧洲文明传自于希腊文明，而希腊文明是属于海洋文明，也即是工商文明。实际上，我国看起来一直比欧洲发达，但那是从规模上说的，从工商发达程度上看，我国远远比不上欧洲。古希腊时期、古罗马时期我国都落后于它们，工商业的特点就是信息的传播速度，相对农耕文明，工商文明更容易促进生产力的发展，但为什么那么发达的工商业没能造就发达的欧洲文明呢？其实也很简单，古欧洲的军事力量太弱，社会局势经常动荡，整个欧洲力量过于分散，古希腊被马其顿吞了，马其顿之后古罗马帝国又整合了大半的欧洲，全盛时期的古罗马绝不比同期的汉朝差多少，不过古罗马统治时间只有几百年，古罗马衰落后就是欧洲被蛮人部落侵略的时期，在当时的混乱历史条件

下很难有新的科技成就。而同期的中国是大唐时期，双方对比，就必须承认，当时的唐帝国远远超过欧洲，这种情况一直持续到文艺复兴。当欧洲冲破了教会的思想枷锁，工商业的优势就体现出来了，从那时起，欧洲在技术上就已经开始慢慢逼近中国，随后的海洋探索更为欧洲资本主义的发展累积了巨大的资金优势。在1600年之前我们领先靠的是人多以及稳定，但不能说我们思想上有多先进，而在1600年之后，欧洲人尽管还不能在整体上赶上我们，但他们的思想却已经超越了我们。

古代中西方对待人文的态度是不一样的，希腊自古就推崇民主、自由，在生产力不高时，这种制度容易造就很多懒汉，进而影响社会安定，但当生产力达到一定水平后，那就容易造就一大批发明家。而中国，我们的贤者推崇的是服从于君王，坚定地执行领导者的意志，而帝王更多的是让农民种出更多的粮食，很少提倡民众去研究科学。事实上，我国古代的数学也不差，不过都用到农业上了，中国古代的领先是由于大家都用同样的方式生活，我种地得到的粮食比你经商赚到的粮食更多，所以就有更多的闲粮（可作为“货币”使用）来发展（社会的各个方面）。中国比欧洲提前进入封建社会，所以中国有了比欧洲领先的优势，而欧洲比中国提前进入资本主义，从欧洲步入资本主义的时候，方是真正比较两个世界的时候，而那时候二者的差距已经显现出来，当时，古代中国的领先是由于一个封闭的环境，但后来的落后，也是由于处在一个封闭的环境。

3. 中国古代各个历史阶段的科技状况

（1）春秋战国时期的科技状况

天文学方面：春秋出现世界上最早的一次关于哈雷彗星的记录，比欧洲早600多年；春秋已形成固定的历法系统，基本上确立了十九年七闰的原则，比西方早160年；战国时期人们利用磁石指示南北的特性发明了指南仪器——司南；战国时期出现世界上最早的天文学著作《甘石星经》，是世界上最早的星表。

数学方面：春秋时期已出现九九乘法口诀；春秋末已发明度量衡；春秋战国时期出现了筹算计算法。

物理学方面：《墨子》中的《墨经》记载了大量的物理学知识。其中有杠杆原理和浮力理论的叙述，还有声学和光学的记载，反映了春秋战国时期物理学的重大成就。

医学方面：名医扁鹊是战国时期最著名的医生，擅长切脉诊断，后代医生把他奉为“脉学之宗”。他开创的四诊法奠定了我国中医诊断学的基础，一直为中医所沿用。

（2）秦汉时期的科技状况

天文学方面：东汉科学家张衡发明了水运浑象仪，他关于地球为圆形的见解比西欧人早1000多年。他还发明了测定地震方位的地动仪。

数学方面：成书于西汉的《周髀算经》最先提出了几何学中勾股定理的一个特例，即“勾三股四弦五”，比西方早了约500年；东汉时期的《九章算术》总结了周秦到汉代的数学成就，书中记载了当时世界上最先进的数学运算方法，其中提出分数的通分、约分和加减乘除四则运算的完整法则，比欧洲早1400多年。

医学方面：《黄帝内经》编撰于战国，成书于西汉，是中国现存较早的一部医书；西汉张仲景撰写的《伤寒杂病论》（成书于204年）成为中医临床学的经典，他也被后世称为“医圣”；与张仲景同时期的华佗也是当时的名医，他发明了最早的保健体操“五禽戏”。

其他方面：西汉时已经发明植物纤维纸，到东汉（105年）时蔡伦予以改进。

（3）魏晋南北朝时期的科技状况

数学方面：魏、晋时期的数学家刘徽曾算出圆周率，南北朝的科学家祖冲之重新推算圆周率，将圆周率精确到小数点后第七位，这一成果领先世界长达1000年之久。

农学方面：南北朝时期的《齐民要术》是我国现存的第一部完整的农书，作者是北朝的贾思勰（大约成书于北魏末年，即533—534年）。

地理学方面：北朝时期郦道元撰著的《水经注》是我国古代地理学名著，后来研究《水经注》成为一门专门的学问，称为“郦学”。

（4）隋唐时期的科技状况

天文学方面：唐代著名天文学家僧一行与梁令瓒共同创制了黄道游仪，用

它发现了恒星位置的变动，这在世界上是首次。僧一行还主持实测了子午的长度，并制成了以水流为动力的水运浑象仪。他还创制了《大衍历》，这也表明了我国古代历法体系的成熟。

医学方面：唐初的医药学家孙思邈博采古代至唐初的重要方剂，著成临床实用的百科全书——《千金方》，全面总结了唐朝及以往各代的医药学成果；《唐本草》是世界上最早由国家颁行的药典；此外，吐蕃名医元丹贡布著有《四部医典》，被誉为藏医药百科全书。

其他方面：隋唐时期，出现了雕版印刷术。唐朝中期，人们在炼丹时发现了火药，并在唐末将其始用于军事。

（5）宋元时期的科技状况

天文学方面：元代天文学家郭守敬制成一种新型浑仪——“简仪”，它比欧洲发明同类仪器要早 300 多年；郭守敬还主持了全国的天文和大地测量工作；他编制的《授时历》是我国古代最精确的一部历法（比现行公历早 300 年）。

农学方面：元代王祯的《农书》，重点放在改革方面；他编写的《王祯农书》，是第一部兼论南北农业技术的农书，其中还绘有“农器图谱”；元政府还组织人力编写了《农桑辑要》；陈旉的《陈旉农书》更是第一部关于南方稻作的农书。

其他方面：北宋时期，平民毕昇发明了活字印刷；指南针在宋代普遍用于航海，对新航路开辟和世界经济文化交流发展起了巨大的推动作用；北宋火药广泛用于军事并在东京设立专门机构制造火药和火器；南宋管形火器“突火枪”的出现，开创了人类作战史的新阶段。

还有北宋沈括的《梦溪笔谈》，总结了中国古代主要是北宋的科技成就，是“中国科学史的里程碑”。

（6）明清时期的科技状况

农学方面：明代余光启编写的《农政全书》综合介绍了我国传统农学成就，建立了较完整的农学体系，该书的一个特点是吸收了西方的科技知识——欧洲水利技术和工具，他也因此被誉为“中国近代科学先驱”。

医学方面：中国古代药物学的最高成就是明代李时珍的《本草纲目》，创立了当时世界上最先进的分类法，它总结了 16 世纪以前的中国医药学知识，被誉为“东方医药巨典”。

地理学方面：徐霞客的巨著《徐霞客游记》对石灰岩溶蚀地貌的记述早于欧洲约2个世纪。

其他方面：宋应星的《天工开物》总结了明代农业、手工业生产技术，被誉为“中国17世纪的工艺百科全书”。

4. 我国科学技术发展走向衰败的原因

（1）没落的封建制度及闭关锁国严重阻碍了科技的发展

科学发展是以物质生产为基础的，我国古代封建制度下的小农经济生产力低下，在一定程度上阻碍了科学技术的发展。另外在封建制度下统治阶级专注于统治阶级的利益，不以科学技术发展为目标，对于科学技术的发展缺乏政策上的支持。明朝中后期，中国封建社会内部虽已开始出现了资本主义萌芽，但由于强大的封建经济的阻碍，使中国资本主义萌芽不能顺利地成长，始终没有得到发展。

封建制度阻碍了社会的进步。占主导地位的小农经济对工业产品产生了顽强的抵抗，国内市场极为狭小，国外市场更没开拓，况且国内施行闭关锁国的政策，国外先进的科学技术不能有效地引进，科学实验、科学研究、科学创新、科学革命得不到必要的促进。

（2）财富掌握在少部分统治阶级手中导致科学技术发展得不到有效支持

封建体制下的社会财富掌握在少数统治阶级手中，科学技术发展得不到物质的支持很难前进。科学技术发展是一个长期需要探索的过程，百姓在不能保证物质基础的情况下，缺乏进行科学研究探索的积极性，因此，封建体制下科学技术发展得不到有效的经济支持也是我国科技发展走向没落的一个重要原因。

（3）重文轻技和迷信落后思想阻碍了科技发展

儒家思想是我国封建社会的主要统治思想，它对于封建社会的影响是极其深刻而广泛的，作为中国古代的科学，同样是在儒家思想的作用下形成和发展起来的。在封建社会初期的战国时代，统治者注重知识，尊重学者，学术氛围浓厚，形成了百家争鸣的局面。但是到汉代以后，儒家思想和文化处于正统地位，科学技术的地位低下，长期以来，封建统治者片面强调伦理，漠视科技。

此外百姓普遍处于封建迷信状态，遇到当下无法解决的问题首先想到的是祈求上天保佑，缺乏科学创新的意识。

5. 中国古代科技由盛转衰对当今科技发展的启示

中国古代的科技在16世纪以前（明代以前）一直领先于世界，究其原因主要是：①中国古代封建生产关系的确立促进了社会生产力的迅速发展，这为科技的进步创造了条件。②专制主义中央集权制的建立与发展为科技发展的连续性与多样性提供了良好的条件，使我国古代科技在前人成就的基础上通过各民族集体智慧得到了不断的进步。③政府出于巩固统治的需要对科技的重视与支持，也使中国古代科技能一直处于世界领先地位。④中国古代教育的发展，为科技的发展奠定了人才基础。⑤中国古代对外交往的发展也使中国古代科技能吸收其他国家地区人民的智慧，得以进一步发展。⑥我国古代人民在与自然界长期斗争中积累的丰富的知识经验，成为古代科技发展的源泉。⑦一些著名科学家们的个人努力与不懈的探索精神是中国古代科技发展的主观因素。这些都为中国经济的发展，尤其农业经济的发展提供了条件，也同时为世界人类文明的发展做出了杰出的贡献。

至此，中国古代科技的发展对当代科学发展的实践依然具有一定的借鉴价值。

（1）政府应高度重视

科技发展的特点与封建制度自身的特点息息相关，科技发展的优点和缺点也正是中国古代封建制度的优点和缺点所在，因此研究中国古代科技不能脱离封建社会的大背景。中国古代正是由于封建制度的高度发展才促成了科学技术的辉煌，西方也是由于封建制度的不完善而较早进入了资本主义社会，使得近代科学应运而生，从而一举超越了中国。先进在一定条件下可以转变为落后，反之亦然。自觉地从历史的现实的教训经验中，认识事物发展的客观规律，必将有助于我们发展科技，投身于建设社会主义强国的伟大事业中去。

中国封建社会期间，因统治阶级重农业、轻科技的指导思想，导致我国科技后期发展的没落，在当今，政府应增强对科技发展的重视程度，在政策上给予科技发展一定的倾斜，带领整个社会在高新科技的道路上不断前进。

(2) 鼓励科学创新

经济基础决定上层建筑，科技发展需要强大的物质条件来作为支撑，在当今社会，首先要保证科研人员的经济基础，政策上鼓励科学创新，增加对科技创新者的经济奖励，同时对于科研机构也应当给予一定的补贴。

(3) 重视科技人才的培养

中国封建社会在相当长的时间内，科学文化水平处于世界领先地位，是因为在文化教育上与当时的欧洲相比要普及得多，后来的落后亦是与教育的落后分不开的。邓小平同志反复强调：发展科学技术，不抓教育不行，科学技术人才的培养，基础在教育。因此，必须牢固确立教育为本、教育优先的原则，不断深化教育体制改革，大力推进素质教育，注重创新精神和实践能力的培养，全面提高教育质量。不断改进和完善人才培养计划，培养一支适应我国国情的优秀科技队伍。

(4) 坚持改革开放的道路

明清时期闭关锁国政策是导致近代科技发展衰落的主要原因，在当代应当坚持改革开放，加强与西方科技发达国家的学习与交流，明确科技无国界的思想。同时应当引入竞争机制，鼓励和支持科技人员在实事求是的基础上提出新理论、创立新学说、探索新领域，提倡不同学派、不同学术观点的争鸣，为我国科技发展创造更有利的内外部环境。

(5) 深化科技体制改革

科技事业的发展需要良好的科技体制及科技制度的引导，因为科研并非个人的事情，它需要全社会的关注与支持，社会对科学事业的支持主要体现在制度上，作为政府必须有效促进科学事业的发展，充分保障科研工作的顺利进行。主要从加强科研管理、避免科技浪费、推进多重科学的同步发展，着重强调应用科学的发展，等等，在制度上对科技发展给予进一步的强化和推进作用。

第十五章 科技引领下的中国古代经济思想对人类进步的推动

中国有着悠久灿烂的传统文化，其中包括古代丰富的经济思想。中国古代经济思想对中国先秦以来2000多年的历史，有着重要影响。这一点往往不为后人所知，以至于有的西方学者，甚至有的中国学者，认为中国古代经济思想是贫乏的。美国《经济评论》杂志1956年5月号刊登的一篇文章说："没有一个东方国家有任何东西可以与西方国家中世纪僧侣们所作出的良好开端的经济分析相比拟。"他讲的是一切东方国家，当然包括中国在内。[1] 日本的一些学者和某些贬低东方和中国经济思想的西方学者不同，他们认真地研究了中国经济思想史，从20世纪20—30年代以来就不断有日本学者研究中国经济思想史，出版了有关中国经济思想史的专著，并对中国古代经济思想给以相当高的评价。1924年出版了田崎仁义的《中国古代经济思想及制度》，1936年由中国老一辈马克思主义经济学家王学文译成中文，由商务印书馆出版。1935年又出版了京都帝国大学田岛锦治教授的《东洋经济学史——中国上古的经济思想》，并提出"以余卑见，中国上古之道德政治及经济的思想，与古希腊、古罗马相比，不仅不逊色而且卓越之处亦不少"。他还认为西洋人重视希腊罗马的研究还情有可原，倘若日本人也如此，则"不免有颠倒本末轻重之讥了"。1971年上野直明出版了《中国经济思想史》，并认为"从政治方面和经济方面来说，中国对欧洲思想界的影响极其重大。……对欧洲的经济思想产生了相当大的影响"。一般人都知道中国近代受到西方的影响，受到西方经济思想的影响，很少有人知道中国经济思想也曾影响西方，日本学者能够提出这个问题是很难得的。到了20世纪八九十年代日本研究中国经济思想史的学者桑田幸三教授（日本爱知学泉大学教授、滋贺大学名誉教授）与中国研究中国经济思想史的好几位学者有着良好的学术交流。他的著作《中国经济思想史论》也被译为中文，由北京大

---

[1] 石世奇. 中国古代经济思想在当代市场经济中的作用［J］. 北京大学学报（哲学社会科学版），1999（2）.

学出版社出版。桑田幸三教授1990年曾访问北京大学，并做了关于司马迁经济思想的演讲。

1. 中国古代经济思想在当代市场经济中的借鉴作用

中国古代经济思想对中国近现代的经济发展有不可忽视的作用。它对中国走向近代社会曾起过消极作用，但是中国古代经济思想中的精华也对当代市场经济产生过积极作用。中国古代繁荣的商品货币经济使得中国古代经济思想，不仅有适应自然经济的一面，也有适应商品货币经济的一面。它在当代市场经济中主要有以下三个方面的作用。

（1）规范市场经济的借鉴作用

在市场经济中大大小小的企业，以及参与经营的个人，都以获取最大利润为目的，如无约束，经济活动将难以正常进行，所以需要法制的约束，也需要道德的规范。中国古代经济思想非常重视伦理道德，在商业经营中重视商业道德。早在春秋末期孔子在鲁国当政时，就注意到对市场的规范。《史记·孔子世家》记载孔子“与闻国政三月，粥羔豚者弗饰价”，就是讲鲁国的市场经过孔子的整顿，价格公平了，讲究商业道德了。《孟子》中也记载了战国时的陈相说，如果按照他老师许行的主张行事，“则市贾不贰，中学无伪，虽五尺童子适市，莫之或欺”（《孟子·滕文公上》），也是讲商业道德。中国传统的道德，特别是长期形成的商业道德，对规范市场有着重要作用。“言不二价，童叟无欺”“秤平斗满尺码足”等，已成为深入人心的商业道德观念。“君子爱财取之有道”成为一些商人、企业家的座右铭。中国古代的商人包括明清以来的徽商、晋商等商帮，都把诚实信义作为自己的经营指导思想。徽商中不少人以儒商自诩，在经营中按照儒家的伦理道德行事，而把那些唯利是图、见利忘义之辈斥之为“徽狗”，把他们看成徽商中的败类。中国古代的义利之辨，就是讲的正义、公利、道德和私利的关系。孔子讲的“见利思义”，就是讲人们在追求利的时候要考虑是否合乎公利和道德。中国当前的改革开放，把人们从过去的经济体制中解放出来，成千万上亿的人一下子涌入“商海”，各方面都缺乏准备，其中也包括道德准备。有的人不知道经商也需要讲道德，有的则极度贪婪，急于发财，不择手段，不顾商业道德。一些人经商、办企业，没有长远打算，抱着先捞一把再说的想法；也有人以违法、不道德的手段经营，采取“打一枪换

个地方”的办法。于是假冒伪劣、坑蒙拐骗等沉渣泛起。而这些现象都需要采取法制、行政手段来严格管理、严厉惩治，也需要大力宣传道德观念，使更多的人受到道德的约束。由此看来，中国传统文化和古代经济思想对建立社会主义市场经济的正常秩序是有一定作用的。

（2）对市场宏观调控的借鉴作用

中国古代经济思想中属于管理国家财政经济的思想十分丰富。由于中国古代商品货币经济的发展，在管理国家财政经济中，也面临对市场的管理和调控问题。早在春秋末范蠡就提出了调控粮食价格的主张，范蠡和稍后的李悝都提出由政府采取收购和抛售粮食的办法使粮价保持在一个合理的范围内，让出卖粮食的农民和购买商品粮的商人及其他人都不吃亏，避免谷贱伤农，谷贵伤民。之后又提出了一系列调节粮食丰歉余缺和粮价的措施，如平籴、平粜、常平仓等，成为古代中国历史悠久、行之有效的措施。战国秦汉时，出现了一种理论，认为商品的流向是“重则至，轻则去”，为了吸引某种商品，就提高其价格，并认为最后买这些商品时，价格并不一定高。“有以重至而轻处者，我动而错之，天下即已于我矣。物臧则重，发则轻，散则多。币重则民死利，币轻则决而不用，故轻重调于数而止。”（《管子·轻重·揆度》），即因为价格高而运至，但可以低价卖出（这是因为“物多则贱，寡则贵”。由于价格高货物纷纷运至，从而使这种货物多起来了，价格下降，又由于货物长途运来，再运走损失太大，只好就地低价出售）。这种理论在后来的救灾中被运用。北宋范仲淹在杭州任太守时，因灾导致米价上涨；范仲淹将米价提至市价之上，并“多出榜文，具述杭饥及米价所增之数，于是商贾闻之，晨夕争先恐后，且虞后者继至。于是米石辐集，价值遂平”。（林希元：《荒政丛言疏》，《明经世文编 162 卷》）宋神宗时赵忭知越州（治所在绍兴），两浙旱蝗，米价上涨。诸州皆榜道路，禁人增米价，人多饿死。忭独榜通衢，令有米者昂价粜，于是米商辐辏，米价顿减，而民无饿死者。（《宋史·食货志上六》）此外，中国古代也有通过货币投放来调节物价的主张。汉代的贾谊就说：“上挟铜积以御轻重，钱轻则以术敛之，重则以术散之，货物必平。”

中国古代还出现了通过扩大消费以增加就业的主张。《管子·轻重篇》就提出，在水旱灾荒之年，百姓不能种田了，官府就修建宫室台榭，招收那些养不起猪狗的贫苦百姓来做工。并说修建宫室台榭并非为了观赏玩乐，而是一种政策。《管子·侈靡篇》甚至说：为了百姓有工作，“富者靡之，贫者为之”，可以“雕卵然后瀹之，雕然后爨之”。就是说煮蛋，先在蛋上画上花，再煮了吃；烧木材，先在木材上雕花，然后再烧。富人奢侈，是为了贫苦者有工作。这种主张，在以后的救灾中得到过运用，并取得了很好的效果。北宋仁宗时，范仲淹在杭州，于灾荒之年，“纵民竞渡”，自己也“日出宴于湖上，自春至夏，居民空巷出游”。又号召寺院大兴土木，“又新敖仓吏舍，日役千夫”。有人告他的状：“杭州不恤荒政，嬉游不节，及公私兴造，伤耗民力。”范仲淹反驳说：“所以宴游及兴造，皆欲以发有余之财，以惠贫者。”当时“贸易饮食，工技服力之人，仰食于公私者，日无虑数万人”。“是岁，两浙唯杭州晏然，民不流徙。”后来，这种办法成为政府政策。沈括说：“岁饥发司农之粟，募民兴利，近岁遂著为令。”沈括还评论说：这种办法“既已恤饥，因之以成就民利”。（沈括：《梦溪笔谈》卷11）中国历代，包括新中国曾经采用的“以工代赈”方法，就是对上述主张的运用。

中国古代还出现了放任主义的经济思想，著名的是司马迁的“善因论”。他认为最好的办法是对人们的求利活动采取放任政策。这种放任主义在中国古代也多次形成政策，付诸实践，特别是在一个封建王朝建立初期，恢复被战争破坏的社会经济时，多被采用，也多有成效。

（3）对企业经营管理的借鉴作用

中国古代有较为发达的商业，所以早在先秦就出现了研究商业经营的学问，这种学问被称为“治生之学”。“治生”就是治理家庭生计，也即经营家业。中国先秦学术繁荣，百家争鸣，研究“治生之学”的学者，也是其中的一家，可以称为“商家”。他们有丰富的经营管理思想，他们是中国古代最早研究市场上商品供求和价格变化的人。既是政治家、军事家，又是著名商人的范蠡认为物价变化是有规律的，可以预测的。他认为可以根据商品供求情况来预测商品价格的趋势：“论其有余不足，则知贵贱。”也可以根据商品的价格状况来预测价格变化的趋势：“贵上极则反贱，贱下极则反贵。”正因为“贵上极则反贱，贱下极则反贵”，所以他提出的经营对策是：“贵出如粪土，贱取如珠玉。”此外，中国古代的商人非常注意抓住经营的时机，白圭就提出“乐观时变”的观念，善于观察掌握经营时机的变化。他还提出：“趋时若猛兽鸷鸟之发。”中国古代的商人，不仅重视天时和市场变化的时机，而且还善于抓住政治变动的时机。比如，秦汉之际的宣曲（在陕西）任氏，当秦败之时，“豪杰皆争金玉，而任氏独窖仓粟。楚汉相距荥阳也，民不得耕种，米石至万，而豪杰金玉尽归

任氏，任氏以此起富”。又如，无盐氏也是利用了政治时机，西汉“吴楚七国起兵时，长安中列侯封君行从军旅，赍贷子钱，子钱家以为侯邑国（封地）在关东，关东成败未决，莫肯与。唯无盐氏出捐千金贷，其息什之。三月，吴楚平。一岁之中，则无盐氏之息一倍，用此富埒关中”。（司马迁：《史纪·货殖列传》）要抓住政治时机，首先要对政治事件的发展、结果和影响有正确的判断。任氏正确地估计了秦败之后，政治军事形势的变化及对经济的影响。他预计到战争影响耕种，从而影响粮价。无盐氏则正确估计了吴楚七国起兵后的结局。当然这是有风险的，但正因为有风险，所以才能获大利。

白圭还认为从事商业经营的人要具备一定的素质，这个素质就是：智、勇、仁、强。智，就是要具有随机应变的智慧；勇，就是要有不失时机、当机立断的勇气；仁，就是在钱财的取予上以仁为标准，当取则取，当予则予；强，就是要坚强，有耐心，沉得住气。如果“其智不足与权变，勇不足以决断，仁不能以取予，强不能有所守”（《史记·货殖列传》），那是经营不好的。他认为不具备上述条件，要向他学习经营之道，他是不教的。

先秦至西汉中叶的治生之学还很重视对经营行业、经营地点、经营商品（包括商品质量）和任用人员的选择，调动部下积极性，加速资金周转，以及勤劳俭朴，等等。明清商帮继承了传统的治生之学，特别是徽商更是对治生之学有所研究和发展。他们突出的特点就是把儒学和经商联系起来。第一，以儒家的伦理道德要求自己，在经商中讲求商业道德。第二，学习经史百家著作，从中吸取智慧，用于商业经营。第三，亦商亦儒，经商的同时，读书学习，乐与文人学者交往。第四，热心文化教育事业和社会公益事业，如创办书院，资助贫困学子读书学习，资助学者文人刻印学术专著和诗文集，赈济灾民，施舍医药，等等。

2. 中国古代经济思想对传统政治文化的影响

以儒家思想为核心，杂糅百家学说的中国古代经济思想对我国的政治文化有重大的影响。主要体现在以下三个方面。

（1）均平的伦理原则是中国古代经济改革与农民起义的指导思想

中国古代的政治文化一般呈三部曲式的发展：开国皇帝奠基——权臣改革——农民造反。新生的王朝总是在开国初期显得生机盎然，然而，创业艰难，守业不易。其中重要的是如何对待、处理、把握经济伦理，因为在农业文明和宗法遗存的氛围中，经济伦理是敏感的政治问题。当王朝的统治机器运转了一段时间之后，经济伦理便面临着吏治腐败、重农抑商、土地兼并、苛捐杂税、民不聊生等一系列社会问题。要实现天下太平、社会繁荣，解决的办法不外乎两个途径：一是从权力内部进行改革变法，再就是权力外部的农民起义。在封建社会长期传承的“不患寡而患不均”的传统观念根深蒂固的中国，均平原则成了古代经济改革和农民起义的指导思想。

①古代分配伦理的均平思想。均平原则是针对财富占有行为的一种分配伦理。人们普遍认为中国古代平均主义源于孔子，体现于他所确立的“仁”学思想。“仁”是一种普遍的以心理情感为基调的伦理原则，它在分配行为上体现出的是一种和谐温馨的品位，而不是巧取豪夺，专门利己。但孔子提倡的“均平”还有恪守“礼义”之意，将“仁、礼”相互贯通。“礼”的实质在于明确区分上下尊卑的等级秩序，在分配行为上则体现为社会不同等级对财富的不同占有。但不同等级对财富的占有超过了界限或低于起码的标准，也是不允许的。因此，在分配行为上也是依礼而行，使贫富、贵贱之间的差距不至于无限拉大，主张“以礼分施，均为而不偏”。在这里，义利观对于均平分配起着重要的调节作用。它促使人们自觉维护等级秩序，注重个体的德性修养，在对财富分配方面不是贪得无厌而是取之有度。荀子也曾说过“非礼不进，非义不爱”。其他派别思想，如墨子、管仲、道家、法家，都主张“兼相爱、交相利”“均地分力”“明主之治国也，适其时事以致财物，论其税赋以均贫富”，都体现出崇高的均平思想。

②古代经济改革原则。纵观中国政治文化史，最具有历史影响力的经济改革当推宋代王安石变法和明代张居正改革。在宋代，土地兼并迅速升级，社会财富占有与分配不断分化组合，贫富差距拉大，均平原则成为时代的强烈呼声。王安石是宋代事功学派的代表人物，其变法的核心是经济改革。他强调义利合一，即“以义理天下之财”，尤以均平原则最为突出。主要针对两个方面：一是社会财富占有上的不均。王安石具有鲜明的反兼并思想，因为兼并破坏了均平原则，拉大了贫富差距。其反兼并政策的主要打击对象是豪强地主，富商大贾，贪官污吏。二是赋役分摊不均。“贫富不均”“募役必不拘”，王石安希望“均平如一”，制定方田均税法，力求税额按照田亩数量、等级均平分担，把大地主所占土地归还农民，把农民不应承担的租税划归豪强地主，这种“去重敛，宽农民”的做法，体现出均平原则与爱民富民原则之间的内在逻辑联系，对中

国古代政治文化发挥着规范功能的作用。

明代张居正从经济伦理角度策划安邦治国之术，经济伦理所倡导的均平原则直接促成了他在全国实行经济改革，重点是变革赋役制度。他从抑制兼并、均平赋税的角度出发，下令清丈田亩，实行一条鞭法，其特点在于赋役合一、计亩征银，是我国赋役制度的重大改革，收到了良好的社会效果。[1]

③农民起义的指导思想。来自最底层的农民起义虽然与改革、变法的目标不同，但却具有同样功效。中国古代农民起义几乎都是在土地兼并异常激烈、贫富悬殊日益增大的情况下爆发，农民看似为土地而战，矛头直指土豪劣绅。因此，经济伦理中的均平原则对他们最具有吸引力。历来“均平”都是农民起义军最响亮的口号，最有号召力的旗帜。绿林、赤眉起义提出“力作所得，不足以给贡税”；黄巾起义打出“太平道”，宣称“人无贵贱”；唐末农民大起义也打出了“均平”旗帜。宋代王小波、李顺明确提出了“均贫富”主张。明末李自成鲜明地提出了“均田免粮”的纲领，以最明确的方式切入经济伦理之中。纵观中国古代农民起义总是围绕“劫富济贫”“等贵贱、均贫富”这样一些基本的经济伦理产生的，关注的焦点是社会财富的公平占有与合理分配，显示出了经济伦理赋予农民起义的政治文化意义。

（2）爱民富民、重本抑末的经济伦理思想是封建帝王的经济决策原则

纵观中国古代政治文化史，开国皇帝所奉行的首先是休养生息、爱国富民政策，并且历代相承。从春秋战国百家争鸣起，儒家、法家等有影响力的学派的经济伦理思想基本上都是为政治统治服务，其中，爱民富民、重本抑末构成了经济伦理在决策行为上的两大原则，对后世封建帝王的经济决策产生了巨大影响。

秦王朝的灭亡对汉代帝王来说是一个深刻教训。因此，汉初的刘邦等人欣然接受了陆贾等思想家有关经济伦理的见解，力求营造一个宽松舒适的经济环境，使休养生息成为既定国策。唐太宗对经济伦理的体会最为深切，他经常与魏征等人纵谈治国之道，其中核心议题就是爱民富民的决策行为。唐太宗曾发出著名的“载舟覆舟”之浩叹，以隋炀帝灭亡的教训“深以自戒”，调整均田制和租庸调制，实施轻徭薄赋等经济政策，推动了社会经济的发展。而明朝的朱元璋则提出“民富则亲，民贫则离”，多次颁布法令鼓励垦荒，并在徭役政策上予以优惠，实施了一系列休养生息的政策，在一定程度上阻止了地主把赋

---

[1] 徐昌强. 试论王安石变法与张居正改革成效不同之原因［J］. 荆州师专学报，1998，21（3）.

役转嫁给农民。

经济伦理对封建帝王治术的另一重要影响就是重本抑末政策，这一政策自秦汉延至明清。秦汉时期通过增加商人赋税负担，努力减少商人的资本积累，降低他们的社会地位，使他们变为低贱之人。朱元璋也提出“若有不务耕种，专事末作者，是为游民，则逮捕之”。清朝雍正、乾隆也严厉实行重本抑末政策，认为“垦田务农为政之本”，表现出对农业的高度重视，颁布许多法令来加强农业生产。

从历代封建帝王开国之初的政策中不难看出，以儒家思想为核心，杂糅百家的经济伦理对封建帝王的治术起到了警示、训诫之作用，爱民富民、重本抑末的决策原则构成了帝王之治的核心内容。凡是有作为、明智的封建帝王，都善于把爱国富民、重本抑末的经济伦理转化成一系列的法规、命令与制度，使其对国家经济运行具有导向功能。

（3）经济伦理转化为中国古代政治文化的秩序原则

历代帝王之术、变法改革、农民起义，都从不同角度把经济伦理的若干重要原则引进了国家政治生活，并使其具有的秩序特征渗透到古代政治文化中。

在古代农业生产中，非常强调天时、地利、人和的统一。由于农业的丰歉依赖于节令气候，要遵从自然规律，这种秩序特征首先源于生产实践与物质利益。考察中国古代历史，凡明智的帝王都采纳爱民富民原则，将其贯穿于政策、制度、法令之中，最终体现出来的就是“毋夺民时”，使人民温饱和睦、安居乐业。

这种秩序原则不仅在农业中体现出来，同时由此产生了务实精神。其思想导向是关注现实世界，不是去追求虚无缥缈的来世，而是注意调节人际关系，注重现实事务，使人们的注意力转向了对秩序的关切、向往。要使政通人和、国泰民安，就必须要保持井然、和谐的秩序，以井然的秩序来调适人们的实际利益，维系社会关系。中国古代政治清明、经济繁荣，文化发展之时，必然是秩序井然时期；反之，必是秩序崩溃瓦解时期。有无秩序成为衡量中国古代政治文化优劣的重要标准，如何建立、维护、完善秩序，是避免社会动荡、骚乱，促进社会安定与繁荣的重要前提。土地兼并之所以成为古代最头痛的政治问题，就在于它拉大了贫富差距，违背了中国古代经济伦理的均平原则，破坏了社会经济秩序，政治家即以根据均平原则制定的方针、政策加以抑制。人们的这种怕动乱、求平稳、讲安定的意识在中国古代政治生活、经济建设中成为显著特征。

第五部分　文化之争

（苦难深痛的近代中国）

在中华人民共和国成立前的100多年里，中国与西方列强签订了1100多项不平等条约和章程。中国181万平方公里的土地被侵占，这相当于当时国土面积的7%，分别等于3个法国、5个德国、7个英国的面积。一个历史悠久的东方大国，在经济、政治、文化上都曾长期处于世界领先地位。但是，自1840年第一次鸦片战争以后，昔日的强大与骄傲便逐渐褪去，而被无情地代之以羸弱和屈辱。在国际舞台上，中国不仅在军事上、政治上、制度上出现了落后的局面，在文化上也失去自信和自觉。为此，我们要清醒地认识到这些文化之争的根源。

在风云变幻的当今世界，全球正在进行着一场前所未有的文化战争。从军事战争、政治战争、经济战争、知识战争发展到文化战争，从暴力战争发展到非暴力战争，是人类文明进步的直接体现。而文化战争所依仗的文化竞争力，也是经济竞争力、军事竞争力、政治竞争力、制度竞争力、知识竞争力等方面的综合表现。中国自然也是这场旷世文化战争的主要角色。

美国著名学者萨缪尔·亨廷顿，在《文明的冲突与世界秩序的重建》讲述冷战后，世界格局的决定因素表现为七大或八大文明，即中华文明、日本文明、印度文明、伊斯兰文明、西方文明、东正教文明、拉美文明，还有可能存在的非洲文明。冷战后的世界，冲突的基本根源不再是意识形态，而是文化方面的差异，主宰全球的将是“文明的冲突”。

中华文明是世界上最古老的文明，中国人对其文明的独特性和成就亦有非常清楚的意识。中国学者因此十分自然地从文明的角度来思考问题，并且把世界看作是一个具有各种不同文明的，而且有时是相互竞争的文明的世界。

中国连续30多年的经济高增长，经济上已经获得举足轻重的国际地位，而文化竞争力（软实力）的大小，关系到国家和民族未来发展的大局。经济高增长所形成的硬件系统，必定需要新文化软件的配套，未来30年乃至更长时间，必定是中国新文化大发展的历史阶段，也是中国参与世界文化战争的关键时期。

这场文化战争的前夜，是一场旷世的知识战争——我们今天在课堂上学习的绝大部分知识，都是从西方进口的。美国无疑是这场知识战争的绝对优势方，从科技创新到知识经济，美国在引领世界知识潮流的同时，也代表着西方文化的主流。

在全世界，人们正在寻求并迫切地需要一个关于世界政治的思维框架，人们正在根据文化来重新界定自己的认同。文明的分析框架因此提供了一个对正在呈现的现实的洞见。它也提出了一个全世界许多人们认为似乎可能和合意的论点，即：在未来的岁月里，世界上将不会出现一个单一的普世文化，而是将有许多不同的文化和文明相互并存。那些最大的文明也拥有世界上的主要权力。它们的领导国家或是核心国家——美国、欧洲联盟、中国、俄罗斯、日本和印度，将来可能还有巴西和南非，或许再加上某个伊斯兰国家，将是世界舞台的主要活动者。在人类历史上，全球政治首次成了多极的和多文化的。

中国未来的文化选择，决定着中国未来的命运。但目前国人在文化选择上，存在巨大的差异，主要表现为两大类文化态度：一是主张以西方现代文化为主导的文化选择态度，崇尚科学精神和人本主义，坚决批判中国的封建文化，甚至在根本上藐视中华文化，其政治主张是构建公民社会；二是主张复兴中华文化，并形成了新的国学热，认为中华文化将成为世界的主流文化，甚至将统领世界文化。于是，人们对中西文化的选择形成了尖锐对立的观念，大家在不同的语境里争论不休，相持不下。

第十六章　文化衰败之根，晚清政府的昏聩与人民的苦难

自 1840 年第一次鸦片战争之后，晚清政府所执政的中国渐渐褪去了她原来的光芒，逐渐沦为半殖民地半封建社会。在这样一种畸形的社会形态中，当时的中国社会没有发展可言，中国人民没有自由、民主和人权可言。仅仅百年间，中国就与列强签订了 1100 多项条约和章程。这些条约和章程涉及经济、政治、军事、司法、文化教育等各个方面，其中绝大部分是不平等性质的。正如第二次鸦片战争时期英国侵华军的全权专使额尔金谈到《天津条约》时所说的那样，这个条约是"用手枪抵在咽喉上逼勒而成的"。通过一系列不平等条约，列强割去了中国的香港、台湾全岛及所有附属各岛屿和澎湖列岛，抢走了我国东北、西北的大片领土，同时又以"永远租借"为借口，占据了澳门。据统计，中国 181 万平方公里的土地被侵占，这相当于当时国土面积的 7%，分别等于 3 个法国、5 个德国、7 个英国的面积。通过一系列不平等条约，列强掠夺了中国的大量财富。1901 年 9 月 7 日，在八国联军的刺刀之下，清政府与俄、英、美、日、德、法、意、奥 8 国，以及比利时、西班牙和荷兰，共 11 国签订丧权辱国的《辛丑条约》。条约规定，中国须付赔款 4.5 亿两白银，分 39 年还清，本息合计约 10 亿两白银，这至少相当于清政府 12 年财政收入的总和。沙俄外交大臣拉姆斯多夫曾骄横得意地说："这是最够本儿的战争。"通过一系列不平等条约，清政府"将中国的兵权、制造权、用人权、行政权一一授之以敌，可谓藩篱尽撤，一网俱尽"（谭嗣同语）。

更为骇人听闻的是明火执仗的抢劫和疯狂的屠杀。1860 年 10 月，英法联军抢劫并焚烧圆明园，演出了世界近代史上破坏文明的最为惨不忍睹的一幕。事后，英国皇家工兵中尉戈登，自诩热爱东方文明、知书达礼，面对堪称世界园林建筑奇迹的圆明园时，释放了野蛮的本性，成为成千上万强盗中的一员，他甚至厚颜无耻地说："我们就这样以最野蛮的方式摧毁了世界上最宝贵的财富。"八国联军统帅瓦德西也公开供认，1900 年 8 月八国联军侵入北京以后，

“曾特许军队公开抢劫三日，其后更继以私人抢劫”“抢劫时所发生强奸妇女之残忍行为、随意杀人放火等事，为数极属不少”。

1. 政府大肆向列强贷款

在世界近现代历史上，举债成为很多国家加速经济发展的重要杠杆。荷兰曾通过吸收西班牙、葡萄牙的剩余资本而努力赶超这两个老牌资本主义强国，成为17世纪的“海上马车夫”。18世纪初，荷兰的商业资本和借贷资本大大推动了英国资本主义生产方式的确立和工业革命的进程，强大后的英国又开始对外广泛贷款，以此达到控制全球的目的，19世纪和20世纪英国的贷款几乎遍及世界各个角落。外债犹如强心剂，帮助英国建立起了横跨世界五大洲的“日不落帝国”。美国曾是英国的殖民地，直到19世纪上半期，仍被称为“从英国接受商业信用和资本信用最多的国家”，但20世纪，美国借助外债不但摆脱了英国的控制，而且一跃成为世界主要债权国。俄罗斯、日本也通过引入法国、英国、比利时的资金在短时间内快速跻身世界强国行列。第二次世界大战后，许多新独立的国家把举债作为发展民族经济的重要环节，并取得相当成就。

然而，事实却不尽相同。在近现代国际交往中，国家之间的借贷本是一种正常的经济行为，但随着全球分裂为宗主国和殖民地及附属国，帝国主义在全球进行疯狂扩张，外债作为资本输出的一种重要方式，在带动商品输出的同时，又成为帝国主义侵略、控制殖民地和半殖民地财政经济命脉的重要手段。很多国家借债不但没有起到促进本国经济发展的作用，反而陷入借新债还旧债和受控于债权国的困境。19世纪上半叶，希腊和西班牙由于借债利率高、折扣大，陷于英国的控制中，英国贷款使得希腊经济萎靡不振，甚至使希腊几乎陷于瘫痪。19世纪末，希腊被迫默许由几个大国创办的国际金融委员会监督其财政金融活动。同样，埃及政府从1863年开始借款，直到1876年宣布违约偿款，始终未能摆脱外债的包围，最终使本国财政陷入国际共管的境地。

19世纪末的晚清政府同样也因为筹措军政费用、偿还赔款、实业支出等向外举债。但是外债并没有使中国如英、美等国家那样依靠外债实现经济起飞，也没有使中国如埃及、希腊等国一样因过分依赖外债而导致国际共管。外债作为晚清政府干预经济强有力的财政手段，不可否认对于晚清政治改革起了重要的资金储备作用，最终却使晚清政府陷入万劫不复的债务深渊，外债转而成为不断瓦解晚清政府统治的催化剂。

就洋务运动而言，这种从生产力方面开始的“撞击式”改革从一开始就遭遇资金困难，新式企业的创办，“非有大宗巨款，不能开办；非有不竭之财，无力持久”。洋务派在财政十分困难的情况下，利用各种方式向西方在华洋行、银行举借大量外债。其中，四大军工企业的创办都与外债结下了不解之缘，借债筑路的大讨论为铁路建设开启了思想闸门。洋务外债在对资本主义原始积累起到重要推动作用的同时，也有形无形地吞噬和瓦解着僵化的政治体制。尽管洋务派根本意识不到“工业领域一旦受到刺激，其后果是无穷无尽的”这一科学真谛，但经济运行的内在规律把清政府推入“变亦变，不变亦变”的激流中。无论他们如何标榜“中体西用”，具有资本主义性质的洋务企业的存在和发展都必然会冲击封建政治的外壳，导致社会政治领域中各种社会力量的重新配置，在洋务事业中壮大的地方势力集团成为与中央分庭抗礼的强大力量。

甲午战争后，西方列强通过大规模的政治借款逐步控制了中国的财政。紧接着是庚子赔款转化为外债，中国陷入空前的财政危机。“国库一贫如洗”的财政状况和日渐衰微的中央权威迫使清政府从1901年开始推行政治、经济、军事等全方位的新政改革，但资金问题严重制约着新政的实施与进展。当清政府无力用经济杠杆支撑自己设计的改制门庭时，只好走向它的对立面，加快推行对外开放和大量举借外债的政策。地方外债的再度兴起，成为高度集权的专制财政体系趋于瓦解的一个标志。新政中由经济变革引发的集权改革，其目的就是将各省重新置于中央各部之下，改变中央、总督、巡抚三者之间的关系。但这已不可能从根本上改变由经济运作和经济利益分配所形成的地方自主的局面，不可能达到中央与地方的权力制约平衡，反而加强了地方与政府的离心离德，导致阶级矛盾和冲突不断升级。加之以民族资产阶级为主的新兴社会力量迅速壮大，清政府的政权体系内分崩离析之情更加明显化。在旧政权危机四伏的情况下，清廷准备实行“预备立宪”，从体制和制度上调整改革以恢复权威，然而它向前推进的可能性已经微乎其微了，因为它不仅无法改变业已形成的权力下移问题，而且随着经济利益的多元化出现了政治权威的多元化，各种既得利益势力乘机而起成为参与政权的力量，固有的政治秩序已被突破。形势需要清政府进行政治改革来聚合调整各种政治资源，在现有的统治秩序中容纳新兴的政治势力，但皇族内阁的政治聚合功能失效，无力维系稳定的社会秩序。以载沣为首的统治势力又没有能力化解社会矛盾，消除政治纷争，因而走向更加孤立无援的境地。因此，路政改革一出台，各种政治势力都掺杂进来，最终汇合起来的巨大力量，站在了清政府的对立面，经济利益的冲突上升到政治层面，充分暴露了清末经济和政治体制的重大危机。声势浩大的保路运动所激起的民变如洪水破堤，一泻千里，最终使国基撼动。从此，巨额外债的包袱、国家财政的衰竭长久地影响着以后的中华民国政府，直至新中国成立。

2. 腐败无能的晚清军事

中国古代自明代以前的2000多年的时间里，军事力量一直处于世界领先地位。在16世纪之后，西方“重器物”（装备、技术）的军事文化，推动了近现代西方军事装备的快速发展，有力支撑了西方列强的殖民侵略和全球扩张。清初，八旗是清朝的基本军事力量，政权掌握在满族手里。经过太平天国运动，1853年时清朝的八旗和绿营基本没有强有力的军事力量了，当时的咸丰皇帝着手开办团练，提高军事实力，由于地方官吏执行朝廷政策走样，全国地方军事实力大增，而国家的军事力量并没有得到加强。而且当时缺少对战争和军事问题系统和统一的理性认识。林则徐、曾国藩、左宗棠、胡林翼、李鸿章甚至太平军都有自己的独特军事思想，他们的军事思想比较重叠而且保守，普遍地强调练兵严，强调训练为重点，轻器物，使中国军事科技和装备发展近代以来被西方远远甩在后面，难以掌握捍卫国防安全的主动权。装备是突破口，晚清的军队统帅缺少对战略制定、战役演练、战术制定知识的普及，基本上没有军事理论研究专家。战争之后缺少军事活动的理性总结。更为严重的是军事上与清朝朝廷的官吏一样腐败是军事无能的根源。晚清，贪污成为官场的一大痼疾。北洋海军作为时代的产物，不可避免地深受其影响。北洋海军的军需事务均被视为肥缺，参与购买军火者大多接受外国军火商的贿赂，中饱私囊，置国家民族利益于不顾。此外，外国军火商为了达到推销西方落后且过剩的武器装备的目的，他们大肆行贿，和李鸿章的部属及翻译结交朋友、贿赂李的幕客和门房、寻求本国驻清领事甚至外交官们的援助。他们花了钱，有时斯文地送些贵重的礼品；有时更直接、更明目张胆地进行贿赂。如此购买军火，质量必然堪忧。不仅所购之炮“不堪一放”，所购炮弹质量亦很低劣，许多炮弹是实着“泥沙”或“煤灰”的。在黄海海战中，日舰浪速被击破水线进水，比睿、赤城、西京丸三舰及其旗舰松岛等都中弹甚多，可这些日舰却一艘也未被炸沉。可见，低劣的弹药质量极大地影响了此次战役的战果。若非如此，则黄海海战的结局很可能会全然改观。此外，各级军官克扣军饷和吃空额之事，亦是普遍存在的现象。军官克扣军饷，官兵关系自然紧张，临阵亦不可能得到兵士拼死一战。

北洋舰队海军军官生活大都奢侈浮华，嫖赌是平常事。从各国海军史来看，嫖妓现象都比较普遍，这是一个共性的“难题”，但如北洋官兵规模的，还是少见的。每当北洋封冻，海军例巡南洋时，官兵遂淫赌于香港。这种现象甚至伴随着北洋海军的覆亡。1895 年 2 月，日本海军击沉来远、威远舰时，来远舰管带丘宝仁、威远舰管带林颖启正在妓院嫖宿。甲午战争中的陆战、海战达几十次之多，中国军队屡战屡败，被日本海军打得无从还手、溃不成军，没有一次打败过敌人，没有击沉过一艘敌舰，这完全是军队综合素质低下造成的。当时全国的军队，以北洋优势最大，北洋里最优秀的就是海军。但北洋海军，也严重存在着军纪涣散、操练废弛、贪污腐化、精神萎靡等问题。通过洋务运动，晚清政府花费巨资，建造各种战舰，在武器装备方面取得一定的进展，并购置了一部分西方的武器装备，采用西式训练方法，但却因军事教育的缺失使得整体的效能大打折扣，距一支优秀的近代军队还有很大的差距。北洋海军提督丁汝昌原是陆军将领，并不熟悉海军业务，但他却统领北洋海军十多年。他常以外行自居，同时，丁汝昌不能以身作则、严格治军，加上当时政府腐朽无能，造成北洋舰队管理混乱，军纪涣散。

清政府在甲午战争中表现出的软弱、消极，急于求和投降的态度完全是由其封建统治的腐朽性所决定的，这也预示着清王朝的覆灭。当时的清政府，体制陈旧，政治腐败，早已失去了往日的辉煌。浸透了北洋海军整个肌体的腐败最终导致了北洋舰队的覆灭，给当时的中国造成了很大的危害，更给后人敲响了警钟，引起了人们广泛而深刻的反思。

3. 满目疮痍的晚清经济

在晚清，“洋务运动”之所以兴起，以至于能自诩“自强”，和那个时代的官吏所接受的教育有密切关系，也和明清两朝长期实行“海禁”政策、长期闭关锁国所造成的官吏思想的僵化密切相关。晚清政府要面对严重的政治危机，但更多的是经济危机，平灭太平天国要花钱；抵抗英法联军花了不少钱；圆明园被烧掉更亏了不少钱；战败赔偿更需要巨资。即使这样，晚清政府依然能将洋务运动持续近 30 年，从南北两洋的舰队，到购买洋枪洋炮，再引进洋机器洋设备。尽管如此，还斥巨资，修建豪华安逸的颐和园，间或还有皇帝大婚和太后祝寿等。当时，朝廷的钱是通过税赋征来的，中央政府是这样，地方政府也是这样。朝廷从民间征钱，说明民间还是很有钱，朝廷用征收来的钱到市场上买商品，说明民间有财富，用财富再从朝廷把钱换回来。说明晚清时国民的财富丰足，创造财富的能力很强。

清朝末期，在一段时间内经济空前活跃，很大程度上与开埠有关。第一次鸦片战争失败后，上海等东南沿海开埠，以前要长途艰辛转运广州成交的那些产品，此时移至产地附近交易，极大地降低了“交易成本”，经济效益和效率得到提高。第二次鸦片战争后，尤其是外来军事力量参与平定太平天国运动后，洋人在埠地和内地行走得到宽松自由，交易成本再一次降低，产商和工贸便愈加发达起来，加之洋商洋行都搬到京畿之边的天津，资金流动与商品运输更加通畅，国民经济也就愈加兴旺。清政府买进的多了，卖出的更多，银洋堵不住地往国内流淌，于是国内的银钱愈发增多。

钱越多越不值钱。以前老百姓手里不用的余钱，放个罐里藏起或埋起来，以备意外。当银钱越来越贬值时，这样的储存就不如转变成固定资产。在这种情况下，几十年甚至上百年不流动的银钱纷纷涌出，市面上流通的银钱愈发显多，所以清政府的货币不断通胀。置业或是消费，都会促动经济发展，经济发展了，商品总量就会增多，相对的货币总量就会显少，减缓以致抑制货币贬值。两者的数量关系相互平衡，晚清末期就有了一段经济发展，物价稳定的好时光。“同光中兴”的同治末期，赶上的就是这个时期。

同末光初，国民经济快速从十多年的战乱恢复起来，而且得到快速发展。南北洋两个舰队的装备、武器和物质，都是成建制地从欧洲购买。朝廷上下，官场内外，“中学为体，西学为用”成为啧啧一时的“大清模式”。即使彼时的日本思想家陆羯南，也对“大清模式”的赞美溢于言表，力倡日本向大清学习，警惕西方价值观毁掉自己。慈禧执政长达近半个世纪，可同末光初的大好时光与光末宣初摇摇欲坠的境态反差如此之大，足见，天下兴旺，天时足可，未必完全人为使之。

1880 年，即同治五年左右，通货膨胀出现，并且累年地加重，物价日渐高昂，不像以前那样，有的物品价格升高，有的物品价格不变，甚至更加低廉。比如进口的洋货，几十年来价格就持续降低。价格降低，如前面所言，因为交易费用降低所致，也因为进口逐渐增多，产生了一定的规模效应，同时也由于西式机器生产以及蒸汽机动力所致。机器生产使得生产质量和精度以及速度有了保障，而蒸汽动力则极大降低了能源费用并提高了制造能力。

以英国为典型，到了大清嘉庆年间，近代工业生产已初具形态，生产的效

率和质量以及价格和规模已经无与伦比，晚清的国力逐渐难以抗衡。一些近代史学家称，1800 年时，清政府的 GDP 占世界的 30%，甚至更高，为世界第一。西方，尤其是英国，向清朝贩售鸦片，是因为无法与清朝的生产能力和水平抗衡，导致贸易逆差，所以用鸦片来平衡。从西方科技史和经济发展史视野去研究，蒸汽动力开始应用之后，金属的机械加工，如大器件的锻造、切削等成为可能，而金属加工业的兴旺刺激冶炼业的发展，大型铸件和炼钢术也就灿然夺目。这些东西，绝对都是清朝所未有、未能有且很需要的。那个年代，英国以纺织业为最。但英国以及欧洲大部分地区在北地，对衣料的第一要求是御寒；这样英国取毛织业为国际分工主项，以轻薄布料为辅项。鸦片战争之前，清朝只开广州一地为国际窗口，那里闷热湿渍，厚重保暖布料当然无用，而转运北方路远费重，销路不开，是制度造成的必然结果。随着开埠逐渐北移，西方的洋布等价格愈发便宜，市场需求不断增加，销量快速增加。国内乱态既平，市井晏然，民需复苏，所有这些都对价格有削减的功效。

清政府和百姓都感觉物价在不断上涨，货币越来越不值钱，一两白银再也买不到去年同样多的东西。适度的通胀有刺激经济的好处，晚清政府及百姓也足实地享受了这样的好处。可是势态却日益走出良性，自 1870 年开始，世界各国陆续选定黄金为货币的本位基础，摆脱与白银的价格挂钩。从此，白银对黄金的比价江河日下。从历史看，古代欧洲的金银比价，在极其漫长的时期里，稳定在 1∶12 左右，新大陆发现后，欧洲得到了那么多的黄金白银，金银比价也长期保持在 1∶16 左右。但到了 1870 年，各国废除了白银的本位地位，白银的比价日益松动，直至跌出货币概念，掉落在一般金属物品范畴，成为一般商品。

至 20 世纪初，白银最惨烈时，银器的价格为 30 年前的百分之十几。若以江南的米价做参考，同治末期 1 石的价格大约是 1 两白银，宣统年间的价格大约是 6 块银圆，折 4.5 两白银。这是个参考，因为即使是相同的年份里，不同季节不同地方的粮价依然或有不同。30 多年的时光，晚清社会的物价上涨了 4 倍多，而且主要集中在前十多年里。那个时代，农作物没有化肥，不用农药，除了人力和种子外，没有别的什么投入，而产出的全然是实物，更且是食物，日日不可或缺。所以，当时的农民基本能够自给自足，满足基本的生活需求。可城里的居民就大为不同，是靠货币来购买粮食。最无助，最遭难的则是已经离开土地，但又未能入居城市的那群人，他们被称作“流民”，没有稳定的收入，却面对不断上涨的物价，必然就会对世道愤懑；相比流民，晚清的普通官吏也好不到哪去。官阶和薪水是祖定之制，万万不得擅改。于是就出现了这样的奇景，官阶越做越大，家计反而越来越难。本来呢，清廉正直就比较艰苦，在严重通胀之中，如此为官，就会愈发不堪作言。这等形势下，腐败现象成为官场默契的规则。

朝廷的财政是受通胀影响最大的领域。“永不加赋”，是清朝入主中原时对汉人的誓词，表证自己是对明末昏聩暴政的解放，是政权合法性的一个根本性依据。大清帝国税赋中最主要、占税收最大比重的是“地丁税”，即按田亩和人丁设定的税项，定额征收，与田产和劳务以及从业收入多少无关。太平天国事起，为各地军武的战争开支，朝廷同意军政地方设卡征收贩运商税，名曰“厘金”，由地方适用自行，有重复征税之烦弊。这最初奏请暂行的税项，后来竟重要到地方不可或缺的程度，以致世乱之后依然持续，在总额上，远远超过中央财政收入。从税理上，很难说“厘金”是定额税还是比例税，无章可据、无例可循的状态，使得它看起来就是一桩任意税。

清政府中央财政的另一个重要税源是关税。委托给洋人管理的海关，是晚清最廉洁、最有效率也最严守规章的机构，使得晚清中央财政有了最为稳定且逐年增加的财政收入。洋人管理的关税，是清廷唯一受世人信任的财源，它发出的“关金券”享有比户部的库票更高的承兑信用。

清朝时期，总体来说，只是偶尔征收“实物税”。“实物税”的好处是，财政不受物价变动的影响，在价格失衡时，其功效若价格的定比收税；采用货币定额征税，财政收入与市场物价失去联动关系。这样，通货一旦膨胀，财政收入势必相对减少，通货越剧涨，财政越骤减。经过 400% 的通胀，清廷财政的购买力，粗略算来，缩减至原来的 1/4。“地丁税”，即使各地或有不法的附加，如此严重的通胀，也让其相形见绌。与清廷财政缩减相反，地方厘金逐年膨胀，以致总量远远超过中央财政收入，财大而气粗，这就是晚清地方大吏有尾大不掉之势的根本原因之一。地方厘金如此泛滥，为何早不解决，将其纳入中央财政？清廷的苦衷在于，“厘金”当初就是临时的权宜之择，一俟天下太平，则须取消。其一，这样的举措，大多数是遵照先朝确定的规矩办理，并没有根据社会经济的发展做相应的调整；其二，与外国列强签订的协议规定，洋货只征一道关税，在大清帝国之内储、运、销各个环节，不得再行征税，此规则，对洋商组织国内货物出口亦然；其三，厘金由地方设卡征收，厘卡林立，厘金实

成“买路钱”，累征复征，为民负所不堪；其四，大清政制中，除了“引”系管理，如盐引、茶引等，没有再多专门征税系统，厘金征收全任地方军政自行，乱侵商市仅是一端，糜烂地方，败坏政纲，着实为国之大恶。

从税赋之态，再回到白银之难。明代嘉靖年间，一两白银可买到四石米粮，到了清末，如前面所举，已变成四两多白银买到一石米粮。300 多年的时间，白银贬值到原值的 60% 左右。其对商业的影响，要么使用原来数量的白银只能买到 1/16 的商品，要么买卖同量的商品，手中的白银要重上 16 倍。明末清初，清朝的货币从来不使用白银，为何后来使用白银而不用铜钱了呢？原因很简单，同样的物品，若用铜钱买卖，背负的钱款实在太多太重。无意中，清朝的银钱也日益重了起来，虽然比铜钱仍轻，但比自己已经十多倍地沉重。

1895 年以前，清朝没有自己的银行，直到清末，清朝下的中西银行还主要开在沿江沿海的大都市，之外的地方就难以用银行票据支付和结算。现金结算，因银钱沉重而困难，严重拖累以致恶化了市场经济的条件。倘若仿照西方，清朝也改用黄金为货币，实行金本位，是可以解开这个困境。所以，经西方人引介，清朝内外多有呼声，主要观点有三个：第一是改“两”行“币”，以枚数为计量单位取代按两的计量单位；第二是改白银货币为黄金货币；第三个观点比较弱，就是发行纸币。因为史上不乏纸币之祸，所以这个提议极易遭遇惧拒。朝廷只是选中第一个提议，同意建立民办银行，同时开始铸造光绪银圆。这可能因银圆与铜钱的事理相同。

然而，白银之困依旧未能解决。清政府请来英法德美，甚至日本的专家学者，为清朝出主意、想办法。这样，在 1904 年，受美国总统之荐，美国知名的货币学者精琪（Jeremiah W. Jenks）被请到清政府，聘为币制改革的设计师。这时全球只有两个国家还守在银本位币制上，除了清朝之外，另一个是墨西哥。一年后精琪怏怏而返后，墨西哥也放弃旧制，改从金本位。“精琪方案”币制改革最后不了了之，直到 1935 年货币改革，以“法币”取代银圆，中国才最后终止了白银本位的货币制度。精琪改革之所以失败，原因之一是他在清朝遇到一个坚决阻力。1895 年大清开铸自己的银币，户部统一币重并发放一致的模具，允许地方大吏见到银锭就地砸成光绪银圆。银锭纯度高，质地软，改制成银币需要添加金属。这样，铸币有暗利滋生，其学名叫“铸币税”。在地方改铸，暗利就落在地方。一旦改作金本位，就必然终止银币铸造，地方这笔暗利也就被夺去。所以，以张之洞为代表的强势地方大吏，坚决反对改币制为金本位，巧编借口，横生刁难。精琪改革失败的另外一个原因是它在清朝遇到一个意外逆情。彼时，世界剩下的白银产地主要在美国，其他地方大致开采竭尽，即使作为一般金属商品，美国也具有了绝对的垄断地位。这样，美国的银业商会百般游说国会，令美国政府采购白银来充镇国库，意在恢复被废止30年的金银双本位制。而引起这个情况的原因是，黄金提炼又有新法，使得废矿废渣再成富矿，黄金供量大增，白银的比价也得以提升。即使升贬相抵，白银的价格也绝对提高，黄金更绝对贬值。这样，改行金本位的西方国家境况不爽，虽然并不那么不可忍耐的严重，但没想到白银升值，令大清帝国忽然遭遇通缩的袭击。

与黄金贬值的因素不一样，白银绝对价格的上升，很大程度是美国银业商会人为操纵的结果，也是美国国内政治博弈的必然发展过程，不同于黄金价格的必然性。不久，白银的价格再回到下坡路，并由此狂泻不止，偶尔也受美国国内政治左右而上下波动。“通缩”的商业现象是“现金为王”，人们倾向持有现金，货币黏度增加，流动性降低，交易萎靡，经济景色灰暗。就社会而言，商业萧条出现，失业导致流民增加，社会陷入严重失稳中。几年过后，通胀再起，上述罗列以相反的现象出现，社会财富又向相反的方向转移。这样打摆子的经济状态，几近将民间财富反复筛搓，所剩无几，国家财政张弛错乱，民间百姓正反都是受害者，真正到了民不聊生，他们对未来的走向无从判断。

清朝，金融学尚未成型，即使发达的西方国家也未能有效梳理。贵金属货币，无论黄金还是白银，也无论为货币本体还是货币本位，倘若严格遵守下来，则意味着货币供应量任凭“老天爷”操纵，人类无法控制。不小心发现大矿藏，或碰巧偷得炼金术，都会将人类社会扔在猝不及防与无力抗衡之境。反之，若“上天”手缝攥得太紧，不搭理人类发展，社会生产又会渐渐沦入通货紧缩之中，百姓惜钱不花，经济就会在不自觉中停滞下来。彼时的中国比西方国家来得要更真切、更严重和更无奈，不仅在于孤独的银本位，还在于缺乏有效的银行系统，银行的信用不足，向社会发行不出银行券。

甲午战争战败以后，清政府财政更加困难、面临空前的危机，对官办企业不可能继续投资。这一局势迫使清朝政府改变原来完全由国家垄断一切重要产业的经济体制，迫使其允许私商参与采矿、航运、铁路等大型产业的兴办，因而具有近代色彩的经济管理法规应运而生。这一时期制定颁布的主要经济法规有：1897年颁布的《振兴工艺给奖章程》，1898年颁布的《内洪行船章程》，

1898 年颁布的《矿务铁路公共章程》，1903—1911 年又颁布了《商人通例》《公司律》《破产律》《试办全国预算暂行章程》《大清银行则例》，等等。

满目疮痍的晚清经济，使中国的经济结构发生了重大变化：传统小家经济逐步瓦解，传统的家庭手工业和私营手工业纷纷破产；农产品商品化加快，促进了城乡商品经济的发展；洋行大量开办，买办迅速发展成为一个新兴的社会阶层。

第十七章　复兴之根，承载民族复兴的希望

1. 资本主义道路的尝试

对资本主义道路的尝试主要有以下五个方面：太平天国建立资本主义国家的设想；洋务派学习资本主义“长技”的尝试；维新派对于君主立宪资本主义道路的探索；孙中山等领导的资产阶级民主革命；中国共产党早期领导人在“五四运动”之前对于资本主义的追求。

伟大的爱国主义者谭嗣同在他的著名诗篇《有感一章》中悲愤地写道：“世间无物抵春愁，合向苍冥一哭休。四万万人齐下泪，天涯何处是神州？”中国的出路在哪里？怎样才能实现中华民族的伟大复兴？危厄的现实要求中国人民去回答这些决定中国命运的严峻历史课题。于是，我们的先辈们踏上了这条异常艰难、坎坷、漫长的道路。

太平天国建立资本主义国家的设想。太平天国早期提出的纲领是“有田同耕，有饭同食，有衣同穿，有钱同使，无处不均匀，无人不饱暖”。这一纲领集中反映了受压迫、受剥夺的农民阶级的利益诉求，与资本主义道路相差甚远，是一种小农平均主义的空想，但到了太平天国后期，事情却有了变化。1859年，洪秀全的族弟洪仁来到太平天国的首都天京。他推崇美国的选举制度，称赞英国的法治。在总理太平天国朝政期间，洪仁提出了一个系统的社会发展方案，并由洪秀全下令刊刻颁布，这就是著名的《资政新篇》。“新”在哪里呢？在政治建设上，主张制定法律、制度；在经济建设上，主张发展交通运输业，制造火车轮船，兴办邮政，创立银行，发行纸币，鼓励民间开矿、办企业，“准许富者请人雇工”；在文化建设上，主张崇信上帝教，设立新闻官、新闻馆，兴办学校。尽管这个方案没有条件也没有时间实施，但是它毋庸置疑地表明：在太平天国后期，其领导集团有过向西方学习，在中国发展资本主义的打算。然而，扼杀太平天国、剥夺其发展资本主义权利的，除了国内封建主义，恰恰还

有国际资本主义。众所周知，太平军的拜上帝会实际上就是经过改造的基督教组织。西方列强起初以为，信仰的同一性会使太平军成为它们那一伙儿的人。于是，他们支持太平军造清政府的反。《北华捷报》在1854年1月7日的社论中曾经充满热情地说："我们把他（指洪秀全）看作是以快速步伐推进中国真正开放的动力，他能促进与西方世界的联系，我们相信在他的更开明的统治下，我们的商人将能迅速摆脱目前的困难，赢得自由、互惠、清白无瑕的贸易的一切好处。"但是为时不久，他们便发觉这个如意算盘打得不对。太平军不但反对清政府，也反对他们入侵中国。1860年签订的《北京条约》，使他们在中国获得很多特权，可是在太平军的根据地内，这些特权都不算数。太平军非但不与他们进行鸦片这个"清白无瑕的贸易"，而且焚烧鸦片。于是他们便转而支持清政府镇压太平军。曾经夸奖太平军的《北华捷报》，翻脸就破口大骂太平军是"打家劫舍"的"盗匪"，并且扬言道："为了尽快结束这场长期不止的动乱，无论采取什么手段几乎都无人计较，因为叛乱正在使贸易受到损害。"英国全权公使约翰·包令向伦敦报告说：现存的帝国政府，尽管它可能是很恶劣、腐败、愚昧的，但是总要比太平军好；美国专员列卫廉也以同样的腔调向华盛顿报告：一度认为有巨大影响的叛乱，现在却被视作应予结束的有害的灾变，对帝国政府应予支持。从此，他们不但为清政府提供洋枪、洋炮和洋钱，而且还直接组织雇佣兵去杀太平军。美国流氓华尔、英国兵痞戈登，就是在这一极不光彩的勾当中出尽风头的。

洋务派学习资本主义"长技"的尝试。早在1842年，即第一次鸦片战争失败以后，"睁眼看世界"的魏源等人就看到了中国在生产力发展水平上与西方的巨大差距，因而提出"师夷长技以制夷"的思想。第二次鸦片战争失败以后，在内忧外患中，清政府中的一些大员，如奕䜣、曾国藩、李鸿章、左宗棠、张之洞等，将魏源的主张付诸行动，近代洋务运动就此拉开序幕。这一运动的宗旨是引进西方近代科技和工业，尤其是军事工业，为风雨飘摇中的封建王朝提供全新的物质技术支撑。为此，他们兴办近代企业，建立新式海军，创办新式学堂，派遣留学生，一时间搞得红红火火、热热闹闹。这场运动在一定程度上推动了中国近代工业和民族资本主义的发展。但是它有两个不可逾越的障碍。一个来自内部，即"中学为体，西学为用"。科学技术是生产力。一定阶段的生产力发展，需要与之相适应的特定的生产关系和上层建筑。资本主义世界的先进生产力与封建主义的生产关系和上层建筑是根本不相容的。也就是说，在"中学"这个"体"下，很难应用"西学"。另一个来自外部，即国际资本主义。尽管洋务派异常小心地奉行“外敦和好”的妥协路线，但是西方列强并不允许他们去“稍分洋商之利”。19 世纪 70 年代，英国的太古、怡和与美国的旗昌三家轮船公司企图联手挤垮中国的轮船招商局，就是明证。在半殖民地的中国，国际资本主义留给洋务派的“取利”空间，实在可怜得很。在这一小得可怜的空间翻转腾挪，根本就不可能实现“自强”“求富”的目标。甲午一战，威海卫失守，北洋水师全军覆没，宣告了持续 30 多年的洋务运动的失败。

维新派对于君主立宪资本主义道路的探索。与洋务派比较，维新派要显得高明一些。他们不再将目光仅仅局限于坚船利炮和声光化电，而尝试效法日本明治维新，对国家政治制度进行改良。在给光绪皇帝的上书中，康有为明确提出了“君主立宪”的政治纲领。他的得意门生梁启超，则将批判的矛头直指历代帝王，断言“君权日益尊，民权日益衰，为中国致弱之根源”。严复在他的译作《天演论》中，用“物竞天择，适者生存”的竞争意识和危机意识唤醒国人。新思想的传播，使维新运动成为一场伟大的思想启蒙运动，恰如梁启超所说：“一时间，旧盛顿决，泉涌涛奔。”然而，变法仅仅持续了 103 天，便遭到了封建保守势力的血腥镇压。维新运动兴起之时，正是英美日与沙俄矛盾尖锐之秋。为了各自的利益，沙俄支持以慈禧太后为首的守旧派，英美日则试图利用维新派扩大在华的势力。英国传教士李提摩太向光绪皇帝提出《新政策》意见书，要求成立由 8 人组成的“新政部”，其中“半用华官，半用西人”，而西人又必须是英国人和美国人。这就再也明显不过地暴露了他们把中国变成英美独占的殖民地的险恶居心。不错，英美日确实对维新派表示过同情，维新失败后也确实为康梁等人的出逃提供了一定程度的帮助，但是对于中国问题的实用主义态度，决定了他们根本不可能给维新派以任何实质性的支持。戊戌政变前夕，维新派试图通过伊藤博文、李提摩太等乞求英美日的支持，结果无一不是竹篮打水一场空，而日本前首相伊藤博文对于维新派的批评，还为那些反对变法的守旧派提供了“炮弹”。

孙中山等领导的资产阶级民主革命。1900 年八国联军入侵北京，打掉了清王朝的最后一点儿骨气。此时，清王朝已经成为“洋人的朝廷”。日益深重的民族危机和社会矛盾，催生出孙中山领导的资产阶级民主革命。这场革命是中华民族实现伟大复兴的一座重要里程碑，它推翻了统治中国 2000 多年的封建君主专制制度，重创了在中国为非作歹的中外反动势力，带来了中国社会的思想解放，开辟了民族资本主义发展的空间，推动了亚洲被压迫民族的解放运动，所以列宁称赞它“具有世界意义”。但是它的历史局限性也是显而易见的。孙中山曾真诚地认为，美国“主持人道”，法国“尊重主权”，英国“主持公理”。

1911年，武昌起义爆发。当时正在美国筹款的孙中山并未立即直接回国，而是特意取道欧洲，去寻求各国的政治支持和经济援助，结果是一无所获。资产阶级革命派在按照西方的政治模式建立政权以后，多次致电欧美各国恳请外交承认，为此甚至做出承认清政府与列强签订的一系列不平等条约的巨大妥协，不料均遭拒绝。相反，帝国主义却看中了一个反对共和、复辟帝制的人物，这个人就是袁世凯。1912年，袁世凯刚一就任中华民国临时大总统，各国公使便立即登门道贺。正是在屡屡受挫之后，孙中山才终于认识到：帝国主义不仅是中国实现民族独立的主要障碍，而且是最强大的反革命势力，进而明确提出了反帝主张。"必须唤起民众，联合世界上以平等待我之民族，共同奋斗。"从一定意义上说，这一遗嘱是对他领导的革命的经验总结，其间包含着诸多辛酸和感慨！

中国共产党早期领导人在"五四运动"之前对于资本主义的追求。建立资产阶级共和国，自主发展资本主义，也曾是中国共产党早期领导人在"五四运动"之前的共同理想。陈独秀在题为《抵抗力》的文章中说："美利坚力战八年而独立，法兰西流血数十载而成共和，此皆吾民之师资。"俄历1917年2月，俄国发生资产阶级民主革命。消息传来，李大钊立即著文给予热情称颂，并兴奋地表示："今吾更将依俄国革命成功之影响，以厚我共和政治之势力。"

从太平天国、洋务运动、维新运动、辛亥革命一直到"五四运动"之前，中国人民在备受国际资本主义蹂躏的背景下，一直虔诚地前赴后继地从资本主义那里探索挽救危亡、实现复兴的道路。可以说，为了在中国发展资本主义，中国人民付出了一切可能付出的努力，可谓"既余心之所善兮，虽九死其犹未悔"！

2. 黎明来临之前追寻强国梦的"民族脊梁们"

（1）魏源——第一个睁眼看世界的中国人

1794年4月23日，魏源生于湖南邵阳县金潭（今邵阳市隆回县司门前）。7岁从塾师刘之纲、魏辅邦读经学史，常苦读至深夜。母怜其过勤，每夜定时熄灯令卧，他伺二老熟寐，以被遮灯默读。9岁赴县城应童子试，考官指着画有"太极图"的茶杯提出"杯中含太极"嘱对。魏源摸着怀中两个麦饼对曰："腹内孕乾坤。"考官大为惊异。嘉庆十五年（1810年）庚午科取秀才。嘉庆十六年辛未岁试补廪膳生。嘉庆十八年癸酉科选拔贡。嘉庆二十五年（1820年）全家迁居江苏扬州新城。道光二年（1822年）壬午科中式举人第二名。道光五年（1825年）受江苏布政使贺长龄之聘，辑《皇朝经世文编》120卷；又助江苏巡抚陶澍办漕运、水利诸事，撰《筹漕篇》《筹齿差篇》和《湖广水利论》等。道光九年（1829 年）应礼部会试，与龚自珍双双落第，房考刘逢禄作《两生行》哀之，从此龚魏齐名。魏捐内阁中书舍人候补，内阁藏书丰富，乃博览史馆秘阁官书及士大夫私家著述。时社会动乱加剧，他目睹江华瑶民起义，深感清政权的腐败；道光二十年爆发了鸦片战争，外国侵略危机使他更加愤激，进一步激发了爱国热情。道光二十一年（1841 年），魏源入两江总督裕谦幕府，直接参与抗英战争，并在前线亲自审讯俘虏。后见清政府和战不定，投降派昏庸误国，愤而辞归，立志著述。道光二十二年（1842 年）完成了《圣武记》，叙述了清初到道光年间的军事历史及军事制度。在文中提出“今夫财用不足国非贫，人才不竞之谓贫；令不行于海外国非羸，令不行于境内之谓羸。故先王不患财用，而惟亟人才；不忧不逞志于四夷，而忧不逞志于四境。官不材，则国祯富；境无废令，则国柄强”的人才论观点。

道光二十四年（1844 年）甲辰，魏源再次参加礼部会试，中进士，以知州用，分发江苏，任东台、兴化知县。期间改革盐政、筑堤治水。他依据林则徐所辑的西方史地资料《四州志》，参以历代史志、明以来《岛志》及当时夷图夷语编成《海国图志》50 卷，后经修订、增补，到咸丰二年（1852 年）成为百卷本。它囊括了世界地理、历史、政制、经济、宗教、历法、文化、物产。对强国御侮、匡正时弊、振兴国脉之路作了探索。提出“以夷攻夷”“以夷款夷”和“师夷长技以制夷”的观点，主张学习西方制造战舰、火械等先进技术和选兵、练兵、养兵之法，改革中国军队。为了捍卫中国的独立自主，他号召“以甲兵止甲兵”，相信中国人能战胜外国侵略者。他告诫人们在“英吉利蚕食东南”之时，勿忘“鄂（俄）罗斯并吞西北之野心”。他提倡创办民用工业，允许私人设立厂局，自行制造与销售轮船、火器等，使国家富强。他主张革新，要求“去伪、去饰、去畏难、去养痈、去营窟”“以实事程实功，以实功程实事”。并在《默觚》中发挥了“变古愈尽，便民愈甚”和“及之而后知，履之而后艰”的主张，实为近代中国改良思想的前驱。对清王朝长期昧于世界大事，夜郎自大，故步自封，封关锁国的闭关政策和媚外求和的路线予以犀利的批判。❶咸丰元年（1851 年），魏源授高邮知州，公余整理著述，咸丰三年（1853 年）完成了《元史新编》。后以“迟误驿报”“玩视军机”革职。旋复职，他以年逾

❶ 梁启超在《论中国学术思想变迁之大势》中指出：“《海国图志》对日本‘明治维新’起了巨大影响，认为它是‘不龟手之药’。”在《中国近三百年学术史》中指出：“《海国图志》之论，实支配百年来之人心，直至今日犹未脱离净尽，则其在中国历史上关系不得谓细也。”

六旬、遭遇坎坷、世乱多故而辞去。晚年，潜心学佛，法名承贯，辑有《净土四经》。咸丰七年三月初一日（1857年3月26日）卒于杭州东园僧舍。终年63岁，葬杭州南屏山方家峪。

魏源是一个进步的思想家、史学家和坚决反对外国侵略的爱国学者。他积极要求清政府进行改革，强调："天下无数百年不弊之法，无穷极不变之法，无不除弊而能兴利之法，无不易简而能变通之法。"他着重于经济领域的改革，在鸦片战争前后提出了一些改革水利、漕运、盐政的方案和措施，要求革除弊端以有利于"国计民生"，认为"变古愈尽，便民愈甚"。这些主张不仅在当时具有进步意义，对于后来的资产阶级变法维新运动起了积极的推动作用。魏源学识渊博，著作很多，主要有《书古微》《诗古微》《默觚》《老子本义》《圣武记》《元史新编》和《海国图志》等。❶

（2）梁启超——呼唤着"少年中国"兴起的启蒙思想家

梁启超（1873年2月23日至1929年1月19日），字卓如，号任公，又号饮冰室主人、饮冰子、哀时客、中国之新民、自由斋主人等。汉族，广东新会人。中国近代维新派代表人物，学者。中国近代史上著名的政治活动家、启蒙思想家、资产阶级宣传家、教育家、史学家和文学家。戊戌变法（百日维新）领袖之一。曾倡导文体改良的"诗界革命"和"小说界革命"。其著作合编为《饮冰室合集》。梁启超留给人们最为振奋的著作是《少年中国说》。

"日本人之称我中国也，一则曰老大帝国，再则曰老大帝国。是语也，盖袭译欧西人之言也。呜呼！我中国其果老大矣乎？梁启超曰：恶是何言，是何言，吾心目中有一少年中国在！……若我少年者前程浩浩，后顾茫茫，中国而为牛、为马、为奴、为隶，则烹脔鞭棰之残酷，唯我少年当之；中国如称霸宇内、主盟地球，则指挥顾盼之尊荣，唯我少年享之。于彼气息奄奄、与鬼为邻者何与焉？彼而漠然置之，犹可言也；我而漠然置之，不可言也。使举国之少年而果

---

❶ 《海国图志》是其中有较大影响的一部，也是他作为地理学家的代表作。该书有50卷本、60卷本和100卷本三种。他以林则徐主持编译的《四洲志》为基础，于道光二十二年（1842）编成50卷本，道光二十七年（1847）扩充为60卷本，次年徐继畬的《瀛环志略》问世，魏源吸取该书和其他资料，于咸丰二年（1852）增补为100卷本。《海国图志》内容丰富，记述了世界各国的地理、历史、经济、政治、军事和科学技术，乃至宗教、文化等情况，并附有世界地图、各大洲地图和分国地图等。此书主旨在唤起国人，学习外国的长技，兴利除弊，增强国力，抵抗外来侵略。它与成书时间相近的《瀛环志略》是中国学者编写的最早的两部世界地理著作。

为少年也，则吾中国为未来之国，其进步未可量也；使举国之少年而亦为老大也，则吾中国为过去之国，其澌亡可翘足而待也。故今日之责任，不在他人，而全在我少年。少年智则国智，少年富则国富，少年强则国强，少年独立则国独立，少年自由则国自由，少年进步则国进步，少年胜于欧洲，则国胜于欧洲，少年雄于地球，则国雄于地球。红日初升，其道大光；河出伏流，一泻汪洋；潜龙腾渊，鳞爪飞扬；乳虎啸谷，百兽震惶；鹰隼试翼，风尘吸张；奇花初胎，矞矞皇皇；干将发硎，有作其芒；天戴其苍，地履其黄；纵有千古，横有八荒；前途似海，来日方长。美哉，我少年中国，与天不老！壮哉，我中国少年，与国无疆！”少年中国说描绘出了当时中国的神态。1900 年，是旧世纪的终结、新世纪的开始。清朝即倒，却挣扎着最后岁月，破败不堪的残局下，也孕育着新的希望。仿佛应照着这幅历史画面，《少年中国说》以慷慨昂扬的姿态，宣告着与“老大帝国”的决裂，呼唤着“少年中国”的兴起。

梁启超的人格也和他这篇文章中的“少年中国”一样，充满着朝气，充满着中国未来的希望。1898 年 9 月 21 日凌晨，慈禧太后突然从颐和园赶回紫禁城，直入光绪皇帝寝宫，将光绪皇帝囚禁于中南海瀛台，然后发布训政诏书，再次临朝“训政”。9 月 28 日，谭嗣同、康广仁等 6 人在北京菜市口被杀害，所有新政措施，除 7 月开办的京师大学堂外，全部都被废止。从 6 月 11 日至 9 月 21 日，进行了 103 天的变法维新宣告失败。9 月 22 日，苦劝谭嗣同逃离无果的梁启超，在日本使馆安排下，化装逃往天津，几天后登上日本军舰，开始逃亡之旅。“到了日本以后，梁启超开始苦学日语，半年后，他就可以比较顺利地阅读。”日本引进的大量西方的政治学、经济学、哲学、社会学等书籍，让梁启超大开眼界。梁启超在一年后回顾这段岁月时感慨：“自居东以来，广搜日本书而读之，若行山阴道上，应接不暇，脑质为之改易，思想言论与前者若出两人。”戊戌变法的本意，也是效仿日本的明治维新，在政权内部进行一场自上而下的改良，但进行百余天就被清朝的保守派扼杀，而彼时的日本，却已进入明治维新的 30 年，整个国家焕发着勃勃生机。在西方政治学说的参照下，梁启超对保守、陈腐的清王朝产生了种种反思。1900 年 2 月 10 日，梁启超在《清议报》第 35 册上发表《少年中国说》，以激情澎湃的语言，呼唤着一个气象一新的“少年中国”的诞生。梁启超用人的老少比喻国之老少，在文章开篇即设置了一对决然对立的“老少”：“日本人之称我中国也，一则曰老大帝国，再则曰老大帝国。是语也，盖袭译欧西人之言也。呜呼！我中国其果老大矣乎？”梁启超曰：“恶是何言，是何言，吾心目中有一少年中国在！”“在中国传统社会里，

讲究老少阶层，强调尊老敬老、长幼有序，在老年人面前，少年是后辈，扮演的是传承者的角色。而《少年中国说》则打破了这一重意义，梁启超勇敢地塑造出‘少年’形象，提出了对代表旧势力的‘老年’的挑战和抗争。”（中国）台湾大学中文系教授梅家玲教授说，虽然在中国古典文学里，有少年游、少年英豪这一类的词，但“少年中国”一词的形成却与梁启超的日本经验有关。当时一些日本文人，用“少年”的形象，意喻维新后的“新日本”，“其重视少年、以少易老的思维给梁启超很大震撼”。梁启超用形象而华丽的语言描述了中国的少年特征，不遗余力地否定老年，赞美少年，赋予“少年”以崇高的象征意义：“老年人如夕照，少年人如朝阳；老年人如瘠牛，少年人如乳虎”“老年人如鸦片烟，少年人如白兰地酒”“老年人如秋后之柳，少年人如春前之草；老年人如死海之潴为泽，少年人如长江之初发源”。“其实这里面所用的‘老’与‘少’，并不在于生理年龄的老与少，而是心理上的、精神上的老与少。他期盼用少年所代表的希望与活力，扫除僵化、陈腐的旧势力。”

流亡日本期间，梁启超接触了大量介绍西方社会政治学说的书籍，这也使他对于国家形态有了进一步思考，这种思考自然在《少年中国说》里有所体现，“欲断今日之中国为老大耶，为少年耶，则不可不先明‘国’字之意义”。梁启超由此提出了颇具现代色彩的“国家”观念：“有土地，有人民，以居于其土地之人民，而治其所居之土地之事，自制法律而自守之。有主权，有服从，人人皆主权者，人人皆服从者。”反观中国，“我黄帝子孙，聚族而居，立于此地球之上者既数千年，而问其国之为何名，则无有也”，所谓夏、商、周、秦、汉、宋、元、明、清等，都是朝名。梁启超一针见血地说：“朝也者，一家之私产也。”

“在中国的传统文化里，没有国家观，只有天下观。”❶ 鸦片战争之后，在西方的坚船利炮下，无论统治者还是普通民众，都以痛苦的代价认识到：中国不再是唯我独尊的“天朝”，它必须被放置在世界性、全球性的地理场景中。“少年中国”正寄托了梁启超欲将“老大帝国”化为一个民族国家，使之进入现代世界的全球形象之中的政治理想。❷

热情奔放、感情丰富的梁启超，在介绍西方新文化和宣传自己的政治主张时，创造了一种通俗流畅、热情奔放、脍炙人口的“新文体”，非常适合中下

---

❶ 台湾大学中文系教授梅家玲教授说，在这种天下观里，“普天之下，莫非王土；率土之滨，莫非王臣”。国家疆界里的所有人民，都是王朝的私有财产。

❷ 梁启超去世以后，中华书局出了一套《梁启超全集》，梁家9个子女每人一套。

层知识分子，尤其是新兴的青年学子的口味，这也使得梁启超的文章具有一种独特的魅力。所以《少年中国说》一面世，“少年”一词风靡一时，《清议报》随即出现了不少以“同是少年”“铁血少年”“濠镜少年”“突飞少年”等为名的作者群，或抒发壮怀，或吟歌励志。甚至连晚清四大小说家之一的吴趼人，都一度以“中国老少年”为笔名，“少年”的魅力，至此可见一斑。

（3）林则徐的“中国梦”

由于家庭出身清寒，青少年时期生活贫苦，加上父母对他学而优则仕的殷切期望，林则徐从小便发愤读书；而他父母本身的困苦经历和他们比较同情下层人民的痛苦、不满于统治集团中的黑暗腐败等方面的言传身教，更给了他以重大影响。通过他父亲，林则徐在青少年时期还接受了几个书院的山长、前辈学者如郑光策（1755—1804年）、陈寿祺（1771—1834年）等人的教育，更懂得了必须立定志向、学以致用，从而接触到各种经史典籍，大大开拓了眼界。由于家庭、父母和师长的长期熏陶，使得林则徐从小奠立了救世济时的志向，注意了解下情，认识到正直做人、办事要讲效果和不能与世同流合污的道理，并使他喜读有关民生利病的书，讲究民族气节，崇拜古代著名的民族英雄如李纲、岳飞、文天祥、于谦等人的功业和高尚情操。

林则徐不同于一般的封建官僚，他非常注意了解和研究其他国家，主张睁眼看世界。为了“采访夷情”，他到广州后不久，即组织一批当时还很少有的通晓外文的人才，从外国报刊上搜集有关的资料编译成《澳门新闻纸》，并“日日使人刺探西事，翻译西书”。在他到广州后的两年时间里，即使到后来被革职了，组织翻译西书西报的工作一直坚持下来没有中断过。他除了根据编译成的外国报刊汇编《澳门新闻纸》，并将其分类整理为专题式的报道资料《澳门月报》外，还请人译述英国人慕瑞的《世界地理大全》，将它编辑整理成《四洲志》。《四洲志》是我国第一部比较系统的世界地理大观，它介绍了世界五大洲30多个国家的地理和历史概况，成为后来魏源编辑的《海国图志》的蓝本。此外，他还组织有关人员摘译西方报刊上的议论中国的资料辑成《华事夷言》；摘译瑞士人瓦特尔关于国际法的著作编成《各国律例》（或译作《万国公法》）；又摘译英国僧侣池尔洼的《对华鸦片贸易》等书。通过这些翻译过来的西方著述和资料，林则徐了解到不少“夷情”，并据此制定了“控制之方”，也就是针锋相对的斗争策略。后来，林则徐在被革职查办后给新来广州的奕山所提的建议中还特别强调说：从外国报刊书籍翻译过来的资料，“其中所得夷情，

实为不少，制驭准备之方，多由此出。”例如瓦特尔的著作《国际法》，强调国家主权，其中包括“一个国家拥有禁绝外国货，没收走私货，以及进行战争的权利”等相当广泛的内容，就为林则徐提出的要求外国鸦片商在缴出全部鸦片后必须出具保证书，声明“嗣后来船永不敢夹带鸦片，如有带来，一经查出，货尽没官，人即正法，情甘服罪”的做法提供了充分的国际法的法律根据。林则徐当时也在有关的译文后加上内容涉及中国有权禁止外商夹带鸦片来华“流毒射利”，如果“有人买卖违禁之货，物货与人正法照办”等评注。不仅如此，他还请人翻译西方关于大炮瞄准法等武器制造方面的应用书籍，以学习外国的先进军事技术，改进和提高清朝军队的武器和作战能力。林则徐的这种了解“夷情”，学习西方先进科学技术以抵抗外来侵略的思想，也就是魏源后来在《海国图志》中所概括的“师夷长技以制夷”。这与一般封建官僚闭目塞听、故步自封的保守思想恰成鲜明的对照。当时的外国人即有评论，他们说：“中国官府全不知外国之政事，又不询问考求，故至今中国仍不知西洋……中国人果要求切实见闻，亦甚易，凡老洋商之历练者，及通事、引水人，皆可探问，无如骄傲自足，轻慢各种蛮夷，不加考究。惟林总督行事，全与相反，署中养有善译之人，又指点洋商、通事、引水二三十位，官府四处探听，按日呈递，亦有他国夷人，甘心讨好，将英吉利书籍卖与中国。林系聪明好人，不辞辛苦，观其知会英吉利国王第二信，即其学识长进之效验。”林则徐气吞山河的壮举，不仅捍卫了中华民族的尊严，而且也向全世界宣告中国人民高尚纯洁的道德心。

（4）沈家本、伍廷芳的“中国梦”

鸦片战争之后的中国，自强一直是不变的主题。何以制夷？洋务的整体失败，证明器物山寨无法实现“师夷长技以制夷”的目标，而百日维新的昙花一现，也证明“明君”政治行之不远。自强大业未完，20 世纪初，中国法律人作为群体走向历史前台，用近百年的努力谱下一曲追求法治的壮歌。

第一代法律人当推沈家本、伍廷芳。沈君浸淫体制多年，精通传统法制之糟粕与精华；而伍君作为华人研习西方法律第一人，深谙西方法治之理念与制度。由此，时代的风云际会自然而然地造就一代黄金组合，他们对拆毁中国传统法制，在中国官方层面导入西方法律理念，构建现代诉讼制度的法治大业而言，其千秋大功绝对可以载入史册。

沈家本，字子惇，别号寄簃。清光绪年间进士，早年入仕，历任天津知府、刑部左侍郎、法部右侍郎、修订法律大臣、资政院副总裁等职。任职刑部其间，广泛收集我国古代法律史料，并做了系统整理和考订；后奉命主持修订法律，改良清代律制，先后主持修订《大清律例》《大清现行刑律》；与此同时，参考泰西刑法，制订《大清新刑律草案》。使得中国绵延几千年的旧刑法体制有了改良；而他主持制定的民法和商法草案，虽未得到实施，却给中华法系以强烈震动，中华法系以此为标志终结，近代中国法制历史从此掀开第一页。与近代其他有志之士一样，沈家本身处中国最具灾难与动荡的 19 世纪末和 20 世纪初，中国近代史的几桩重大事变他都亲身经历，先是第一次鸦片战争、太平天国运动，后有戊戌变法、第二次鸦片战争、甲午海战和义和团运动，狼烟频起，兵荒马乱。正是在这多事之秋，沈家本在结束近 30 年的刑部司员生涯后，先后被升任天津太守（1893 年）和保定知府（1897 年）。在天津任内，沈家本“治尚宽大”（《清史稿：沈家本传》），他审理案件，不凭主观臆断，注重实地查勘，弄清案情，如审理天津县奸商郑国锦同奸妇王氏谋杀本夫刘明身死案，开棺查看，仔细验骨，发现顶心骨浮出，囟门骨及牙根骨呈现红色，为在脐上一寸部位禁针之水分穴扎针所致症状，从而确定凶犯，亦为《洗冤录》补遗。

1900 年，沈家本被任命山西按察使，而正当他准备离开保定，前往山西赴任时，恰逢八国联军进驻保定，受当地一传教士诬陷，沈家本以附和义和团的罪名被联军拘留，突遭牢狱之灾。在被拘押的九个月中，沈家本写了许多诗，表达他的悲愤心情和忧国忧民的思想：如他在《九月初一日口占》一诗中写道：“楚囚相对集新亭，行酒三觞涕泪零。满目山河今更异，不堪说与晋人听”；在《漫题三首》中也发出“烟尘到处都成劫，尊俎何人可折冲”的悲叹；面对山河破碎，遍地劫灰，自己身陷囹圄，生死未卜，其悲愤之情可想而知。此次劫难对他日后受命主持修律变法，坚持以法救国，变法图强的主张有重要影响。1900 年 12 月 26 日，牢狱之灾结束后，他几经辗转，赶到当时慈禧的避难所——西安，先被以三四品京堂候补，后被任命为光禄寺卿，先行返京，为慈禧太后、光绪皇帝返京打前站；回京后被升为刑部右侍郎，后又升刑部左侍郎，终在花甲之年，名列朝班，从此开始了他一生中最辉煌的时代，正可谓“时势造英雄”。而其间，由于八国联军在议和后开列名单，要求追究“祸首”，沈家本的同僚、原刑部尚书赵舒翘被列为“祸首”之一。慈禧太后为迎合八国联军，先将赵氏革职，定为斩监候，后又迫于八国联军的压力，改为“赐令自尽”。在沈家本看来，赵舒翘是无罪的，不过是替罪羊。此事对沈家本刺激很大，他曾亲到赵的墓上祭奠，写下《大元村哭天水尚书》的诗，对清政府处死赵舒翘表示出“万恨何时平，千龄终已矣”的愤慨。

1902年，光绪皇帝下谕修律，要求参酌各国法律，悉心考订。沈家本和伍廷芳被袁世凯、张之洞等保举主持修律。从此，沈家本受命于危难之中，承担了中国近代史上具有转折意义的律例修订工作。修律筹备之初，伍廷芳尚在美国，主要事宜皆由沈家本承担。他提出首先要挑选熟习中、西法律的司员，分别进行资料编辑工作；再聘请东、西各国精通法律的博士和律师作顾问；调取留学回国人员从事翻译；并申请拨专款资助。他提出的这些办法任务明确、效率很高，表现出他的组织才能。经过两年的筹备，1904年，修订法律馆终于开馆办事，首先翻译各国法规，根据沈家本1905年的总结，修订法律馆在一年中就翻译了德意志、俄罗斯、日本、法国、英国、美国等国的刑法。在大量翻译参酌的基础上，沈家本主持《大清律例》的全面修订。沈家本在1905年向清廷上奏《删除律例内重法折》中，参酌各国刑法，阐述了删除《大清律例》中重法的必要性；并批评了那些重法的野蛮性、残酷性和落后性；要求废除凌迟、枭首、戮尸、缘坐、刺字等酷刑并禁止使用刑讯逼供。这些建议得到光绪帝的赞同，从此，这些酷刑从中国刑法中被废除。沈家本还请求减少死刑适用的条文，也被批准。这些改良之举推动了中国法律的文明进程。

法律体系框架也是此次修律的重要突破点，中国自古诸法合体，刑法与民法不分，实体法与程序法不分，显然难以适应日益增多的各种社会需求。沈家本参酌各国法律，立足本国国情，对旧的法律体系框架进行大胆改革。在其主持下，先后制订了《大清新刑律》《刑事民事诉讼法》《破产律》《法院编制法》《违警律》《商法总则草案》《亲属法草案》等一大批中国古代不曾有过的新类型的法律，为中国近代法律体系框架的建立和全面走向近代法制开创了道路。同时，在司法公正方面，他提出建立陪审员制度和律师辩护制度，这无疑是中国近代法制的创举。

在修订律例问题上，尽管沈家本为修律大臣，全面主持修律工作，但由于修律涉及中国古代法律制度的重大改革问题，许多改革触及中国旧制度、旧观念的一些要害之处，所以在这次大规模的修律过程中爆发了一场历史上有名的“礼法之争”。以沈家本为代表的法治派，主张从旧刑律中，废除“子孙违反教令罪”和“和奸罪”，却遭到以劳乃宣为代表的礼教派的激烈反对，他们认为这种删除不仅是几个罪名的存废问题，而是关系到传统道德、礼治的兴败问题。因此，这场激烈的争论，实际上已上升为中西文化冲突的高度。在《大清新刑律》的制定过程中，沈家本屡遭礼教派的诸多指责。关于“和奸无夫妇女罪”一条也终因礼教派占优势而获通过，这说明沈家本以法救国之路阻力重重，举

的使命感。孙中山还提出：主张和平，主张大同，使地球上人类最大之幸福，由中国人保障之；最光荣之伟绩，由中国人建树之，不止维持一族一国之利益，并维持全世界全人类之利益焉。孙中山自从 1895 年首次发起广州起义失利亡命海外后，便环绕地球、周游列国，一面考察各国政治得失和国势强弱的道理，一面做革命运动。到武昌起义以前，他已七次周游世界，大约每两年环绕地球一周。孙中山在世时间为 58 年零 8 个月，其中有大约 10 年零 1 个月是旅居在欧美地区，他先后八次进入欧美。孙中山关于中国“必能为世界第一富强之国”的大目标，是建立在其丰富的世界阅历的基础之上的。

孙中山认为中华民族是一个“四最”民族。他在《三民主义》中说：“中华民族者，世界最古之民族，世界最大之民族，世界最文明之民族，也是世界最大同化力之民族……推究我们的民族，自开始至今，至少必有五六千年。和世界的民族比较，我们还是最多最大的。代代相传，到了今天，还是世界最优秀的民族。”孙中山还曾从中国学生在美国的学习成绩优秀于美国学生的智力优势说起，号召中国年轻一代要有学习美国的虚心和赶超美国的决心、雄心与信心。1923 年 12 月 21 日，孙中山在广州岭南学生欢迎会的演说中说：“中国人固有的聪明才智，在全美国之内，无论哪个学校内的哪一班学生，每学期成绩平均的分数，中国的学生都是比美国的学生还要更好些，这是美国人共同承认的。”孙中山用历史证明，中国是富强的时候多，贫弱的时候少；用民族的性格证明，中国人实在是比外国人优秀。

孙中山认为，作为世界最优秀民族一分子的中国人，一定要有驾于西洋人和东洋人之上的大志气。他说：“因为我们的土地广，人民多，中国人天生的聪明才力，比较西洋人、东洋人都要好得多。我们国家改造好了，中国强盛，还要驾乎他们之上。中国人所享的幸福，也当然在西洋人和东洋人之上。大家为国奋斗，造成世界上第一个好国家，才是大志气。希望大家从今天起，要立这种大志气。”中国走向“世界第一”的过程，是一个面向世界、学习世界的开放过程。必须走“开放兴国”“开放赶超”之路。1912 年 10 月 23 日，孙中山在安徽都督府欢迎会的演说中说：“要想实业发达，非用‘门户开放主义’不可。”孙中山在北京与袁大总统及各部总长协定的政策，就是开放政策。什么是开放政策？就是让外国人到中国办理工商等事。而且开放主义，中国古时就已实行。唐朝最盛时期，外国人遣派数万留学生到中国求学，如意大利、土耳其、波斯、日本等国。那时外国人到中国来，中国人不反对，是因为中国文明最盛时代，上下皆明白开放主义有利无弊。

孙中山还指出，日本国土不过中国两省大，人民也不过中国两省多，40 年以前，也是一个最小、最穷、最弱的国家，自明治维新以后，40 年间，俨然称为列强。全球上能称为列强者，不过六七国，而日本俨然是六七国中的一国。日本采用的就是开放主义。中国土地比日本大 20 倍，人民比日本也多 20 倍，要照日本办法，也采用开放主义，不到三五年后，比日本要富强十倍。孙中山说："凡是中国应兴事业，我们无资本，即借外国资本；我们无人才，即用外国人才；我们方法不好，即用外国方法。结果岂不比东西各国更加倍文明?"

"世界第一"不能复制，须有创制之精神。孙中山从"中华民国"的含义，强调了创新的意义。1916 年 7 月 15 日，孙中山在解释了为什么不说中华共和国，而必须说中华民国。关于民字的意义，是孙中山研究十余年才得出的结果。孙中山认为，"欧美之共和国，创建远在吾国之前，二十世纪之国民，当含有创制之精神，不当自谓能效法于十八、十九世纪成法而引为自足。如是数年，必有一庄严灿烂之中华民国发现于东大陆，驾诸世界共和国之上"。

孙中山还从中华民国"五权分立"的政治体制与西方国家"三权鼎立"的区别，说明中国政治体制的特色和优势。1916 年 8 月 18 日，孙中山在演说中说："现今世界各文明国，大都三权鼎立。其实三权鼎立，虽有利益，亦有许多弊害，故鄙人于十年前即主张五权分立。何谓五权分立？盖除立法、司法、行政外，加入弹劾、考试两种。这两种制度，在我国并非新法，古时已有此制，良法美意，实足为近世各国模范。"从孙中山特色的三民主义，到此后毛泽东的马克思主义中国化、邓小平的中国特色社会主义，都揭示了一个道理，那就是：创新兴国，特色兴国。从创新和特色的角度来说，"世界第一"也是"世界唯一"。当年的大英帝国是独特的，世界上只有一个英国；后来的美国是独特的，世界上只有一个美国；中国是独特的，世界上只有一个中国。近代世界出现的世界第一国家，都是各具特色的国家，都是具有创造性的国家。它们既不是前一个世界第一的复制品，也不可能被后一个国家所复制。虽然它们都曾经学习过前人，虽然它们的经验也可以启发后人，但是世界第一国家无一例外都是创造大国，是特色大国，是不能被复制的。

1912 年 9 月 20 日，孙中山在山西军界欢迎会的演说中提出："因二十世纪立国于地球上者，群雄争逐，未能至于大同时代，非兵力强盛不能立国。"1924 年 6 月 23 日，孙中山在一次谈话中说："二千年前，中国甚强，不独雄踞东方，且威震欧洲。然中国既强，即以和平主义教训世界，彼教各国弥战，营和平生活，但当中国宣传此种教训，他国正在准备巨大陆军海军，遂成今日之结果。

彼等见中国地大物博，为商业上之大好市场，而武备缺乏、文弱不振，遂划分其土地，各占一势力范围。”孙中山从“群雄争逐”的国际关系和中国历史的教训，揭示了兵力强盛与立国安邦的关系。为了把中国建设成为“世界上最强之国”，孙中山制定了气势恢宏的军事纲领，在今天看来，我们仍能感到一种强烈的震撼。孙中山在纲领中提出：“训练国防基本军事人才三千万计划，训练国防物质工程技术人才一千万计划。”1912 年 10 月 26 日，孙中山在南昌军政学联合欢迎会的演说中说：“今而后深望诸君发愤为雄，研究军学，使四万万同胞均有尚武之精神。”当时的中国有 4 亿人口，孙中山的计划是训练 4000 万国防基本军事人才和国防物质工程技术人才，占总人口的 1/10，这是政治家的军事气魄。

孙中山认为，学习美国，首先要学习美国的立国精神；赶超美国，必须要立国家和民族的大志向。❶ 孙中山认为，中国超越美国，具有多方面有利条件。在《建国方略》中他说道：“中国之土地在美国之上。而物产之丰、宝藏之富，实居世界之第一。至于人民之数则有四万万，亦为世界之第一。而人民之聪明才智自古无匹，承五千年之文化，为世界所未有，千百年前已曾为世界之雄矣。”1919 年 10 月 10 日，他在《中国实业如何能发展》中说：“我中国地大物博与美同，而吾国农产之富，矿质之丰，比之美国有过之无不及。劳力之人工，我即四倍于美国。我国所欠缺者，资本也、才能也。倘我能得此两要素，则我之实业发达，不特可与美国并驾，且当四倍于美国。”

（7）李大钊的“中国梦”

“未来之中华，青年所有之中华，理想之中华，胎孕中之中华也……胎孕中之中华，则断不许老辈以其沉滞颓废、衰朽枯窘之血液，侵及其新生命。盖一切之新创造，新机运，乃吾青年独有之特权。”

---

❶ 孙中山赞扬“美国为先进文明国”“美国为世界第一共和国”，有许多值得中国学习的地方。他在倡导学习美国的同时，坚信中国能够超越美国，即使是在 1923 年 12 月底出现了美国六艘炮舰驶抵广州白鹅滩进行示威的事件，孙中山仍然勉励广州大学生要以美国的建国经验作为中国革命奋斗的模范，要确立超越美国的大志气。1923 年 12 月 21 日，他在广州岭南学生欢迎会的演说中说：“诸君现在学美国的学问，考美国历史，美国之所以兴，是由于革命而来。美国当脱离英国的时候，人民只有四百万，土地只有十三省，完全为荒野之地。就人数说，不过中国现在的百分之一。中国现在有四万万人，土地有二十二行省，物产非常丰富。如果能步美国革命的后尘，美国用那样小的根本，尚能成今日的大功业。中国人多物富，将来的结果，当然比美国更好。”

李大钊少年读书的时代，正是中国已经完全沦为半殖民地半封建社会的时代，也是中国人民反抗帝国主义及其走狗的斗争一浪高过一浪地向前推进的时代。当时的中国，面临着被帝国主义瓜分的危机，国家存亡、民族存亡的问题，摆到了每个人的面前。幼年时，他就听到了鸦片战争等痛心的历史故事。五岁时，发生了中日甲午战争。11 岁那年，爆发了义和团运动，不久，八国联军攻至乐亭附近，占据了昌黎、滦州等地。帝国主义的蛮横侵略，和中国人民的英勇反抗，在李大钊幼小的心灵里留下了深深的烙印。

1913 年，清政府北洋水师“复师之陈迹，渺不可睹”，李大钊怀着寻求救国救民真理的理想来到日本早稻田大学。在早稻田大学，他结识了仰慕已久的章士钊，二人时常共同探讨，并建立了深厚的友谊。1915 年 1 月，日本政府向中国政府提出了旨在从中国攫取巨大利益的“二十一条”要求。李大钊参加中国留日学生总会，并被推举撰写《警告全国父老书》。李大钊回述甲午战争后 20 年间痛苦的历史，提出“中国‘待亡’已很久了”！之所以没有马上亡国，原因在于列强在侵华过程中形成的“均势”，此均势“牵一发，则全身俱动”。所以，欧战爆发，“正如铜山东崩，洛钟西应，而呱呱坠地之中华民国，遂无安枕之日”。不仅如此，他对日本政府的阴谋诡计洞若观火，他认为，“二十一条”是日本吞并中国之由来，是每一个中国人镌骨铭心、永志不忘的奇耻大辱。

1916 年 5 月，年仅 27 岁的李大钊在结束了两年多的留学生活后，从日本回到祖国，向国人第一次阐述了他的理想主张——创造青春之中华。这是他当时的理想，也是他对国人，首先是对青年的号召。他认为，当时中国的出路就是要摆脱旧传统、旧观念的束缚，建立一个青春的国家。

1918 年，李大钊进入北京大学担任图书馆主任。进入北大的李大钊，很快就置身于新文化运动的中心，成为新文化运动的主将。但标志着他正式投身到这个阵营的，还是他发表在《新青年》上的第一篇文章——《青春》。

李大钊在《青春》中指出，中华这个民族在人类历史上巍然屹立了几千年，创造了罕有的人类文明，这是历史事实，是不容否认的。但是，到了今天，它“衰老”了、“僵化”了，被以前的文明所束缚，背上了包袱。他号召青年勇往奋进，与旧传统割裂，去创造理想的中华。在此基础上，李大钊进一步认为地球也有无尽的青春，人类也有无尽的青春，并且引出民族有无尽的青春，国家有无尽的青春，青年有无尽的青春。也就是说，李大钊所说的“青春”实际上就是生命活力！他认为，青年一方面应当不断摆脱已形成的各种观念的束缚，每天都保持无拘无束的青春活力；另一方面应当放弃对金钱、权力的追求，摆脱机械生活的负担。

为何这么说呢？李大钊觉得，追求金钱、权力不仅是为今天的享受，更是为明天的享受，所以放弃这些追求就不仅是为了保持今日的青春，而且也是为了保持明日的青春。他认为，放弃了对金钱、权力的追求，便可以完完全全地保持个人人格的独立，才能以这种独立的人格，与进化的宇宙竞进。人只有这样，才能不为物的奴隶；没有物欲，也才能避免为逐物而造成的对自己身心人格的伤害。人若能做到这样，便会大水漫天不怕淹，大旱融化金石、烧焦土地不怕热，居住布满灰尘的小屋，吃糠咽菜亦可以成为尧舜。青春活力不会因为受到外界千变万化的影响而减弱，人的聪明才智也就不会被历史上陈腐思想观念所塞蔽。

李大钊说，这就是通往青春之道，青年应沿着这条道路，本其理性，加以努力，进前而勿顾后，背黑暗而向光明，为世界进文明，为人类造幸福，以青春之我，创建青春之家庭，青春之国家，青春之民族，青春之人类，青春之地球，青春之宇宙。并在自己创造的与自己的生命生活有着不同层次关系的环境中享受无尽的青春快乐。

3. 英勇无畏的先驱在追求共产主义道路上奔跑

1911 年辛亥革命推翻了封建王朝，1919 年“五四运动”开始利用资产阶级“民主”“科学”的武器，反对封建特权，并涌现了一批英勇无畏的共产主义战士。本书通过介绍朱德和陈独秀两位具有代表性的人物，折射出当时的先驱者。

（1）朱德

朱德作为一位伟大的马克思主义者和无产阶级革命家、政治家、军事家，是从 20 世纪初开始其革命生涯的。1886 年 12 月 1 日，朱德生于四川仪陇一个佃农家庭。朱德的青少年时代，是在中华民族陷于内忧外患的苦难岁月中度过的。那时候，朱德的家里很穷，本来是没有钱读书的。但乡间豪绅地主的欺压，衙门差役的横蛮，逼得朱德的母亲和父亲决心节衣缩食培养出一个读书人来“支撑门户”，因此，朱德在六岁时，就开始读书了。在母亲“沉痛的三言两语的诉说”、启蒙老师席聘三的教诲以及“亲眼见到的许多不平事实”的启发下，朱德很早就产生了“反抗压迫追求光明的思想”和“寻找新的生活”的决心。

1906 年秋，他在参加完清王朝最后一次科举考试（乡试、府试均中榜，但

次年清廷即宣布废除科举，故未能参加省试）后，朱德考入顺庆府（今四川南充）官立中学堂。在顺庆府官立中学堂，朱德不仅比较系统地学习了数学、物理、化学等新知识，还接受了曾留学日本、具有强烈民主革命思想的校长张澜和刘寿川等教师有关孙中山民主革命思想的启蒙。

1907 年春，朱德考入四川高等学堂附设体育学堂。在四川高等学堂附设体育学堂学习期间，朱德秘密传阅中国同盟会的机关报《民报》，开始受到革命民主主义思想的熏陶。这时，他不仅感到清政府专制腐败，并且具有了“推翻皇帝建立一个好的国家”的革命理想。他曾多方秘密请求加入同盟会，但都未被接受。1908 年春，受了两年新式学堂教育和革命思想熏陶的朱德应聘回到仪陇县高等小学堂任体育教习兼庶务。用朱德自己的话来说，在这里他“开始了反对封建主义的真正斗争”。那时新旧思想冲突得很厉害。朱德抱定了科学民主的思想，想在家乡做点有益的事情。他与新应聘来的教师积极提倡新学新办，并大胆地向学生灌输新文化、新思想。但当地守旧的豪绅们出来反对他们，说他们是“假洋鬼子”，教学内容有损国粹，并雇用流氓恶棍捣乱，阻止和破坏他们传授新文化、新思想。朱德在仪陇县高等小学堂教书的一年，也是与守旧的顽固豪绅们斗争的一年。朱德与守旧的顽固豪绅们的斗争，使他“对社会上新旧势力的斗争，政治上各种阴谋压迫都有了新的认识”。他开始认识到，国家危难越来越多，“教书不是一条生路”；要救国，就必须打倒旧势力，旧势力打不倒，新式教育是办不好的，所谓“强身卫国”或救国也是不可能的。要救国，必须从军事入手。

1910 年 7 月，朱德因学习优秀，与范石生、杨蓁、董鸿勋等被选送到特别班学习。考入云南陆军讲武堂也是朱德近 70 年革命生涯的开始。当时，全国的民主革命已风起云涌，云南的革命风潮也连年不断。1908 年，孙中山派黄兴到云南河口发动起义。接着同盟会员杨秋帆等又在永昌举行起义。这两次起义虽然都失败了，但革命的影响却在云南日益扩展起来。朱德就是在孙中山的民主革命思想的影响下，于 1909 年在云南陆军讲武堂参加同盟会的。在同盟会的组织与指导下，他秘密阅读了很多进步书刊，如《云南杂志》《民报》《天讨》《警世钟》《猛回头》《革命军》等。这些书刊里的进步内容，开阔了朱德的眼界，坚定了他追求光明追求解放和救国救民的志向。这时的朱德，认为自己“终于踏上了可以拯救中国于水火的道路，满腔热忱，觉得中国青年着实可以让高山低头，河水让路”。

1912 年春，朱德又结识了自桂入滇、准备任滇军军职的蔡锷。他经常利用课余时间向蔡锷求教，并借阅孟德斯鸠的《法意》(今译名《论法的精神》) 和有关介绍华盛顿、彼得大帝、日本明治维新的书籍，以及国内资产阶级共和派抨击保皇派、主张武力推翻清政府的秘密报刊。云南陆军讲武堂的熔炼，使朱德的革命民主主义思想更加成熟，这为朱德从一个普通的爱国者成长为辛亥革命的先锋和护国战争的名将奠定了良好的军事、思想基础。

1911 年 10 月 10 日，孙中山先生领导的革命党人发动震惊中外的武昌起义，全国各地纷纷响应。云南革命党人，也加快了以讲武堂为核心的起义准备工作。10 月 30 日 (旧历九月初九)，昆明重九起义爆发。当天晚上，朱德被蔡锷指定为七十四标二营临时队官 (连长)，率部参加攻打总督衙门。从此，朱德勇敢的献身于打倒清朝的政治斗争和军事斗争，以及后来打倒卖国贼袁世凯和其他反动军阀的斗争，开始了他追随蔡锷参加孙中山领导的资产阶级民主革命的戎马生涯。11 月 1 日，以蔡锷为首的云南军政府成立，清政府在云南 200 多年的专制统治结束。11 月中旬，为援助四川人民抵抗孙端方的军阀部队，云南军政府组织援川军。这时朱德还是一名排长，他率队随援川军第一梯团从昆明出发。在行军途中，朱德严令部队执行蔡锷颁发的“守纪律、爱百姓、戒贪倖、勤操演、敦友爱”五条训令。12 月，援川军占领四川省叙府、自流井 (今属自贡市)。朱德因作战有功，升任连长，授上尉军衔。1912 年 4 月，援川军返滇。5 月，云南军政府召开庆祝援川胜利大会，朱德因“在云南辛亥革命和援川战斗中指挥有方，战功卓著”，被授予“光复”“援川”勋章各一枚，并晋升为少校营长。

1913 年夏天，朱德任云南陆军第一师第三旅步兵第二团第一营营长，不久即率部和第一师的其他部队镇守云南边境的临安 (今建水)、开远、蒙自、个旧一带。那里酷热多雨，环境艰苦，斗争也很复杂，不仅要时刻提防法帝国主义的侵袭，而且要经常到深山密林中追剿土匪。为适应复杂斗争环境的需要，朱德创造了在特殊地方，用特殊方法进行特殊战斗的战术和声东击西、神出鬼没、机动灵活的流动作战方法。严酷的军事斗争和复杂的政治斗争的磨炼，使朱德的指挥能力迅速提高。

1916 年初，朱德被任命为新组建的滇军第二梯团步兵第十团团长。不久，朱德所在部队被改编为护国军第一军第三梯团第六支队 (相当于团)，任支队长，率部离昆明北上，再次入川，参加护国战争。在护国战争中，朱德充分显示了其杰出的军事才能。在纳溪之战中，他在棉花坡阵地采取攻势防御战术，打败号称“不可战胜”的北洋军，屡建战功，威震滇川，被世人称为“护国之

役的先锋”。1917 年 7 月，护法战争爆发，朱德被任命为靖国军第二军第十三旅旅长。朱德对孙中山历来十分敬仰，并认为经过这次护法战争，可以打倒段祺瑞统治，结束军阀混战的局面。然而事与愿违。企图充当“西南王”的云南督军唐继尧借滇、川、黔军争夺四川督军职位混战之机，以“护法”为名，对四川大举用兵，川、滇、黔各军首领之间以及川军内部各首领之间，也为争权夺利而混战不止。陷入军阀混战旋涡中的朱德，在很长一段时间内都没有认识到自己已经成为被军阀争霸所利用的工具。他一直认为自己参加这场战争是在“同军阀主义作战，支持孙中山领导的国民革命运动”，他甚至认为“只有滇军是革命的支持者”，自己“虽然卷在军阀混战的旋涡里，却终是为了革命在打仗”，并渴望着理想中的革命能够早日胜利。

面对国家内战频频、民不聊生的混乱局面，“真正的革命者有的灰心了，有的被赶跑了，纵然想要继续努力，为创造一个中华民族的民主共和国而奋斗，但他们迷失方向了”。被卷入混战旋涡中的朱德在这期间也“陷入了一种怀疑和苦闷的状态，在黑暗中摸索而找不到真正的出路”。在这种怀疑和苦闷状态中，朱德能够聊以自慰的，是他率部从事的多次剿匪军事行动的成功。当地百姓为表彰朱德剿匪的功绩，专门为他建树了“救民水火”和“除暴安良”两块德政碑，这给朱德带来莫大的欣慰和快乐。

朱德同志在回顾自己思想转变的历程时曾说过：“我也曾经碰壁，也曾经碰破头，也曾经找不到一条正确的道路。后来经过许多艰难困苦，我终于找到了一条道路，只有这一条唯一的道路，才能使中国走到真正的民主共和国，才能最后实现没有剥削、没有压迫的社会。同志们！这条道路就是马克思列宁主义的道路。”朱德终于找到马克思列宁主义，走上为共产主义而奋斗的“新的革命的道路”，是在十月社会主义革命以后开始的。

在十月社会主义革命以前，朱德看到辛亥革命时的革命者，不少人开始腐化，光想做官、搞钱，不愿去搞军队、搞革命，在思想上就有过迷惘。可是，蔡锷反袁护国重建共和的壮举，又给了他新的希望和鼓舞。蔡锷去世以后，正义的护国战争变成各派军阀之间争权夺利的混战，被卷入混战旋涡中的朱德更加感到苦闷和迷惘。十月革命一声炮响，给我们送来了马克思主义，也照亮了苦恼中的朱德的人生道路。朱德的思想有了新的飞跃。他说：“我自己是在十月革命的影响之下，走上了新的革命道路的。……1919 年，远在北京发生了‘五四运动’，跟着这运动，同时受了国际上苏俄革命胜利的影响，在中国新文化运动的热潮中，在《新青年》时代，我们思想上起了大的转变。”在四川南溪，他结识了老同盟会会员、京津同盟会文事部部长兼北京《民国日报》总编辑孙炳文。他们如饥似渴地阅读各种进步书籍和传播新思潮的刊物。在那时，除了《新青年》以外，还看了达尔文的《进化论》，还有卢梭的《自由论》等很多革命书籍。他们经常就世界上流行的无政府主义、共产主义等新思潮进行讨论，希望从中找到拯救中国的良方。虽然当时他们还一时得不出明确结论，但是在比较了俄国十月社会主义革命和中国辛亥革命的情况后，朱德已认识到中国的革命“一定是在某个根本性的问题上出了毛病”，并“认识到中国革命必须更深入进行，必须像俄国革命那样彻底”。他还认识到靖国军与北洋军阀并无不同，他们只不过是借着“护国”“护法”的名义在争权夺利，因此，他不应该继续待在旧军队里，应该去寻找一条新的道路。他说：“我已亲身认识到用老的军事斗争的办法不能达到革命的目的，加上受到十月革命的影响，我深深感到有必要学习俄国的新式革命理论和革命方法，来从头进行革命。”于是，朱德便与孙炳文相约到北京去探索新的革命的道路，其计划是先由孙炳文去北京，在打倒唐继尧后，朱德再离开军队去北京与孙炳文会合。

1921 年 7 月，中国共产党诞生，给中国人民带来了光明和希望。朱德精神更加振奋，他决心到上海去寻找共产党，然后再转到德国去学习马克思主义，以更好地考虑中国的问题，寻求新的革命道路。他沉痛地总结自己的历程说：“推翻清朝，赶走皇帝，又冒出了窃国大盗袁世凯。袁世凯被打倒后，国内军阀混战，人民永远都处于水深火热之中，过着悲惨生活。我坚信马克思主义，我要到他的故乡去寻找革命真理。”

1922 年，是朱德在人生道路上发生重大转折的一年。为了寻找中国共产党，追求马克思主义真理，他毅然抛弃高官厚禄，从四川经上海赶到北京，找到孙炳文，商谈如何寻找共产党，怎样到欧洲去学习马克思主义。当通过关系得知共产党的领导人陈独秀在上海时，他们便星夜兼程，直奔上海。

在上海，他们首先拜会了刚从广州经香港来到上海的孙中山。孙中山先生虽未见过朱德，但对蔡锷麾下的这位虎将在讨袁之战中的赫赫战功早有所闻。他先向朱德和孙炳文讲述了陈炯明叛变的经过和沉痛的教训，然后提出要借助滇军讨伐陈炯明，并建议朱德立即返回滇军，重整旗鼓，出师讨伐陈炯明，并说先付 10 万大洋作为军费。但由于朱德当时“已认清学习马克思主义”是他“唯一出路”，并决定去德国研究共产主义，研究军事学，亲眼看看欧洲的情形，因而婉言谢绝了孙中山的建议。不久，朱德和孙炳文找到了中共中央执行委员会委员长陈独秀。他们兴致勃勃地向陈独秀谈了自己的经历和对中国革命

的认识，诚恳地提出入党要求。但陈独秀认为，像“朱德这样当过高级旧军官的人，需要经过长时间的学习才能入党”，从而“拒绝了他的申请”。朱德对此十分伤心，但这并没有动摇他参加共产党、研究马克思主义、寻找新的革命道路的决心。他和孙炳文商定，按原计划到马克思的故乡德国去学习革命的真理，从而开始了“天涯寻正道”的艰难途程。

1922 年 10 月，朱德到达德国首都柏林。在获悉中共旅欧支部负责人是周恩来后，他立即登门拜访，恳切陈述自己的身世和寻找中国共产党的经过，并郑重“要求加入中国共产党在柏林的党组织”。他还说，加入共产党以后，他一定会努力学习和工作，只要不再回到旧的生活里去，它已经在他的脚底下化为尘埃了，派他做什么工作都行。周恩来从这位不凡的来客身上看到了他自辛亥革命以来立下的功绩，以及抛弃荣华富贵来追求革命真理的精神，十分敬佩，也很激动，立即表示愿意做朱德的入党介绍人。

朱德长期盼望的这一天终于来临，1922 年 11 月，朱德由中共旅欧支部负责人张申府、周恩来介绍，在德国加入了中国共产党。朱德终于实现了多年的夙愿，由一名爱国名将成为为共产主义壮丽事业奋斗的中国共产党党员。这时朱德已经 36 岁了。朱德入党之后，便决心做“一名忠实的党员”，并立志“归国后即终身为党服务，做军事运动”。他在如饥似渴地学习马克思主义的同时，认真学习德国的军事理论，并参观了德国共产党建立的半军事性组织，以及红色前线战士同盟的检阅式、野营训练和巷战演习。1926 年 7 月回到中国后，朱德先是奉党的指示到四川做军阀杨森的统战工作，被委派为国民革命军二十军党代表。后来又到江西南昌创办国民革命军第三军军官教育团，任团长。这个军官教育团当时实际上受中共中央军事部领导。1927 年南昌起义时，朱德率领滇军教育团一部参加，任第九军副军长。起义军南征潮汕失败后，他在危境中又率领“铁军”余部近千人进入粤北、湘南，发动和领导了湘南起义，建立了红色政权和工农革命军，并于 1928 年 4 月走上井冈山与毛泽东领导的秋收起义部队胜利会师，组成了中国的第一支主力红军——工农革命军第四军。

至此，朱德不仅“认识了历史发展的规律”“找到了了解中国历史——过去和现在——的一把钥匙”，而且站到中国革命的最前线，“找到并走上了新的革命的道路”，为中国革命开辟了一条“朱德毛泽东式”的，以农村包围城市、最后夺取全国政权的取得中国革命胜利的正确道路。

（2）陈独秀

陈独秀是“五四”新文化运动的开创者，大力倡导白话文，反对文言文，推倒以儒学为核心的中国几千年来的旧文化，建立起和人类主流文明接轨的新文化。陈独秀是中国共产党的创始人之一，领导了包括“五卅运动”在内的一系列工人运动，实现了和孙中山领导的国民党合作。陈独秀的一生反对清王朝、反对袁世凯、反对北洋军阀、反对国民党、反对帝国主义，被自己首创的革命党所开除，甚至被奉他为精神领袖的“中国托派”所不容。

青年陈独秀参加过拒俄运动，加入过暗杀团，创立了安徽爱国会、岳王会等革命组织，办过《国民日报》《安徽俗话报》等，自述办刊十年风气为之一变。辛亥革命后还担任过安徽都督府的秘书长。1914 年 11 月反袁失败后，陈独秀东渡日本，和章士钊一起办《甲寅》杂志，第一次用“独秀”的笔名发表了《爱国心与自觉心》一文，开宗明义提出：“人民何故必建设国家？其目的在保障权利，共谋幸福，斯为成立国家之精神。”为什么要爱国？“爱其为保障吾人权利谋吾人幸福之团体也。”陈独秀提出国人要有爱国心，也要有自觉心。“恶国家甚于无国家”，如果是一个人民没有权利、幸福可言的国家，“瓜分之局，何法可逃，亡国之奴，何事可怖”，引起舆论一片大哗，不少人指责他不爱国。

陈独秀后来在《每周评论》第 25 号发表《我们究竟应当不应当爱国?》一文，说得更清楚：“我们爱的是人民拿出爱国心抵抗被人压迫的国家，不是政府利用人民爱国心压迫别人的国家。我们爱的是国家为人谋幸福的国家，不是人民为国家做牺牲的国家。”

在经历了长期血与火的革命生涯以后，陈独秀摸索到了民主的门槛。“民主至上，民权高于一切，民权的价值重于国家”成为他的主导思想。

1915 年 9 月 15 日，陈独秀创办《青年》杂志（第二卷起改名《新青年》），在第一期的《敬告青年》一文中他就明确提出科学与人权“若舟车之有两轮焉”“国人而欲脱蒙昧时代……则急起直追，当以科学与人权并重”。他认为人权说是近代文明的三个基本特征之一，不久他又进一步把人权扩大为民主。正是通过《新青年》这个平台，他打出了“德先生”和“赛先生”（民主和科学）这两面大旗，发表了一系列振聋发聩的言论，横扫千军如卷席。除他本人之外，《新青年》还“以披荆斩棘之姿，雷霆万钧之势”连续发表了胡适、吴虞、鲁迅、李大钊、刘半农、钱玄同、高一涵、易白沙、周作人等人的文章，连鲁迅都承认他那时候的创作是奉了陈独秀的思想“将令”。胡适说过：“当日若没有陈独秀‘必不容反对者有讨论之余地’的精神，文学革命的运动决不能引起那样大的注意。”正是陈独秀率领千军万马第一次向儒家学说、传统道德，

文言文、旧文学发起了全面的、猛烈的冲击；第一次大力提倡西方的“自由、平等、独立之说”，张扬自由自尊的人格、独立自主的人格，不是仅仅局限在政治层面，而是全方位地要引进新的文化、价值；也是第一次激烈地、大张旗鼓、毫无妥协地反对文言文，提倡白话文。言论之激烈至今可能都还让人心惊肉跳，如同钱玄同的废汉字、鲁迅的不读中国书、胡适的百事都不如人等。

1915 年 9 月，也就是“筹安会”出笼、袁世凯即将称帝的时候，陈独秀喊出了民主和科学的口号。[1] 这是中国历史上第一次也是唯一一次思想启蒙运动，其意义早已超越了政治层面。可惜，这场以现代文明为导向，以民主、科学为旗帜的启蒙运动前后仅仅持续了四年，就被它的倡导者自己亲手扼杀了，成为“一幕奇特的历史悲剧”。

在袁世凯和军阀当政的政治真空时代，陈独秀的出现为新文化赢得了一定的生存空间，取得了空前的胜利。从此白话文、新文化作为中国的主流文化的地位已经奠定。在“十月革命”的影响下，他和同时代的李大钊等人迅速转向马克思列宁主义。

1919 年以后，陈独秀全面接受了马克思主义的阶级斗争学说、无产阶级专政和建党理论，与“五四”的旗帜再见，从此踏上另一条曲折、漫长、痛苦的革命道路。1919 年 11 月他还说过“我们现在要实现民治主义（Democracy），是应当拿英、美做榜样”，到 1920 年他的思想就发生了戏剧性的大转弯。他说：“德谟克拉西是资产阶级的护身符、专有物”，民主主义是资产阶级“拿来欺骗世人把持政权的诡计”“若是妄想民主政治才合乎民意，才真是平等自由，那便大错而特错”“民主主义只能够代表资产阶级”（《民主党与共产党》）。“五四”的民主启蒙就此告终，它的倡导者和送葬者都是陈独秀。

在接受了马克思主义的阶级斗争学说之后，陈独秀否定了他曾高举的那面“德先生”大旗。《新青年》也从启蒙刊物变成了宣传马列主义的刊物。1920 年开始他连篇累牍地发表介绍马克思主义的文章，建立马克思主义研究会、共产主义小组，发起筹备中国共产党，成为中国共产党无可争议的创始人之一。

---

[1] 陈独秀在《〈新青年〉罪案之答辩书》中斩钉截铁地说出了：“西洋人因为拥护德、赛两先生，闹了多少事，流了多少血，德、赛两先生才渐渐从黑暗中把他们救出，引到光明世界。我们现在认定只有这两位先生，可以救治中国政治上道德上学术上思想上一切的黑暗。若因为拥护这两位先生，一切政府的压迫，社会的攻击笑骂，就是断头流血，都不推辞。”他就是以这样的姿态高举德谟克拉西（Democracy）和赛因斯（Science）两面大旗，坚决反对孔教、礼法、贞节、旧伦理、旧政治，反对旧艺术、旧宗教，反对国粹和旧文学，提出“伦理之觉悟为最后觉悟之觉悟”，开创了以现代文明为核心的新文化运动。

1921 年 7 月 23 日，在中共“一大”上被缺席选举为第一任中央局书记，直到 1927 年离开这个位置为止，1929 年陈独秀被开除党籍。

陈独秀一生虽然四次身陷囹圄，但始终没有改变自己的信念，也从来没有放弃过他对中国问题的思考和研究。

1932 年 10 月 15 日，陈独秀在上海隐居多年后，在国民党巨额悬赏之下，第四次被捕。1933 年 4 月，他“以文字为叛国之宣传”被判处有期徒刑 13 年。

在南京狱中，他雄心不减，大量阅读古今中外的书籍，潜心研究中国古代的语言文字、儒家及道家学说等，完成了不少有价值的学术论著，尤其是对民主的思考与反省，逐步回到了“五四”的轨道上。

在《孔子与中国》一文中，他说“科学与民主，是人类进步之两大主要动力”“人类社会之进步，虽不幸而有一时的曲折，甚至于一时的倒退，然而只要不是过于近视的人，便不能否认历史的大流，终于是沿着人权民主运动的总方向前进的”。

在南京狱中，陈独秀说，他当年在《新青年》上提出民主和科学，是经过深思熟虑，针对中国的实际情况才提出来的。他认为“民主制度是人类政治的终极规则，无论资产阶级革命或无产阶级革命，都不能鄙视它，厌弃它，把它当作可有可无，或说它是过时的东西”。这时陈独秀的思想已逐渐回到了“五四”时期的民主轨道上。

1937 年 8 月 23 日，因为抗日战争爆发，陈独秀被提前释放。

1942 年，他在贫病交加中死去。但他在生命最后的时光还在继续在南京狱中开始的研究，从文字学到民主发展史，都结出了沉甸甸的果实。

陈独秀痛定思痛，最终回到了“德先生”，回到了“五四”的理想，如果说他创办的《新青年》将长留在言论史的记忆中，那么他在生命最后时光的思考、见解将注定长存在多难的思想史上。

第六部分 复兴之门

（踏向伟大复兴的新征程）

中国文化博大精深，曾经是世界上最耀眼的文化明珠之一。中华民族遭受过多灾多难的近代耻辱，因此在我们每个人的心中，都存在一个伟大的“中国梦”。中国的文化要复兴，中国的文化复兴与西方的文艺复兴只有一字之差，但意义完全不同。西方的文艺复兴，会让你想到一本精美的大画册，那一时期文化艺术的杰作美不胜收，即使你不了解它们对于中世纪西方社会的巨大作用，也照样可以欣赏。因为人家早已翻过历史的一页，留下的都是精品。

中国社会 100 多年来则一直处于变革的阵痛当中。所以，提起中国的文化复兴，总会让你想到一张大圆桌，旁边围满了方方面面的人物，提出形形色色的看法和意见，不管是政治的、经济的、哲学的、历史的，还是文艺论争、思想动态、时局走向，都可以装进文化的这个大篮子里来交换，都与中国的复兴扯得上些关系。这更像是处在争论不休的春秋战国时代，而不是像米开朗基罗那样多少年如一日地蹲在教堂里默默创作他的雕塑，尝试新的理念，不经意间推动了社会进步，成为文艺复兴一代宗师。1840 年第一次鸦片战争爆发，从那时起中华民族作为一个历史悠久、曾经长期走在世界民族发展前列的民族开始了深重的灾难，从那时起中国一步一步沦落为半封建半殖民地国家，几百个不平等条约强加在中国人民头上，国土沦丧、财富外流、人民生活在水深火热之中。也正是从第一次鸦片战争开始，在灾难之中，中国人民开始了“中国梦”。

这就是要救亡图存，这就是要实现中华民族的伟大复兴。1911 年辛亥革命爆发，孙中山先生的贡献在于响亮地提出“振兴中华”的口号，用“振兴中华”的口号表达中国梦。从此以后，振兴中华成为中国无数仁人志士、革命先烈浴血奋战的伟大目标，中国人民不断地奋斗、不断地争取，力争把中国梦转变为现实。

西方文艺复兴相对比较单纯，它源于一个新兴阶级登上政治舞台的时代诉求，他们新的精神理想也开创了文化灿烂的新天地。中国文化复兴则是起自于一个古老民族渴望重新崛起的历史愿望，而且这一历史进程仍在复杂演进之中，所以其现实政治的意味也必然很浓，是一个非常宽泛、模糊不清的概念，甚至与黄仁宇提出的中国“大历史”概念有些相近。所以，从某种意义上说，我们探讨中国的文化复兴，也是在探讨中国的前进道路；我们为文化复兴献策，也就是为民族强盛立言；圆桌的气氛既像是百家争鸣，也像是指点江山。

近现代中国在社会理想追求上的重大转向非常值得重视，应当视为中国文化复兴的一个最重要的迹象。因为“复兴”的真正含义显然不是要恢复古代的辉煌，而是要激发现代的创造性力量。西方的文艺复兴尚且如此，中国的文化复兴就更是如此，而且它不再借用古人的衣裳和旗帜，甚至试图割断与传统的联系，走上一条与千年历史截然不同的道路。这一重大转折自 1840 年开始，在 30 多年的改革开放中达到高潮。

这 30 多年间中国社会生活和经济增长的一个最重要特点，就是其发展之快、变化之大、持续时间之长，不仅令世人惊愕，连中国人自己也惊讶。不管你是持何种看法和评价，这一事实有目共睹。考虑到这不仅是一个国家的变化，而是占世界人口 1/5 人类的生活巨变，其影响之深远，内力之深沉，其背后的文化动因就不可不深思了。这就像火山爆发，不管是福是祸，当看到岩浆剧烈喷涌时，你都会惊异于其内部力量的神秘和伟大。

有关中国历史延续性问题，并不是现在才引起人们兴趣的。西方学者早就注意到中国独一无二的持久生存能力。他们非常好奇的是，为什么别的国家往往表现为文明的盛衰，一蹶不振，中国文明却表现为朝代的更替，一旦改朝换代，马上衰而又兴，东山再起。譬如东、西罗马分裂就永远地分裂了。而几乎同时，中国在历经几百年分裂后却又在隋唐时代重新统一了，而且更强大、更有活力。这究竟是为什么呢？19 世纪的黑格尔时代似乎找到了答案，就是倾向于把中国看成某种历史活化石，一个没有真正向上演进历史的国家，因为封闭而幸存，因为停滞而永存，一旦遇到外界新鲜空气，就逃脱不了覆灭的命运。

但今天看来，这个看法失之片面，中国的延续性有时像是死而不僵，有时又像是凤凰涅槃。四大古国幸存其一，一个民族能够不间断地延续数千年，从土里刨出来的殷商甲骨文汉字现在还在使用，而且是同一群人在用，而不像苏美尔人的古楔形文字早已成为遗迹，这肯定是有原因的，而且必有道理。费正清在《剑桥中国史》中曾经提出一个发人深省的观点，他认为以儒家为代表的中国传统思想部分地具有“改革的能力”，能够“通过重新树立其理想”，使这个古老国家生存下来。也就是说，看似守旧的中国文化传统其实有革故鼎新的一面，所谓“周虽旧邦，其命维新”，有这个文化基因，只待合适的时机成熟，就一定能够生根发芽，茂盛成长，引领人类走向新的文明。

近现代以来中国社会的确在重新树立其社会理想追求，从而体现出中国式文化复兴的最重要特点。概括来说就是：百年来的中国在其生存和发展模式上已经更换了新的文化发动机，即从那种周而复始的农业社会的圆形封闭轨道，已经转向了“历史直线进展”的开放式的理想追求。这一转变的契机当然就是东西方文明的迎头相撞，以及中国面临的前所未有的文化传承与创新变革之痛。中国社会理想追求的确已经历史性地发生变化，不可逆转地从静态转向动态、从循环转向直线，而如今中国翻天覆地的变化，正是它合乎逻辑的演进，是中国文化复兴的某种重大体现。中国社会理想追求这一重大转向的实质，用历史学家黄仁宇学术性的语言来阐释就是：“中国一百多年来的问题就在于从传统社会转变成现代国家。”不如此，传统农业社会的单纯结构就无力应付现代世界的复杂生活，就不能摆脱落后屈辱地位。和平时期不能支持大规模现代工业的建设，战争期间不能全方位高效动员来支撑战时体制。也就是说，要救亡图存，就得求新、求别，跟上时代潮流。

今天，中国社会唯一不变的现象可以说就是不断变化本身，中国文化复兴所催生的这种曾经长久沉睡的力量是如此的巨大。考虑到中国的独特精神特质，诸如不重彼岸世界，看重实用理性精神，有愚公移山式的吃苦耐劳精神，等等，一旦注入新的理想动力，它所释放的能量就将不同凡响。今天，中国的文化复兴再次引起了举世瞩目。有人说，这些影响着 1/2 人类的文化，将使 21 世纪成为“中国的世纪”。

第十八章　20 世纪初的中国

——战火纷飞的国家

1840 年鸦片战争后，在西方国家炮舰的威胁下，中国被迫签订《南京条约》，开始丧失独立地位，渐渐成为一个半殖民地半封建国家。随之而来的第二次鸦片战争、中法战争以及一系列不平等条约的签订，使中华民族逐渐陷入被西方列强恣意掠夺和压榨的悲惨境地。到 19 世纪与 20 世纪相交的时候，这种沦落的步伐大大加快了。中日甲午战争的失败给了中国人太大的刺激，翻开 20 世纪历史的第一页，呈现在中国人面前的是一幅更加令人痛心的情景：八国联军占领了中国的首都北京，耀武扬威地统治北京达一年之久。昔日的辉煌同任人宰割的现实之间形成如此强烈的反差，使每个有血性的中国人对这种屈辱的生活感到无法忍受。“振兴中华”这个响亮的口号，便是孙中山先生在中日甲午战争发生那年喊出来的，它成为一代又一代中国人顽强追求的目标，成为时代潮流中的突出主题。

1. 推倒君主专制制度的辛亥革命

公元 1911 年 10 月 10 日，革命团体文学社、共进会领导新军在武昌举行起义，数日之内起义风潮迅速席卷各地，各省纷纷宣布独立，油尽灯枯的清王朝应声倒地。这一年是中国纪元的辛亥年，这一次革命被称作辛亥革命。

1840 年，英国发动鸦片战争，率先挑起侵略中国的战争，紧接着，法、美、俄、德、日、意、奥等国争先恐后疯狂地瓜分中国。由于帝国主义的残酷压迫和清王朝的极端腐朽，清朝末期政治黑暗、经济凋敝、社会残破、民不聊生。“四万万人齐下泪，天涯何处是神州？”拥有数千年古老文明、曾经雄踞东方、睥睨世界的“泱泱大国”，悲惨地沦为任人宰割的半殖民地半封建社会。

在国家和民族生死存亡之际，上至统治阶级中爱国的大臣、将领，如林则徐、邓廷桢等人，下至社会底层的知识分子和劳动大众都开始寻找救亡图强的

办法。轰轰烈烈的太平天国农民战争的失败，表明以农民为主的旧式的农民战争推不倒帝国主义、封建势力的联合统治。戊戌维新运动和甲午战争的一败涂地，说明以维护清朝封建统治为目的的改良主义和洋务运动根本救不了中国。这时，资产阶级民主主义革命登上中国的历史舞台，资产阶级革命派的杰出代表——孙中山先生把民族主义、民权主义、民生主义即“三民主义”作为革命纲领，创办民报，组织政党，锲而不舍地先后发动了10次武装起义，传播了革命的思想，造成了革命的气氛，激发了革命志士推翻大清王朝的勇气和信心。这是辛亥革命发生并一举推翻封建专制制度的重要原因和前提。

辛亥革命是中国历史的新纪元，孙中山先生说辛亥革命“做成了两件很大的事：一件是把清朝200多年的政府完全推翻；一件是把中国数千年的专制国体根本改变。”[1] 与中国历史上著名的农民大起义和改朝换代的战争相比较，辛亥革命的斗争场景并不是特别的壮观与惨烈，但它的历史地位与意义却不同寻常。辛亥革命的目标不只是推翻一个封建王朝，而是一次试图向封建专制制度发起攻击、用先进社会制度取代落后社会制度的“革命”。中国封建社会的历次农民起义、民族战争基本上都是中国本土阶级斗争的反映，而辛亥革命是中国头一次受到世界潮流影响的革命。从此以后，中国的生存与发展，就不再是脱离世界环境的单独行动。

辛亥革命推倒了清王朝，宣布建立中华民国，推举孙中山担任第一任中华民国临时大总统，制定了《中华民国临时约法》，表面上看似乎取得了成功，但实际上由于多种原因，最终归于失败。孙中山迫于帝国主义、北洋军阀、宣布独立的各省立宪派的压力，特别是国民党内部主张议会道路一派人的压力，于1912年2月13日提出辞职，提名袁世凯继任，此时距他就任临时大总统还不到一个半月。

袁世凯是帝国主义、封建主义的政治代表，他在取得大总统权位以后，废除《中华民国临时约法》，基本接受日本提出的企图灭亡中国的“二十一条”要求。他冒天下之大不韪，于1915年12月12日厚颜无耻地宣布接受推戴，当皇帝。袁世凯逆历史潮流而动，在全国一派反对声中被迫于1916年3月22日取消帝制，不久即黯然死去，留下千古骂名。毛泽东曾经说过：“辛亥革命推翻了清朝的统治，结束了中国2000多年的封建帝制，建立了中华民国和临时革命政府，并制定了一个《临时约法》。辛亥革命以后，谁要再想做皇帝，就做不

---

[1] 孙中山．孙中山选集（下卷）［M］．北京：人民出版社，1956：516.

成了。”❶

辛亥革命以后，中国大部分地区陷于军阀的战乱，一部分边疆地区失控，民族分裂主义势力趁机兴风作浪，沿海、沿边许多地方被帝国主义侵占，民族危亡的局面没有丝毫缓解。孙中山对辛亥革命的失败痛心疾首，他痛陈辛亥革命“去一满洲之专制，转生出无数强盗之专制，其为毒之烈，较前尤甚。”❷ 他指出，北洋军阀主宰的中华民国是假民国，只有民主之名而无民主之实。

尽管如此，辛亥革命毕竟推倒了封建王朝，促进了民族的觉醒，使民主共和的观念从此深入人心，形成了“敢有帝制自为者，天下共击之”的普遍共识，它的历史功绩永载史册。胡锦涛同志曾指出：“孙中山先生领导的辛亥革命，结束了统治中国几千年的君主专制制度，对推动中国社会进步具有重大意义，但也未能改变中国半殖民地半封建的社会性质和中国人民的悲惨命运。”辛亥革命的成功和失败，为中国共产党领导的新民主主义革命取得胜利提供了经验教训。

2. 北伐战争下的中国

1916 年袁世凯死后，北洋军阀分裂为直、皖两系，奉系军阀和其他地方军阀也相继形成。各军阀间为争夺地盘，扩充实力，连年混战，民不聊生。打倒北洋军阀，结束封建军阀的黑暗统治，已成为中国人民的迫切要求。孙中山先后组织北伐，均未如愿。自辛亥革命失败后，孙中山先生及其领导的革命党人，继续从事民主革命活动，为中国的民族独立、民主共和、富强统一而奋斗不息。俄国十月革命成功，孙中山先生深受启发，从而明确了反对帝国主义和封建军阀的民主革命任务。在共产国际和苏联代表的帮助下，孙中山先生领导的中国国民党和当时崛起于政治舞台的中国共产党实现了合作，拉开了轰轰烈烈的大革命帷幕。1923 年，孙中山先生回广东重建革命政权，经过近三年的努力，肃清了盘踞在广东东江潮（阳）梅（州）一带的陈炯明反动军事势力，并平定杨希闵、刘震寰叛乱，还举行了南征，统一了广东革命根据地。1924 年初，孙中山先生亲自主持召开中国国民党第一次全国代表大会，改组国民党，允许共产党人以个人身份加入国民党，使之成为新的政治联盟，并确定“联俄、联共、扶助农工”的三大政策。同时还举办黄埔陆军军官学校，培养革命军事人才，

❶ 毛泽东．毛泽东文集（第 6 卷）［M］．北京：人民出版社，1999：345 – 346.
❷ 孙中山．孙中山选集（上卷）［M］．北京：人民出版社，1956：104.

并在此基础上建立了新型的革命军队。1925 年广州国民政府成立后，将黄埔学生军和驻粤各军改编为国民革命军，统一了军队，为举行北伐战争奠定了基础。1926 年 1 月，国民党第二次全国代表大会提出打倒帝国主义、打倒军阀，统一全中国的纲领。2 月，中共中央特别会议确定从各方面准备北伐。

在 1926 年春，举行北伐的条件已经成熟，恰值此时，湖南爆发驱赶军阀赵恒惕的运动，反赵军领导人唐生智先胜后败，退守衡阳，并向广州革命政府请援。广州国民政府为实现孙中山先生"统一中国"的夙愿，决定举行北伐，于是派遣第四军独立团为先遣队，先期入湘援唐，广西方面同时派出部分军队入湘，由此揭开了北伐战争的序幕。国民革命军进行的北伐战争，是从 1926 年夏季开始的。同年 6 月 5 日，广州国民政府通过了"兴师北伐案"。7 月 1 日，国民政府军事委员会颁布北伐总动员令。7 月 9 日，在广州举行盛大的北伐誓师典礼。国民革命军第 1、第 2、第 3、第 4、第 6、第 7 军先后从两广地区出发。当时北伐军总兵力约 10 余万人。9 月 17 日，冯玉祥率部在绥远五原（今属内蒙古）誓师，组织国民军联军约 5 万人（后发展到约 20 万人）响应北伐。

北伐军的主要敌人为直系军阀吴佩孚、孙传芳和奉系军阀张作霖、张宗昌。吴佩孚部盘踞两湖、河南京汉路沿线，兵力号称 20 万。孙传芳部由闽、浙、苏、皖、赣军阀组成，号称"五省联军"，兵力亦约 20 万。奉系军阀张作霖窃据中华民国北京政府，盘踞京、津、直隶、热河及东北三省，兵力约 40 万。盘踞山东的张宗昌也有 10 余万兵力。国民革命军 8 个军 10 万余人（战争过程中发展到 40 多个军近百万人），蒋介石任总司令，李济深任总司令部参谋长，白崇禧任参谋次长代理参谋长，邓演达任政治部主任，郭沫若任政治部副主任。何应钦、谭延闿、朱培德、李济深、李福林、程潜、李宗仁、唐生智分任第 1 军至第 8 军军长；缪斌、李富春（共产党员）、朱克靖（共产党员）、廖乾吾（共产党员）、李朗如、林伯渠（共产党员）、黄绍竑、刘文岛分任第 1 军至第 8 军党代表或副党代表。除第 8 军驻湖南衡山、安仁地区，第 7 军驻广西外，其余 6 个军均驻广东。国民革命军总司令部在以 V. K. 布柳赫尔（化名加伦）为首的苏联军事顾问建议下，根据敌我双方军事力量对比和军阀之间的矛盾，制定了集中兵力、各个击破的战略方针，首先消灭吴佩孚军，然后歼灭孙传芳军，最后消灭张作霖军。部署主力进军湘、鄂，另以第 1 军大部在广东汕头、梅县地区对闽警戒，第 1、第 4 军各一部和第 5 军大部留守广州。北伐战争的进程，大致可分为以下三个阶段。

第一阶段从 1926 年 5 月开始。第 4、第 7 军首途入湘，协助唐生智部稳定了湘南局势。1926年初，湖南人民掀起讨吴（佩孚）驱赵（恒惕）运动。湖南省防军第4师师长唐生智与两广取得联系后，起兵反赵，占领长沙、岳阳，就任代理省长，同时也打开了北进通道。同年8月12日，蒋介石在长沙召开军事会议，决定乘吴佩孚军主力在直隶（约今河北）进攻国民军，湖北兵力薄弱之机，迅速以主力直趋武汉；对江西暂取守势。由唐生智兼中央军总指挥，率左纵队（第8军）和右纵队（第4、第7军）攻取岳阳、平江，直指武汉；朱培德为右翼军总指挥，率第2、第3军、独立第1师（由赣军第4师改编）和第5军第46团集结醴陵、攸县等地，对江西警戒，掩护中央军侧背安全；袁祖铭为左翼军总指挥，率由黔军改编的第9、第10军从湖南常德地区进取湖北沙市、荆门，相机占领宜昌、襄阳；第6军和第1军第1、第2师为总预备队。8月25日，国民革命军第4军叶挺独立团作为第12师的前卫，奔袭粤汉铁路（广州—武昌）上的中伙铺车站，歼灭吴军1个团；第10师进占杨泉畈；第7军占领大沙坪、接口市；第8军占领临湘（今陆城）、羊楼洞、蒲圻等地。唐生智根据总司令部关于迅速攻占武汉的决定，以第8军攻取汉阳、汉口，第4、第7军沿铁路北进，攻取武昌。整个第一阶段北伐战争期间最为著名的战役有：汀泗桥战役、贺胜桥战役、南浔战役。其中，南浔战役又名九江战役，是北伐战争规模最大的一次战役。

第二阶段从1927年5月开始，北伐军攻克上海、南京后，孙传芳不甘心失败，与张宗昌组成直鲁联军，反攻南京。奉系军阀张作霖也派兵进入河南，威胁武汉。“四一二”事变后处于分裂状态中的宁汉两方，各自为战。武汉方面以唐生智为总指挥，组成三个纵队进军河南，在漯河、临颍击败奉军主力，6月1日与冯玉祥部会师郑州。南京方面亦组成三路大军，北伐陇海路，5月下旬克蚌埠，6月初占徐州，后与直鲁军相持于鲁南。7月下旬，直鲁军反攻，占领徐州，蒋介石组织反攻未果，遂于8月12日辞职。嗣后，直鲁军进迫南京，在龙潭为南京军所败，丧其主力，双方复相持于津浦路。同年冬天，何应钦指挥第一路军反攻，12月再克徐州。国民革命军联军总司令冯玉祥于5月1日就任国民革命军第二集团军总司令职，率部东出潼关加入北伐行列，与武汉军会师郑州、开封，随后进入豫东与直鲁军作战，曾取得两次兰封战役的胜利，并肃清全境吴佩孚残余势力。山西阎锡山亦于6月宣布就任国民革命军北方军总司令一职，派部进入直隶，占领张家口、石家庄，后因奉军反攻，阎军除傅作义部坚守涿州外，余均退回晋境。

第三阶段从1928年4月开始，蒋介石于1928年初复职后，组织二次北伐，

第一、二、三、四共四个集团军分沿津浦路、京汉路、正太路攻击奉鲁军。第一集团军于5月1日攻克济南，嗣因日军制造“济南惨案”，被迫改道北伐，于6月初攻克直隶沧州，前锋抵天津近郊。第二集团军一部攻鲁西，主力沿京汉路北上，攻克磁州、邯郸，6月初进抵北京近郊。第三集团军连克石家庄、保定、张家口，6月8日进军北京。6月10天津改旗易帜。至是，奉军退至关外，直鲁军基本肃清，北伐遂告结束。

北伐仅一年时间，基本消灭了军阀吴佩孚、孙传芳的军队，重创了军阀张作霖的军队，沉重地打击了北洋军阀的统治，加速了中国革命历史的进程。国民革命军能以少胜多，原因是多方面的。就军事指挥而言，主要是采取集中兵力各个击破的战略方针，首先向北洋军阀实力较为薄弱的湖南、湖北进军，消灭吴佩孚军，再引兵东向，消灭孙传芳军，最后北上解决实力最雄厚的张作霖军；发扬长驱直入，运动歼敌，穷追猛打，速战速决，英勇顽强，连续作战的作风；审时度势，灵活运用兵力，适时转变战法，保持战争的主动权；分化瓦解敌军，补充扩大自己。

在北伐进行途中，1927年4月12日蒋介石在上海发动“四一二”反革命政变，7月15日汪精卫在武汉发表“七一五”反共声明，都给中国革命造成极其严重的损失。但就北伐战争整体而言，结束了中华民国以来长达16年之久北洋军阀集团的统治，使各省军阀“统一”于民国政府旗帜之下，这在中国近代史上，仍占有重要的地位。

北伐战争是在国共合作的基础上进行的，在战争的第一阶段，国共两党广大将士紧密合作，共同奋斗，浴血沙场，留下了许多可歌可泣的感人事迹。历史事实证明，国共两党合则两益、分则两损。这一经验教训，对于我们今天实现振兴中华、统一祖国的大业，仍然有其现实意义。

3. 悲惨沉痛与苦难深重的14年抗战

抗日战争是1931年9月18日至1945年8月15日，中国人民进行的14年反抗日本帝国主义侵略的伟大的民族革命战争，也是100多年来中国人民反对外敌入侵第一次取得完全胜利的民族解放战争。这场战争是以国共两党合作为基础，有社会各界、各族人民、各民主党派、抗日团体、社会各阶层爱国人士和海外侨胞广泛参加的全民族抗战。中国的抗日战争是第二次世界大战的重要组成部分。

1931 年，日本帝国主义悍然发动了“九一八”事变。蒋介石下令“绝对不抵抗”，东北军一枪未发，即让出沈阳城。日军得寸进尺，4 个多月内，辽宁、吉林、黑龙江三省全部沦陷。日本强占东北后，中国人民就开始了武装反抗日本帝国主义侵略的斗争。

1937 年 7 月 7 日夜，日本侵略军在北平西南的卢沟桥附近，以军事演习为名，突然向当地中国驻军第 29 军发动进攻，第 29 军奋起抵抗。8 月 13 日，日军又进攻上海，同样遭到中国守军的顽强抵抗。至此，中国结束了对日本侵略者步步退让的不正常状况，开始了有组织的全面抗战。

中国共产党面对民族危亡的严重形势，率先捐弃前嫌，主张国共停止内战，一致对外，共同挽救中华民族。1935 年 8 月 1 日，中国共产党发表了《八一宣言》，提出建立抗日民族统一战线的主张，并就此同国民党进行了多次谈判。1937 年 8 月，中共中央在陕北洛川召开政治局扩大会议，通过了《抗日救国十大纲领》，作为领导全国人民争取抗战胜利的根本方针。在中国共产党的倡议和督促下，1937 年 9 月，国共两党抗日民族统一战线正式宣告成立。

14 年抗日战争按照时间可分为以下四个阶段。

第一阶段：从 1931 年 9 月 18 日“九一八”事变到 1937 年卢沟桥事变，是日军侵占阶段。1931 年，侵华日军发动“九一八”事变后，完全侵占中国东北，并成立伪满洲国，此后陆续在华北、上海等地制造事端，挑起战争，国民政府则采取妥协政策避免冲突扩大，致使日军侵占中国东北和华北、从而在世界东方形成第一个战争策源地。

第二阶段：从 1937 年 7 月卢沟桥事变到 1938 年 10 月广州、武汉失守，是战略防御阶段。卢沟桥事变揭开了全国抗战的序幕。当时，日本侵略者把国民党军队作为主要作战对象，所以由国民党军担负的正面战场是抗击日军进攻的主要战场。在全国抗战初期，国民党军队先后进行了平津会战、淞沪会战、忻口会战、徐州会战、太原会战、武汉会战等重要战役，并取得了台儿庄战役的胜利，阻滞了日军的推进，粉碎了日军 3 个月灭亡中国的狂妄企图。由于国民党在政治上实行单纯依靠政府和军队的片面抗战路线，在军事上采取单纯防御的战略方针，尽管国民党军队的众多官兵对日军的进攻进行了英勇的抵抗，但正面战场的战局仍非常不利，先后丢失了华北、华中的大片领土，国民政府亦迁都重庆。1937 年 8 月下旬，共产党领导的红军主力改编为国民革命军第八路军，开赴华北抗日前线；10 月间，南方各省的红军游击队也改编为新四军，开赴华中前线。八路军和新四军深入敌后，开辟敌后战场，主要从战略上配合国

民党军作战。中国共产党代表中华民族的根本利益，提出了一条依靠人民群众全面抗战的路线。

第三阶段：从 1938 年 10 月至 1943 年 12 月，是战略相持阶段。随着战局的扩大，战线的延长和长期战争的消耗，日军的财力、物力、兵力严重不足，已无力再发动大规模的战略进攻。敌后游击战争的发展和抗日根据地的扩大，使日军在其占领区内只能控制主要交通线和一些大城市，广大农村均控制在以八路军、新四军为主的中国军队手中。中国共产党坚持独立自主的原则，保证了抗日战争的胜利进行。在此阶段，日本的侵华方针有了重大变化：逐渐将其主要兵力用于打击在敌后战场的八路军和新四军，而对国民党政府则采取以政治诱降为主的方针。日本侵略军集中了大部分兵力和几乎全部伪军，对中国共产党领导的敌后抗日根据地进行了残酷的“大扫荡”。抗日根据地军民开展了艰苦的斗争，坚决地进行反“扫荡”、反“蚕食”斗争，敌后战场逐渐成为抗日战争的主要战场。在日本政府的诱降下，国民政府内亲日派头子汪精卫公开投降。1940 年 3 月，他在南京成立了伪国民政府，组织伪军，协同日本侵略军进攻抗日根据地。同时，国民党的“反共”倾向也日渐增长，蒋介石采取“消极抗日，积极反共”的政策，掀起了三次“反共”高潮，妄图消灭共产党和敌后抗日根据地。中国共产党坚持“发展进步势力，争取中间势力，孤立顽固势力”的方针，领导解放区军民一面抗击日伪军的“大扫荡”，一面打退了国民党的三次“反共”高潮，巩固和发展了抗日根据地。至 1943 年 12 月，日军在兵力严重不足的情况下，被迫收缩战线，华北方面军停止向抗日根据地的进攻。

第四阶段：从 1944 年 1 月敌后根据地战场局部反攻至 1945 年 8 月日本宣布无条件投降，是战略反攻阶段。1944 年，共产党领导的敌后军民在华北、华中、华南地区，对日伪军普遍发起局部反攻。与此同时，国民党正面战场却出现了大溃败的局面，先后丧失了河南、湖南、广西、广东等省的大部分和贵州省的一部分。1945 年，八路军、新四军向日军发动了大规模的春、夏季攻势，扩大了敌后根据地，打通了许多敌后根据地之间的联系。1945 年 5 月，苏军攻克柏林，德军正式向盟军投降，第二次世界大战欧洲战场的战争宣告结束。1945 年 8 月，美国军队在太平洋战场上对日作战胜利，逼近日本本土。8 月 6 日和 9 日，美国在日本的广岛、长崎投掷了两颗原子弹。

8 月 8 日，苏联政府对日宣战，出兵中国东北。8 月 9 日，毛泽东发表了《对日寇的最后一战》的声明，要求八路军、新四军及其他人民军队，在一切可能的条件下，对一切不愿投降的侵略者及其走狗实行广泛的进攻。1945 年 8

月 14 日，日本政府照会美、英、苏、中四国政府，宣布接受《波茨坦公告》。8 月 15 日，日本天皇裕仁以广播“终战诏书”的形式正式宣布日本无条件投降。9 月 2 日，日本投降的签字仪式在停泊于日本东京湾的美国战列舰“密苏里号”上举行。9 月 9 日，在南京陆军总部举行的中国战区受降仪式上，日本驻中国侵略军总司令冈村宁次代表日本大本营在投降书上签字，并交出他的随身佩刀，以表示侵华日军正式向中国缴械投降。至此，坚持了 14 年的抗日战争胜利结束。

整个抗日战争期间，中国军队共进行大规模和较大规模的会战 22 次，重要战役 200 余次，大小战斗近 20 万次，总计歼灭日军 150 余万人、伪军 118 万人。战争结束时，接收投降日军 128 万余人，接收投降伪军 146 万余人。

关于 14 年抗战中国的损失，抗战胜利后，抗战赔偿委员会做出的《中国责令日本赔偿损失之说贴》指出，沦陷区有 26 省 1500 余县市，面积 600 余万平方公里，平民受战争损害者至少在 2 亿人以上。自 1931 年 9 月 18 日至战争结束，中国军队伤亡至少 331 万人以上，平民伤亡至少 842 万人以上，其他因逃避战火，流离颠沛，冻饿疾病而死伤者更不可胜计。直接财产损失 313 亿美元，间接财产损失 204 亿美元，此数尚不包括东北、台湾、海外华侨所受损失及 41.6 亿美元的军费损失和 1100 多万军民伤亡损害。此外，“七七”事变以前中国的损失未予计算；中共敌后抗日所受损失也不在内。经过中国历史学家多年研究考证、计算得出，在抗日战争中，中国军民伤亡共 3500 多万人，中国损失财产及战争消耗达 5600 余亿美元。

中国的抗日战争，是 100 多年来中国人民反对侵略第一次取得完全胜利的民族解放战争，同时也以巨大的民族牺牲有力地支持了各国的反法西斯斗争，从而为世界反法西斯战争的胜利做出了重要贡献，在世界反法西斯战争史上谱写了光辉的篇章。14 年艰苦抗战最终取得胜利在国际社会具有以下三点重要意义。

（1）打响反法西斯战争第一枪

日本法西斯是发动“二战”的急先锋。1931 年，日本侵占中国东北，揭开了“二战”序幕，1937 年又发动全面侵华战争。1939 年德国入侵波兰，欧战爆发。1941 年苏德战争及太平洋战争相继爆发，大战遂全面展开。毛主席指出：“我们的敌人是世界性的敌人，中国的抗战是世界性的抗战。”美国国务卿史汀生认为：“1941 年 12 月 7 日从珍珠港开始的太平洋战争，是满洲事变的必然结

果。现在，‘二战’的起止界线就十分清楚了。”苏联检察官克伦斯基在远东军事法庭上指出：“如果我们可以指出一个日期作为‘二战’这段血腥时期的开端的话，1931年9月18日是最有根据的。”中国抗日战争的功绩在于，首先举起反法西斯义旗，打响了反法西斯第一枪，为世界树立榜样。罗斯福赞扬道：“中国人民高度地表现了牺牲精神，是对其他盟国人民的一种鼓舞。”抗日战争始终是亚洲反法西斯的主战场，牵制并歼灭了日本陆军主力。1937年7月，日本为了全面侵华，把陆军从17个师扩充到24个师，其中21个师投入侵华战争，占陆军总兵力的90%，此后，日军侵华兵力逐年增加，还有半数的空军和海军也用于侵华。直到日本投降前夕，它在海外兵力共350万人，其中侵华兵力196万人，占海外兵力的56%。从卢沟桥事变到太平洋战争爆发前，日本基本上将其军队用于侵华战争。在将近4年半的时间内，中国几乎是单独抗击日本侵略的唯一战场。太平洋战争爆发时，日本也仅以11个师对英、美作战，只占其陆军总兵力的21%，而侵华兵力为36个师，占70%。从抗战时间来看，中国的抗日战争从1931年9月18日算起，打了14年。美英对日作战不到4年，苏联对日作战仅24天。从战果上看，日军在整个战争中死伤195万余人，其中在中国战场死伤138万余人，占日军伤亡总数的70%。以上事实足以说明：中国战场是东方反法西斯的主战场，中国人民是打败日本法西斯的主力军。

（2）粉碎德日夹击苏联企图

日本“北进”侵略苏联蓄谋已久，但始终未能实行，一个重要的原因是，它没有足够的力量既打中国又打苏联。日本关东军副总参谋长石原莞尔在总结张鼓峰事件失败的教训时就曾谈道：“此次张鼓峰事件，苏联所持以威胁日本者，则以日本对华用兵故，日本忍辱屈服于苏联者，亦以日本对华用兵故。”德国入侵苏联前夕，希特勒接见日本驻德空军考察团团长山下奉文上将时，曾提出“请日本从满洲打进西伯利亚”，苏德战争爆发后，德国外长里宾特洛甫电示驻日大使奥托：“使用一切办法促使日本参加对苏作战。”日本政府也认为这是“千载难逢的良机”，遂于1941年7月7日和16日接连下达第一号和第二号动员令，即“关东军特别大演习”。但是，日本最后还是放弃了北进的“良机”。总参谋长杉山元认为：“日本现在中国使用兵力太大，（北进）实际上办不到。”日本政府不得不决定：“帝国政府将努力解决中国事变，暂不介入德苏战争。”当德军兵临莫斯科城下时，里宾特洛甫再次向日本提出：“日德两国应迅速采取联合军事行动，从东西两面夹击苏联，在西伯利亚铁路上握手。”德国企图在严冬到来之前，联合日本打垮苏联。当时莫斯科危在旦夕，苏联处境十分困难。这对日本来说，的确是侵苏的最好时机。但日本此时正集中力量强化侵华战争，无力北进。苏联这才敢于将其主力从远东西调，集中力量对付德国。

（3）打乱法西斯全球战略

尽管德、日、意轴心国签订了各种条约，保证进行“有效的合作”，但他们在战略上却始终未能采取联合行动。一个重要因素是，日本始终把侵华战争作为其政策的重心。中国问题不解决，它的一切计划都难以实现。1940 年夏，法国败降，英军被赶出欧洲大陆。这正是日本实行“南进”，打击英法在东方的势力、夺取其殖民地良机。德国也极力唆使日本“南进”，以期从东西两面夹击英法势力。但日本拒绝了德国的要求。日本访德特使寺内寿一上将解释说：“中日战争不结束，南进是办不到的。”当时日本陆军 3/4 的兵力陷在侵华战争中，无力“南进”。1942 年 3 月 23 日，里宾特洛甫要求日本进攻锡兰和马达加斯加等地，以配合德国向中东和高加索进军，企图与日本在中东和印度洋会师。当时日本海军头目也极力主张进攻澳大利亚和锡兰。英国首相丘吉尔看到了局势的严重性，于 4 月 15 日向美国总统罗斯福提出：“没有理由不认为日本人会成为西印度洋的优势力量。这样，不仅我们到中东和印度的运输船队会受到阻挠，而且来自阿巴丹的石油供应也会断绝——没有石油，我们就无法维持在印度洋区域内海上和陆上的据点——必然会导致我方在中东的全部阵地的崩溃。同时，经过波斯湾对俄国的供应也将被切断。日本对我施加如此重大的压力，我们简直受不了。”4 月 18 日。丘吉尔又进一步提出：“日本在今年只有占领中国才会取得重大结果。……中国一崩溃，至少会使日军 15 个师，也许会有 20 个师腾出手来，其后，大举进犯印度，就确是可能了。”然而，中国人民的抗战不但没有崩溃，反而愈战愈强，使日寇深陷泥潭，难以自拔，根本腾不出手来，迫使日本否决了海军进攻澳大利亚和锡兰的主张，放弃与德军在中近东会师的企图。毋庸赘述，中国的抗日战争打破了德日法西斯的全球战略，对“二战”的进程和结局有重大的影响。

4. 解放战争的胜利创造新中国发展的新起点

解放战争亦称第三次国内革命战争，是 1945 年 8 月至 1949 年 9 月中国人民解放军在中国共产党的领导和广大人民群众的支援下，为推翻国民党统治、

解放全中国而进行的战争。

解放战争第一阶段是从 1946 年 6 月至 1947 年 3 月。1946 年 6 月 26 日，国、共两党的军队在中原地区（湖北、河南交界）爆发了大规模的武装冲突，长达 3 年多的国内战争就此开始。国民党军队仍称国民革命军，共产党的军队则更名为中国人民解放军。这一时期是战略防御期。这一时期，国民党军队依靠优势兵力对解放区展开了全面进攻，但被解放军一一挫败。共产党领导下的人民解放军采用边打边撤的方针将军队转移到山区以保存实力，包括张家口在内的华北重镇最多有 105 座城市被国民党方面占领。其中国民革命军在刘峙、程潜的统率下，以 20 万优势兵力攻打解放军中原解放区的核心宣化店，解放军被迫开始全线撤退，将主力调往延安地区（今延安市）。解放战争史上称之为“中原突围”。同时退入山区的人民解放军再度使用了在土地革命战争中的运动战战略，利用国民革命军分散搜索的契机，集中 2 ~6 倍的兵力展开包围进攻。这种方式成为人民解放军的首要作战策略。经过 8 个月的作战，国民党方面战斗减员约 71 万人，可用于一线作战的兵力由 1946 年 6 月的 117 个旅，下降至 85 个旅。

解放战争的第二阶段是从 1947 年 3 月至 1948 年 9 月。由于第一个阶段国民政府所采取的 8 个月的全面进攻并没有收到预想中的效果，解放军的主力依然存在。这样国民政府便做出新的战略方案：重点进攻陕北与山东共产党根据地。面对 20 余万国民革命军，共产党方面将中共中央主动从延安撤退，胡宗南占入空城，谎报大胜。同时解放军开始在陕北高原进行游击战、运动战，分别取得了在青化砭、羊马河、沙家店等地的胜利，国民党方面经过 3 个多月的“蘑菇战”，即游动作战，军力、士气下降严重，最终放弃了陕北高原的战斗。同时，山东的共产党根据地遭到逾 60 万国民革命军的围攻。由于国民革命军采用了齐头并进的战术，将军队控制在一个范围内，导致解放军的游击战术无法奏效。至此，粟裕提出以山东解放军主力决战的方式粉碎国民革命军的围攻方式，并取得了胜利。在孟良崮战役中，号称“王牌部队”的国民革命军整编 74 师全军覆没，师长张灵甫阵亡，国民革命军全线溃退。由此，人民解放军军力上升至 280 万人，装备了重炮兵与工兵，基本具备了同国民革命军决战的实力。另外，由于国民政府集中兵力进攻延安及山东解放区，导致后方兵力空虚，1947 年 6 月，刘伯承、邓小平率领大军强渡黄河，千里挺进大别山，直接威胁国民政府的统治中心南京和武汉；陈毅、粟裕领导下的华东野战军挺进豫皖苏；陈赓、谢富治兵团挺进豫西。三路大军，互相策应，在黄河与长江之间的广大地区形成了一个“品”字形的战略态势，这就牵制了南线国民党军一半以上的兵力，使中原地区由国民革命军进攻解放军根据地的重要后方变成了解放军夺取全国胜利的前进基地。这是一个对战争发展具有重大战略意义的胜利，它带动了中国各个战场的战略进攻，整个战争格局从此发生根本的转变。

解放战争的第三阶段是从 1948 年 9 月至 1949 年 12 月。在此期间发生了举世著名的三大战役：辽沈战役（辽西会战）、淮海战役（徐蚌会战）和平津战役（平津会战），国民党在作战中节节败退，不但丧失大片控制的土地，国民革命军损失了主力近 150 万人，更有超过 100 万的部队与政府官员投奔共产党。1948 年秋天，国民党在中国东北发动最后的反击，最终宣告失败，至 9 月底，国民政府在东北仅剩锦州、沈阳、长春等几个城市。在中国人民解放军重兵包围下，10 月 15 日锦州失守，19 日长春在数个月的包围战后失守，11 月 3 日解放军正式进入沈阳，共产党全面控制中国东北。11 月中旬爆发的徐蚌会战是国共内战中规模最大最惨烈的战役，此战役成为国共最后的总决战，12 月 15 日解放军攻下徐州、1 月 15 日攻下天津、1 月 19 日攻下蚌埠，会战结束。1949 年 1 月 21 日中华民国总统蒋中正宣布下野，副总统李宗仁代理总统职务。在华北剿匪总司令傅作义决定下，北平守军放弃抵抗并宣布起义，1 月 31 日解放军和平解放北平。1949 年 4 月 21 日中国人民解放军大举渡江，国民党军队驻江阴要塞司令起义，解放军顺利地渡过长江，1949 年 4 月 23 日解放军攻下中华民国首都南京，国民政府迁往广州。4 月 24 日解放军攻下国民党在华北内陆控制的最后一个城市太原，国民党部分守军与政府官员因拒绝投降，集体自杀，国民党方面称之为“太原五百完人”。5 月解放军陆续攻下华中诸多大城市，在 10 日解放杭州、15 日解放南昌、16 日解放武汉、27 日解放上海。6 月 3 日美军军事顾问团撤离与国民革命军撤守青岛后，同日解放军解放青岛。8 月 6 日解放军攻陷长沙、17 日攻陷福州，解放军战线深入华南地区。10 月 1 日，中华人民共和国中央人民政府在北京宣告成立。10 月 15 日解放军攻陷广州，中华民国政府再次迁都重庆，17 日攻陷厦门，并对厦门外海的金门进行作战，25 日金门战役国民党军大捷，击退进攻的解放军。11 月 3 日，解放军进攻舟山群岛的登步岛，国民党军队经过三天的战斗击退进攻的解放军，史称登步岛战役。11 月解放军解放重庆，国民政府三迁成都。同年 12 月 7 日国民政府行政院电令迁守台湾，台北则成为临时首都，12 月 8 日至 10 日，包括五院院长、各部会首长、中华民国政府公务员及两蒋纷纷离开成都飞抵台北，同时向世界宣告“大陆沦陷”。至此，中国大陆几乎全部为中国人民解放军所解放。国民党仅能掌控中国东南沿海岛屿（台湾、金门、马祖、乌丘、东引、海南岛、舟山群岛、一江山岛、大陈岛、万山群岛）及西南（云南、广西、四川）部分山区，国共内战大势已定。

解放战争的第四阶段是从 1949 年 12 月至 1955 年 2 月，由于随着国共内战大势已定，大规模的军事会战已不可能再出现，战争的规模趋于中小型。在西南地区，由于国民党军队在中国大陆西南方残余的军事力量很难再有所作为，中国人民解放军自进入成都后，便继续一路追击这些已经无法大规模组织战斗的军队。西南的国民革命军 93 师无法跟大规模的中国人民解放军作战，一路往边界撤退，最后退到泰缅边境的三不管地带（泰缅金三角），在当地形成一股特殊的势力。1954 年，因缅甸政府向联合国提出抗议，国民党当局开始逐步将这批军人及眷属迁往中国台湾安置。1950 年春天解放军进军海南岛、万山群岛与舟山群岛，经过双方多日交战，最后国民党军队在以固守台湾优先的策略下相继撤离当地。解放军一方面逐一攻下沿海岛屿，另一方面在福建集中兵力，为渡海攻台做准备。然而之后朝鲜半岛战争爆发，美军派遣第七舰队进入台湾海峡，增加了渡海攻台难度；此时，中国人民解放军要进行“抗美援朝”，军事重心北移，因此在东南沿海的作战暂缓。而朝鲜半岛战争期间，国民党军队曾多次尝试突击东南沿海岛屿，如南日岛战役、东山岛战役等，但皆以失败告终。朝鲜半岛战争结束后，中国人民解放军在 1954 年对一江山岛发动作战并对金门炮击，不久中国人民解放军解放一江山岛，视一江山岛为屏障的大陈岛也将被解放。因此，国民党军队决定主动撤离大陈岛，1955 年 2 月在美军的协助下大陈岛军民全数撤离，中国人民解放军进军大陈岛，自此以后国共双方的势力范围都再无变动。

解放战争不仅仅是国共两党之间的内战，它也是一场抗美战争。解放战争，传统上一般称之为第三次国内革命战争，其定性现在来看不准确，因为它是中国共产党领导亿万中国人民，英勇抗击美帝国主义及其代理人——也是封建主义和官僚资本主义的总代表——蒋介石及国民党反动派的战争，是殖民地人民奋起反抗帝国主义和殖民主义的、殖民地人民翻身做主人的、真正意义上的解放战争。解放战争，不仅是内战，也是反侵略战争！20 世纪 50 年代，美帝国主义不甘心失败，扶植代理人傀儡势力，发动朝鲜半岛战争，与中国人民志愿军和朝鲜军队作战。美国发动的朝鲜半岛战争，是中国解放战争另一种形式的延续。解放战争胜利后，美国继续扶持保护蒋介石政权，驻军台湾，以及后来的《与台湾关系法》，都是体现了宗主与傀儡之间的关系。抗日战争时期，汪精卫与蒋介石分道扬镳，前者投靠法西斯日本帝国主义，做了日本帝国主义的走狗，被称为汉奸卖国贼；而后者，彻底投靠了美帝国主义，做了美帝国主义的傀儡势力，把孙中山创立的国民党革命力量一分为二。尽管美国在“二战”后期站到反法西斯侵略者的行列，但“二战”结束后，美国恢复了帝国主义的本来面目，在世界各地扶植代理人和傀儡势力，共同与中国人民和世界被压迫民族及其人民为敌。蒋介石的国民党军队，从战争的目的上讲，是按照美国主子的意志作战的，在战略上或者在许多战术上基本听从美国的指挥。从战争的支持上讲，在解放战争中，蒋介石的国民党军队全部由美国武装，现代化的美式装备，加之美国军事人员现场指导、训练蒋介石的国民党军队，与中国共产党的军队形成鲜明的对比。中国共产党依靠人民的力量，自己动手，其军队装备主要是自给自足，另外一部分装备是从抗战战场上缴获的日军和解放战争中缴获的美蒋军队的武器，但主要的还是靠小米加步枪独立地与日军和美蒋军队作战。蒋介石的国民党军队，与追随日本并由其扶植的汪精卫的卖国汉奸军队一样，是追随美国并由其扶植的汉奸卖国军队。中国共产党领导中国人民推翻帝国主义、封建主义和官僚资本主义三座大山，实现了民族解放。在当前，国际反华倾向日益严重，国内亲美和右翼势力死灰复燃，我们重新审视解放战争的性质，对于增强民族意识，深化对中国共产党领导中国人民开展的抗击帝国主义、殖民主义及其反动势力的英勇卓绝的战争的认识，对于认清美帝国主义及西方列强的伪善的狰狞面目，具有重要的现实意义。

第十九章　行走在强大路上的 21 世纪的中国

中华民族虽然多灾多难，但中国人又是如此幸运，在同一历史时期，同时拥有了两个伟人——毛泽东和邓小平。两个伟人的整体思想为民族振兴奠定了牢固的基石。30 多年的改革开放所取得的辉煌成就，被全世界称为中国奇迹（同时也被别有用心的人称为中国“威胁”）。从而被许多寻求发展的国家视为学习的楷模。世界第二大经济体和第一增长速度，被一致公认为是世界经济发展的“火车头”。

1. 21 世纪的中国政治与政治改革发展之梦

当代中国的政治发展是当代中国政治领域里发生的变化和进步，是与中国社会主义现代化进程相联系的政治民主化过程。21 世纪中国政治发展的基本目标就是要实现政治民主、政治廉洁、政治稳定和政治效率。进入 21 世纪，我们经历了一系列可歌可泣的政治事件：中国加入世界贸易组织，万众一心、抗击“非典”，中国首次载人航天飞船飞行成功，抗震救灾、众志成城，成功举办 2008 年北京奥运会、残奥会。经历了许许多多的国际国内重大政治事件，促使 21 世纪的中国拥有了崭新的政治视角：从“民主政治”的视角切入，研究民主、政党与法治及其相互关系；从“公共权力”的视角切入，研究公权的根源、结构、域界、运作及控制等；从“政治发展”的视角切入，研究政治发展、政治改革、政治稳定及其三者之间的相互关系；从“政治制度化”的视角切入，研究政治制度及其与政治文化、政治运作之关系；从“政治生态”的视角切入，研究中国政治与中国社会乃至国际社会之关系。

人类文明建设应当是全面的。既要物质文明建设，又要精神文明建设，还要政治文明建设。人类改造客观世界和主观世界就是文明建设。通过改造自然界和社会，生产力提高、生产方式进步和物质生活的改善构成物质文明；通过改造主观世界，精神生产和精神生活得到发展构成精神文明；通过改造社会，人类政治生活的发展和进步构成政治文明。

梦想是一个人前进的方向，一个民族发展壮大的风帆，一个国家乘风破浪的标杆。个人、民族与国家是息息相关的共同体，梦想亦生死与共。在封建帝制走入垂死挣扎的时代，我们的梦想是打倒封建君主专制，建立民主共和国。被帝国主义侵略、官僚资本主义压迫时期，我们的梦想是打倒帝国主义、官僚资本主义，成立新中国。

中华人民共和国成立之后，我们的梦想依然没有停止，实现四个现代化、建设小康社会、推进改革开放、加强经济建设等梦想的一步步实现推动着炎黄子孙伴随着一系列卓著的经济发展成果跑步进入了21世纪。

曾经贫弱的中国在加入WTO之后，国际社会转变了对中国“村姑”般的认识；北京奥运会的成功举办，进一步证明了中国的独特竞争优势。GDP的稳定增长为经济强国的形成奠定了稳定根基，以至于国际社会的主要经济体在制定货币政策时也要忌惮几分中国的脸色。

然而，我们实现梦想之路依然荆棘重重，尤其是体制性问题正在成为进一步发展的拦路虎。官员的腐败成为阻碍中国健康前行的蛀虫，党内监督的匮乏则是形成这一腐败的主要根源之一。因此，进行政治体制改革，完善党内的监督体制，让民主党派充分实现参政议政的权力，让人民大众清晰地了解治国策略的制定、形成以及推进的全过程，避免一言堂，规避落入独断专行的危险境地是今天的中国执政党——中国共产党面临的主要问题，亦是中国人的主要梦想之一。换句话说，21世纪的中国梦不能没有政治体制改革，这也是以习近平为核心的党中央能否在中国历史上留下深刻印记的重要一环。

政治体制改革对广大的中国公民来说是梦想，是实现公平的梦想。对以习近平为核心的中央领导集体来说则是重任、是难题。在多年的呼声之后，他们恰当面对这一呼声，并积极应对新形势下的改革大趋势，创建保障经济社会进一步腾飞的政治基础，而这个基础就是党内民主和落实政治协商体系。

对于眼下的问题，他们有着清醒的认识。中共中央总书记、中央军委主席习近平表示，“空谈误国，实干兴邦。”由此可知，以习近平为核心的中央领导集体是务实的。在实现中国人的共同梦想——推动政治体制改革方面必会鞠躬尽瘁、身体力行。

政治体制改革实际上就是刮骨疗伤——在社会主义政治总格局和权力结构形式不变的前提下，对政权组织、政治组织的相互关系及其运行机制的调整和

完善——并不会影响全局，反而能够给全局的发展创造更加完美的辅助条件。只有保证执政党的清正廉洁、公开透明、善于听取谏言，中国共产党为唯一执政党的中国才能实现国家和民族的富强和复兴。要促进中国的政治发展，就必须明确中国政治发展的基本目标。明确了中国政治发展的基本目标，就明确了中国政治发展的运行方向和长远目标，才可以制定更明确的阶段性目标和选择更适当的政治发展战略。当前中国的基本国情和所处的国际环境，邓小平关于政治发展的重要理论和当前党的路线方针政策，以及各国政治现代化特别是发展中国家政治发展的经验教训是确定21世纪中国政治发展基本目标的重要依据。21世纪中国政治发展的基本目标就是要实现政治民主、政治廉洁、政治稳定和政治高效。

（1）政治民主

政治民主是建立在一定经济基础之上的，为维护特定利益关系，保障公民权利平等实现而建立的政治形式以及与之相关的政治行为和政治意识。政治民主是社会主义政治制度的本质特征，也是社会主义政治制度的生命力之所在。21世纪中国的政治民主目标主要包括三个层面，即政治观念的进步、政治参与的广泛性、政治统治与政治管理的民主化和制度化。

政治民主是21世纪中国政治发展最重要的目标，对中国政治和社会发展有着十分重要的意义。第一，民主是社会主义的本质规定，没有民主就没有社会主义。中国的政治发展就是要在保持社会主义基本政治制度的前提下，通过改革政治体制中不适应政治发展的具体环节，不断建立健全各项具体的政治制度，使人民民主的优越性不断得到体现，使人民可以充分行使当家做主的权利。政治民主也是维护和实现人民根本利益的最佳途径，是维持社会公平、社会正义和社会稳定，协调社会矛盾与冲突的有效机制，是调动人民积极性和创造性的重要手段。第二，政治民主是政治发展的重要标志。民主是人类文明与进步的标志，专制是愚昧落后的表现。民主不同于其他国家形式之处在于它承认公民在政治上拥有平等的权利，并从制度上规定这种平等的权利能够得到实现。列宁在指出民主是一种国家形式的同时又说："民主意味着形式上承认公民一律平等，承认大家都有决定国家制度和管理国家的平等权利。"因此，政治发展的基础在于首先要获得一定形式的政治民主。第三，政治民主是当前中国政治发展中的比较薄弱环节。目前，中国政治体制仍然带有浓厚的传统集权体制的痕迹，政治体系在整合社会利益方面存在严重的局限性。人们迫切需要革除这些弊端，加快社会主义民主政治建设。

在人类社会发展过程中，每一种政治体系都始终包含着一定的政治观念，而且各个时期的政治观念也制约着当时政治体系的发展。可以说，政治观念的进步是政治民主的重要基础，没有政治观念的进步就难以实现政治参与的广泛性和制度化以及政治统治与政治管理的民主化和法制化。政治观念的进步包括政治思想、政治道德、政治思维方式的进步，如确立民主、平等、自由、人权的观念以及公平、正义的基本原则，等等。与之相对立的政治观念则是不文明的甚至是野蛮、蒙昧的政治观念，如特权观念、等级观念、人治观念，等等。由于传统政治文化的影响、传统的错误的社会主义观念的阻碍以及极“左”思潮仍未肃清，在中国政治发展的过程中，政治观念的进步和变革可能是极为艰巨的。政治发展的进程不仅仅意味着具体制度安排的突破与创新，政治观念的变革，特别是塑造适应社会主义民主政治发展的政治文化是至关重要的，可以说，后者的难度远远超过前者。从政治观念层面上看中国的政治发展，来自社会成员心理深层的负面因素可能是中国政治发展过程中最难以克服的。

从政治统治与政治管理层面来说，政治民主要求实现政治统治与政治管理的民主化和制度化。政治统治和政治管理的民主化包括民主决策、民主听取意见、民主治理等方面的内容，政治统治和政治管理的制度化主要指政治系统运行的制度化和法律化。民主的制度化和法律化在民主实践中具有十分重要的意义，是建设社会主义民主政治的重要保证。实现政治统治与政治管理的民主化和制度化最基本的要求就是：政治统治的依宪治国、实行宪政；政治管理的依法管理、走向善治。依宪治国、实行宪政就是要切实维护宪法的权威，切实保护公民合法权利，真正使人民代表大会履行作为最高权力机关的作用，要真正做到任何组织和个人都要在宪法和法律范围内活动，而不能凌驾于宪法和法律之上或者超越宪法和法律之外。依法管理、走向善治就是政治管理要依照法律法规实行，并不得侵犯公民生活的“私域”，政府与公民对公共生活进行合作管理，政府要在一定范围内还政于民，并与公民进行良好的合作。

（2）政治廉洁

政治廉洁意味着公共权力规范、公正和健康运作，公共权力服从和服务于公共利益和大众利益，而不是个人谋取私利的工具。自从国家产生以来，政治廉洁就一直为人们所关注。中国历史上任何一个王朝兴衰成败的过程都程度不同地反映了这个政权廉政建设的程度和演变的过程，任何一个王朝兴衰成败的

过程都与其政治廉洁与否密切相关。那么，为什么说政治廉洁是当代中国政治发展的基本目标呢？这是因为：政治廉洁是与政治腐败相对立的一种政治状态，是人类政治文明的重要标志之一；政治廉洁和政治发展是正相关的关系，政治廉洁是衡量政治发展程度和政治体制完善程度的重要尺度；政治廉洁是公仆精神和社会主义制度优越性的重要体现；政治廉洁关系到政权的合法性，关系到党和国家的生死存亡，关系到社会主义的前途命运。在中国政治发展过程中，政治廉洁的含义包括三个方面：一是要建立起有效的权力运行制约机制和监督机制，从制度上保证行使权力的主体掌权奉公、执政为民，从源头上防止权力腐败；二是要制定合理的资源分配制度，杜绝公职人员的非法所得，防止公职人员享有特权和特殊待遇；三是要防止和克服政治权力异化与权力滥用，消除权钱交易、贪污腐化、生活堕落等各种政治腐败现象，实现政治清明。政治廉洁与政党制度、政治体制、干部人事制度密切相关。

第一，在中国要实现政治廉洁，必须改进和转变党的领导方式，实现党的领导方式的法治化、规范化、制度化。党的领导方式法治化，就是要使党的领导方式合乎人民的意志要求、合乎人民民主的制度要求、合乎体现人民民主制度的宪法和法律的规范要求。在政党与国家的关系上，政党不能凌驾于国家之上，不能替代国家行使国家职能权力。实现党的领导方式的规范化，就是要正确处理执政党与国家政权机关的关系，执政党要通过在国家政体内执政来实现对国家和社会的领导，应当处理好党与人大、政府和法院、检察院的关系。党的领导方式作用的发挥还需要相应的制度来保证。要通过适当的程序，把党的领导方式制度化，为党的领导权力的分配、组织、运作提供了一个科学合理的目标和规程。党的领导方式制度化的结果就是党的领导制度。党的领导制度规定着党在国家政治生活中所处的地位、活动方式，并要求党按照制度的规定来行动。

第二，在中国要实现政治廉洁，必须确保国家机关立法权、司法权与行政权行使的相对独立与高效运行，同时加强对权力的制约机制。立法权、行政权与司法权是国家职能实现的具体体现，分属国家三种彼此相对独立的职能机构。权力行使的相对独立性要求国家立法机关、行政机关与司法机关具有相对的独立地位，在各种权力行使过程中不被其他权力所左右和控制。国家权力的高效运行要求配置或设定权力要以科学化和实效性为原则，以保证各种权力独立行使时能最大限度地发挥正向作用。在确保立法权、司法权与行政权行使相对独立的同时，要建立和健全对权力的平衡和制约机制从而防止权力的滥用和权力的腐败。孟德斯鸠明确阐述了权力制衡的原理。他认为，“制约”和“均衡”是为了防止权力的滥用。“一切有权力的人都容易滥用权力，这是万古不变的一条经验。”“要防止滥用权力，就必须以权力约束权力。”工人阶级政权建立后，是否要加强对权力的监督和制约呢？列宁对此做了正面的回答，他对工人阶级取得政权之后如何有效制约和监督权力进行了积极的探索。特别是在他晚年被称为“政治遗嘱”的最后五篇论文和书信中，列宁对工人阶级政权的权力制衡问题进行了深入的思考，提出了一系列主张。中国共产党也十分重视对权力的监督与制约。党的十六大明确提出：“建立结构合理、配置科学、程序严密、制约有效的权力运行机制，从决策和执行等环节加强对权力的监督，保证把人民赋予的权力真正用来为人民谋利益。”党的十六届四中全会又明确提出：要“加强对权力运行的制约和监督，保证把人民赋予的权力用来为人民谋利益。”要确保政治廉洁，就要加强对权力的制约和监督。当前，要发展社会主义民主，防止滥用权力，铲除腐败，实现政治廉洁，应当认真分析不同历史时期、不同社会制度国家的经验和教训，综合利用多种方式，从多角度来制约权力。在社会主义条件下，要特别注重确保人民当家做主的权利，要让人民通过各种途径参与国家事务，发挥人民民主权利来达到制约权力的目的。

第三，政治廉洁还体现在干部选拔任用上要反对任人唯亲，坚持任人唯贤。用人上的不正之风，不仅是某些领导干部个人不正之风的表现，而且会损坏党风和政风，导致政治腐败。该用的人得不到任用，不该用的人得到重用，必然起到一种错误的导向作用，严重压抑和伤害广大干部群众的积极性，使一些心术不正的人趋炎附势，投机钻营。坚持任人唯贤的方针，坚持用好的作风选人，选作风好的人，坚决防止和纠正用人上的不正之风，是政治廉洁的重要体现。

中华人民共和国成立后，各级人民政府区别于旧政权的突出特征就是廉洁。正是这种廉洁，新中国克服了重重困难，党和政府的凝聚力不断增强，在人民群众中产生了巨大的吸引力。而当前中国正处于新中国成立以来腐败最严重的时期，也属于世界上腐败程度比较严重的国家之一。腐败在加剧社会不公的同时，也对中国经济增长、政治发展和人民生活福利产生了巨大危害。在这种背景下，实现政治廉洁的目标更显艰巨和紧迫。

(3) 政治稳定

政治稳定是指一个国家政治系统的连续性和有序性，它包括稳定的政权体系、合理的权力结构和有序的政治过程三个不同层次。第一个层次是政权体系的稳定。它具有三方面的内容：一是政治共同体的稳定，即国家的完整统一和

对国家的认同得以持续；二是政体的稳定，即宪政体制和基本政治制度及其规则得以持续；三是执政者的稳定，即不存在政治领导人的非正常更选。第二个层次是国家权力结构的合理性，包括权力结构的合法性、有效性、统一性等方面。第三个层次是政治过程的有序状态。政治过程包括政治决策和政治实施两个方面，决策的有序性指决策的整体性和连贯性，实施的有序性指政策能顺利实施。政治稳定的三个层次是相互关联又相互独立的。政治稳定意味着政治系统的良性运行和协调发展状态。追求政治稳定，就是要维护有效的社会控制，谋求稳定的政治秩序，适时化解政治风险，避免政治危机的发生。在中国的政治发展进程中，政治稳定既是中国政治发展的重要目标，也是中国政治发展不可缺少的环境和条件，在中国政治发展中具有十分重要的意义。中国是一个发展中国家，其首要任务是经济与社会的发展，这就必须有政治的稳定；中国是社会主义国家，有政治的稳定才能抗击国内外敌对势力的侵袭，特别是西方国家实施的“和平演变”战略；中国的政治体制改革也要在政治稳定的条件下才能推行；政治稳定也符合全中国人民的根本利益。邓小平多次强调社会稳定、政治安定的重要意义。他说：“中国的问题，压倒一切的是需要稳定。没有稳定的环境什么都搞不成，已经取得的成果也会失掉。”可以说，政治稳定对于中国而言是极其重要的。

作为21世纪中国政治发展目标的政治稳定，其基本要求和基本内涵是：社会稳定，包括经济、社会、政治资源得到合理分配，不会因为分配不合理导致社会动荡和人民间的情绪对立；思想稳定，人民享有真正的言论自由、宗教自由、思想自由，能自由表达自己的意志，畅所欲言，心情舒畅，党群关系能妥善解决，群众对党和国家没有对立情绪；统治稳定，基于民选的中央政府能实行有效地治理，政府能为民办事，并有权威性，政府不因为腐败或无能受到普遍质疑和反抗；民族关系稳定，由于正确的民族关系能形成民族团结的局面，大民族主义、民族分裂主义能受到有效控制；健全的法制与良好的秩序，能把自由与秩序较好地结合，使正常的生产、生活有效地进行，能控制社会犯罪；有较为完善的、健全的、必要的疏导机制，使人民有地方说话，有地方出气，做到上情下达，下情上传，民解官意，官解民意，避免因为缺乏沟通而出现问题；有较为健全、完善的矛盾协调机制，使政治、经济、社会方面的矛盾能较好解决；有较为健全完善的冲突缓冲机制，能把政治冲突控制在最小的范围和程度上，防止激烈甚至流血冲突的出现。

应当说，改革开放以来的30多年，中国基本上维持了政治稳定，包括中国共产党统治地位的稳定、基本政治制度的稳定、党的政治路线和基本政策的稳定以及社会的基本稳定。同时，中国经济增长迅速，人民生活水平显著提高，国际影响力提升，综合国力不断增强。从总体形势看，当前中国经济持续快速发展，政治体系运行平稳有序，社会整体发展保持着良好态势。但是，当前中国的社会风险也在累积，各种问题和矛盾也凸显出来，不少问题和矛盾还呈现出继续恶化的态势。如何在国际国内环境十分复杂的条件下，在稳步推进中国的政治发展、实现政治转型的过程中，使中国政治发展面临的风险处于可控状态之下，避免政治危机的发生，维护政治稳定和社会稳定成为十分重要的问题。特别要强调的是，实现政治稳定的目标要注意三个问题：一是这种政治稳定是建立在民主基础上的持久稳定，而不是专制统治下虚假的暂时稳定；二是这种政治稳定是富裕的文明基础上的稳定，而不是愚昧落后的稳定；三是这种政治稳定是建立在社会和谐发展基础上的稳定，而不是社会利益严重分割或者人与环境严重对立下的稳定。

（4）政治高效

政治效率就是政治系统在运行过程中所耗费的成本与政治统治和政治管理所实现的促进经济发展、提高人民福利和维护政治统治等收益的比率。政治效率的高低决定着一个国家的发展状态，当政治系统的运行成本高于其收益时，政治系统就会发生振荡和变革。21世纪中国政治发展的一个重要目标是提高政治效率，实现政治系统运行成本与收益之比率的最大化。如何提高政治效率呢？政治效率应该通过开发和有效配置政治体制内各种稀缺资源来实现。单纯的权力下放或权力回收是难以达到实现政治效率的目标的，只有摆脱体制内权力的收收、放放，而把政治权力作为一种社会资源，按照公平效率相结合的原则与经济资源进行合理配置，才能真正保证经济、政治和社会等诸领域的发展，在提升效率的基础上为公平创造条件，从而实现社会主义政治发展的目标。中国提高政治效率的基本要求和标准是：一是政治机构设置合理和政治体系中权力配置科学，符合高效节约的原则。决策机构能科学决策、民主决策，政治统治和政治管理能顺利进行，政策方针能有效执行，整个政治系统高效运行。特别是政治体系中各种权力行为主体要做到职、权、责明确，各行为主体既互相协调又互相制衡，确保政治体系的稳定有序运行而又不至于互相扯皮和出现腐败。二是有一个及时反馈民意、沟通信息及处理问题的机制，能迅速对外部挑战做出反应，能有效化解政治风险，尽可能避免政治危机，有效处理各种突发性事件和群体性事件，维持社会稳定。三是政治系统中存在纠错机制，可以尽可能避免决策失误和执行中的偏差；即使出现决策失误和执行中的偏差，也能迅速纠正，确保政治效率是正向的、积极的效率，而不是负面的、消极的效率。在当代中国政治发展的过程中，只有不断对政治系统进行改革和完善，才能不断

提高政治效率，才能确保政治体系获得更加完善、高效、稳定的政治功能，才能妥善地处理由利益和观念差异而产生的社会冲突和社会矛盾，才能有效地、公正地分配和行使政治权力并使其具有权威性，才能促进社会进步和社会发展，并且能够积极、主动地实现自我发展和自我完善。

特别值得重视的是，在政治发展的过程中，要正确认识政治效率与政治民主的关系，正确处理好政治效率与政治民主的关系。现代民主追求严格而公正的程序、决策过程充分的选择性和参与性、不同意见之间的竞争性以及决策的多数决定等。其目的在于保障政治统治和政治管理的合法性与科学性。政治效率追求以最小的成本获得最大的政治统治和政治管理的收益。政治效率一定程度上更趋功利性。由于民主和效率的着重点不同，在实际政治生活中常常会产生一些矛盾，例如，在决策上会出现迅速、及时地决策和严格按程序办事、充分协商之间的矛盾。但在深层次的互动关系上，政治民主可以保障和促进政治效率。一般来说，民主强调严格的政治程序、充分的参与和协商以及反对个人独裁，可以尽可能地保证政治行为的合理性与科学性，防止决策失误造成的对政治效率的损害，从而确保政治效率的提高。所以，政治民主与政治效率是辩证统一的，不应该以政治效率为借口来否定政治民主，相反应当切实推进政治民主来提高政治效率。

2. 高速发展的中国经济

21世纪，面临着经济知识化和经济全球化洪流的严重冲击，中国经济将进入大调整、大转折、大变化、大发展时期。如今，中国经济已进入全面、快速工业化阶段；但也存在不少困难及问题，集中表现为明显的、多侧面的二元现象。通过定性分析和定量计算进行超长期预测，到2050年，中国GDP总量可能达到150万亿元左右，人均约为10万元，经济总规模继续稳居世界第二位（仅次于美国），甚至超过美国，成为世界第一。

伴随着中国的改革开放，我国经济进入高速发展的轨道，20世纪末，已取得显著成果，成为世界经济发展史上的一大“奇迹”。在此期间中国经济的基本状况有以下六个方面。

（1）经济持续高速增长

1978年实行改革开放以来，中国经济取得了重大成就。1978—1998年，GDP从3624.1亿元增至79552.8亿元，按1978年价格计算增长了5.38倍，平均每年增长速度为 9.71%。其中第一产业增加值年均增长 4.96%，第二产业年均增长 11.73%，第三产业年均增长 10.47%。人均 GDP 从 379 元增至 6404 元，平均每年递增 8.28%。到 1997 年，中国经济平均增长速度比世界平均水平高 6.5 个百分点，比发达国家平均水平高 7.3 个百分点，中国 GDP 总量跃居世界第 7 位。1978 年以来，中国经济增长经历 1978—1984 年、1985—1987 年、1988—1992 年、1993 年至今的四个周期波动。与改革前相比，中国经济波动的周期拉长了，峰位、谷位落差降低了。这反映了中国经济增长质量的不断提高，由过去追求高速度逐步转向兼顾发展与稳定、兼顾速度与效益、追求经济持续稳定和健康发展。同时，随着市场经济体制逐步建立，宏观调控中经济手段作用增强，使经济运行摆脱了一放就乱、一管就死的恶性循环。1996 年、1997 年软着陆的成功，使中国在 1997 年 5 月开始的东南亚金融危机的冲击下能够站稳脚跟。

中国正在以前所未有的速度崛起，经济建设取得了举世瞩目的重大成就，离世界强国只有一步之遥。2004 年经济总量超过意大利成为世界第六大经济体；2005 年连续超过英国和法国，成为世界第四大经济体；2008 年经济总量超过德国，成为世界第三大经济体；2010 年经济总量超过日本，成为世界第二大经济体。1952 年，我们人均 50 美元，2012 年人均突破 6000 美元，2015 年人均突破 7000 美元。

2000 年我国 GDP 为 8.9 万多亿元，首次突破 1 万亿美元；2005 年，突破 2 万亿美元；2009 年超过 5 万亿美元；2014 年，超过 10 万亿美元。从跨入 GDP 万亿美元俱乐部到成功突破 10 万亿美元大关，我国用时 14 年。相比之下，美国 1970 年的国内生产总值为 1 万亿美元，早于中国 30 年，而到 2001 年才达到 10 万亿美元，从 1 万亿美元到 10 万亿美元，美国用时 31 年。

（2）产业结构有所改善

产业结构严重脱离需求结构的畸形状态得到很大改善，长期困扰计划经济国家的商品数量“短缺”现象基本消除，能源、交通运输与邮电通信、重要原材料等基础产业和基础设施得到了快速发展，农业持续稳定增长，瓶颈产业制约经济增长的现象得以缓解。第一、第二、第三产业的发展比较协调。

以 2011—2016 年，第一、第二、第三产业占 GDP 比重为例：

2011 年，第一产业为 10.1%，第二产业为 46.8%，第三产业为 43.1%；2012 年，第一产业为 9.4%，第二产业为 45.3%，第三产业为 45.3%；2013 年，第一产业为 9.3%，第二产业为 44%，第三产业为 46.7%；2014 年，第一产业为 9.1%，第二产业为 43.1%，第三产业为 47.8%；2015 年，第一产

业为8.8%，第二产业为40.9%，第三产业为50.2%；2016年，第一产业为8.6%，第二产业为39.8%，第三产业为51.6%。

2011年来，我国第一、第二产业占GDP比重持续减少，第三产业占GDP比重持续增加。

（3）科学技术和教育水平有所提高

目前我国科技人力资源总量居世界第一位，截至2014年底达到8114万人。其中大学本科及以上学历的科技人力资源总量达2960万人，相当于美国科学家及工程师数量的总和（根据美国《科学与工程指标2014》数据，美国科学家及工程师总量为2190万人）。我国科技人力资源中全时投入研发活动的人数也居世界第一位，2014年达到371.1万人/年，相比美国的126.5万人/年（2012年）、日本的89.5万人/年（2013年）、英国的36.2万人/年（2013年），大幅领先。

改革开放以来，随着我国经济持续高速增长，教育和科技投入的稳步增加，加之新兴产业的迅猛发展，推动了我国科技人力资源总量持续大幅增长。特别是高等教育对我国科技人力资源的贡献最为显著，在2006—2014年短短9年时间，我国科技人力资源总量累计增加3784万人，其中普通高校9年间累计培养科技人力资源2758万人，占总量的比重从2006年的50%上升至2014年的61%，提高了11个百分点。在今后较长一段时期内，我国高等教育还将为科技人力资源提供持续的贡献。

我国海外留学人数持续居世界首位，高学历技术移民受到发达国家的青睐。随着经济的持续增长和科研环境的改善，学成归国的留学人员数量持续上升，外籍专家和高端人才来华数量不断增长。据统计，从1978—2016年，各类出国留学人员累计达458.66万人。其中136.25万人正在国外进行相关阶段的学习和研究；322.41万人已完成学业；265.11万人在完成学业后选择回国发展，占已完成学业群体的82.23%。2016年，我国出国留学人员总数为54.45万人，其中：国家公派3万人，单位公派1.63万人，自费留学49.82万人。2016年，各类留学回国人员总数为43.25万人，其中：国家公派2.25万人，单位公派2万人，自费留学39万人。

2016年与2015年的统计数据相比，我国出国留学人数和留学回国人数均稳中有升。出国留学人数增加2.08万人，增长了3.97%；留学回国人数增加2.34万人，增长了5.72%。随着年度回国人数与出国人数的增长，二者之间的差距呈逐渐缩小趋势。年度出国/回国人数比例从2015年的1.28∶1下降至2016年的1.26∶1。

（4）供给侧改革在市场机制中产生新动力

随着改革的深化，中国已确立社会主义市场经济体制为改革的目标模式，市场正逐渐成为配置资源的主导力量。从 1988 年开始，中国开始了生产要素的市场化进程，进入 20 世纪 90 年代生产要素市场化速度有所加快。在 20 世纪 80 年代，生产要素市场化主要体现在生产资料流通领域，并以实物资本的形态进行。进入 20 世纪 90 年代，土地、资金开始急速进入市场，推动房地产市场、股票市场、债券市场的超常发展。这表明大量生产要素脱离了计划轨道，各经济主体行为方式发生巨大变化，对中国经济运行方式也产生较大的影响。同时，通过对计划、投资、财政、金融、收入分配、就业和社会保障等的一系列改革，初步建立了市场经济的宏观调控体系的基本框架。

2015 年 11 月 10 日，中共中央总书记、国家主席、中央军委主席、中央财经领导小组组长习近平主持召开中央财经领导小组第十一次会议，研究经济结构性改革和城市工作。2016 百年 1 月 27 日，习近平主持召开第十二次会议，研究供给侧结构性改革方案。供给侧结构性改革的根本目的是提高社会生产力水平，落实好以人民为中心的发展思想。要在适度扩大总需求的同时，去产能、去库存、去杠杆、降成本、补短板，从生产领域加强优质供给，减小无效供给，提高供给结构适应性和灵活性，提高全要素生产率，使供给体系更好地适应需求结构化。

（5）对外开放日益扩大

1998 年我国进出口总额已达到 3239. 3 亿美元，相当于 1978 年的 15. 7 倍（其中出口为 18. 8 倍），从 1978 年排在世界第 32 位跃升到第 11 位，表明我国在世界经济中的地位日益上升。据海关统计，我国出口商品中工业制成品比重已由 1980 年的 50% 上升到 1998 年的 92%，其中机电产品出口比重由 5% 上升到 33% 以上。表明我国的制造业在国际竞争中的竞争力有所提高。实际利用外资数额不断增加，1996—1998 年三年分别达到 548. 04 亿美元、644. 08 亿美元利 585. 57 亿美元，其中外商直接投资均在 400 亿美元以上。据海关统计，2016 年，我国货物贸易进出口总值 24. 33 万亿元人民币，比 2015 年（下同）下降 0. 9%。其中，出口 13. 84 万亿元，下降 2%；进口 10. 49 万亿元，增长 0. 6%；贸易顺差 3. 35 万亿元，收窄 9. 1%。2017 年一季度，我国货物贸易进出口总值 6. 2 万亿元人民币，比 2016 年同期（下同）增长 21. 8%。其中，出口 3. 33 万亿元，增长 14. 8%；进口 2. 87 万亿元，增长 31. 1%；贸易顺差 4549. 4 亿元，收窄 35. 7%。这进一步说明我国的竞争力在稳固提高。

（6）由全面短缺走向相对过剩

在20世纪的大多数年份里，中国经济基本是在短缺中运行的。自20世纪90年代以来，一般工业品出现了卖方市场向买方市场转化，中国经济发展走出资源约束的商品短缺时代，进入需求约束和市场制约的新阶段。目前，一般的工农业产品包括生产资料都已初步形成了买方市场。1998年下半年国内贸易部统计范围内的601种商品无一种是供不应求，半数以上的工业产品生产能力利用率在60%以下，绝大多数农产品也供大于求，许多商品库存积压有增无减。市场需求对经济增长的约束机制明显强化。市场供求关系的变化对经济运行机制产生深远的影响。经济增长的主要矛盾由供给转向需求。在短缺经济时代，经济增长速度的高低主要取决于供给能力尤其是"瓶颈"产业供给能力的提高；在买方市场态势下，扩大投资不一定能够带动消费增长，企业投资只有与市场需求协调时才产生相应的经济效益，脱离市场需求的投资增加只会产生更大的浪费。同时，企业为争夺有限的市场空间展开了更激烈的竞争，中国经济开始进入一个竞争的时代，生产和效益逐步向优势企业集中。

在21世纪的今天，我们要拥有21世纪的经济发展之梦。在这个关键而又敏感的时期，我们的"中国梦"在经济方面体现得更加具体，在2030年之前，我国的GDP将以年均6%左右的中速增长。到2030年，GDP总量将会达到60万亿元左右，人均约4万元。那时，我国将全面完成工业化。在2050年之前，我国的GDP年均增长仍可望保持在4%左右的水平上。到2050年，GDP总量可能达到150万亿元左右，人均约10万元，经济总规模长期保持稳居世界第二位（仅次于美国）。到那时，我国科学技术水平达到或接近国际先进水平，若干领域保持领先地位；国民经济将全面信息化；生态环境大大改善；人民生活水平达到当时发达国家的中等水平。

3. 复兴的中华文化

文化是一个国家的灵魂。党的十七大、十八大强调："文化越来越成为民族凝聚力和创造力的重要源泉，越来越成为综合国力竞争的重要因素。"中国在经济起飞之后，还需要有文化的繁荣。首先，如果未来中国在科学文化方面依旧重复以往学习和模仿西方的道路，国民就难以继续保持精神上的凝聚力、亲和力和向心力。中国科学院中国现代化研究中心发布的《中国现代化报告2009——文化现代化研究》，依据2005年世界各国的各项指标数据，认为中国的文化影响力指数在全世界排名第七，居于美国、德国、英国、法国、意大利、西班牙之后。中国国家对外汉语教学领导小组办公室主任2014年年初透露了一个惊人的数字：截至2014年3月中旬的统计，除了中国之外，全世界各国有1亿人在努力学习汉语！汉语已经成为世界最热门的语言之一，亦是联合国的6种工作语言之一。在120多个国家（地区）有几万所中文学校，其中，学制比较完备、校舍较固定的中文学校大约有1万多所。同时，为了满足各国学习汉语的需求，中国派遣大量汉语教师到外国任教。2015年来华留学生近40万人，遍布200多个国家和地区。中国经济迅速发展，国际交往倍增，是汉语再度吃香的基础。汉语将成为21世纪的强势语言，这已是全球的共识。

近年来，全球各地方兴未艾的“汉语热”扑面而来，全世界看到了古老儒家文化散发的深厚魅力。在这种大背景下，作为在世界范围内传承汉语教学的载体，以圣人“孔子”为名、回归中华文化主流的孔子学院应运而生。由国家对外汉语教学领导小组办公室承办的孔子学院，覆盖全球五大洲，2015年孔子学院已在120多个国家的500多个教育机构落户，中小学孔子课堂更是达1000多个。

在全球化越来越普及的今天，软实力已成为一个国家综合实力的象征。有一种说法：“一流国家输出文化和价值，二流国家输出技术和规则，三流国家输出产品和劳力”。在中国时代，不仅是中国经济总量世界第一的时代，中国物质生产能力世界第一的时代，而且是中国精神、中国文化走向世界，成为世界文化主旋律的时代。已将从前文化传播“西化”转变为“东化”，从前在谈到西方国家对中国推行西化、分化战略，人人义愤填膺。有人说：过去地主老财怕被赤化，咱们将来能不能让“西化”变“东化”，让全球化中的“美国化”变成世界性的“中国化”呢？把“西化”变“东化”，把全球性的“美国化”变成世界性的“中国化”，难道不正是今后几代中国人的一个奋斗目标吗？不正是几十年后中国的一个进步指数吗？不正是中国作为一个领袖国家的文化标志吗？

中华文化本来是世界上最有生命力的文化，它不仅是世界古代文化中唯一没有中断的文化，而且具有征服征服者的能力。中华民族历史上有“军事失败”的记录，但是没有“文化失败”的记录。中华民族即使在军事上一时被征服，但是在一段时间后，又总是能够在文化上同化和征服征服者。正如美国作家蒙特罗所说：“征服中国，好像将一把剑投入海中。其抵抗似乎很小，可是不久以后，钢铁就会生锈，而且被合并了。合并的过程非常彻底，几代之后，就只有哲学家才知道，谁是征服者，谁是被征服者了。”

中华文化是世界上最难被同化的文化，具有强大的凝聚力。美国是一个移

民大国，被称为不同文化的“大熔炉”。但是美国这个文化大熔炉，最头痛的还是中国文化，因为美国文化难以同化中国文化，这甚至成为19世纪末期在美国发生排华浪潮的重要原因。美国在内战后大力修筑铁路，大量华工开始移民美国。1882年，加利福尼亚等地方主张排斥华人的压力剧增，导致了美国颁布《排华法》，规定停止华人移民10年，以后又无限期延长。1889年，美国最高法院裁定“排华”合乎宪法，其理由就是华人属于另一人种，“他们不可能被同化”，与当地居民“格格不入，单独群居，固守其本国生活习惯”。这一“东方人入侵”若不加限制，将会构成“对我们的文明的威胁”。

5000多年的中华文化，源远流长、博大精深，岂是仅有几百年历史的美国速生文化能够同化的。当然，中华文化在近代以来，也受到西方文化的挑战，受到“欧风美雨”的侵蚀。直到今天西方世界还在推行对于中国的西化和分化战略。中国人近代以来所谓的“西风”“西化”，就是指来自西方世界的冲击和影响。所谓“西方”和“西方世界”，既有地理范围又有政治含义。西方文明或西方历史可以分为三个阶段：一是地中海阶段；二是西欧阶段；三是北大西洋阶段。在地中海阶段和西欧阶段，就是从古代到近代，所谓“西方世界”大致就是指欧洲西部而言。在15世纪之后，欧洲人开始越过大洋向海外发展。从地理观点来看，西方世界也是一个海洋世界。欧洲西部本来是一个大半岛，而大半岛上又伸出若干个小半岛。中国人是开门见山，西方人是开门见海。现在的“西方”是指欧洲以及美国而言，在政治含义上，是指资本主义文明。

4. 中国军事力量的崛起

中国是一个具有大智慧的国家，但“中国智慧”也存在着弊端：过于崇尚“大智慧”的作用，而鄙薄“大力量”的价值。在中国，“不战而屈人之兵”是大战略、大智慧的最高境界，但是，“不战而屈人之兵”也要靠大力量的作用。智慧是运用力量的艺术，没有力量的智慧，只能是空想和空谈。诸葛亮的空城计能够成功，是因为他有力量。

中国军事崛起，要具有能够有效维护和实现国家统一、遏制和打击分裂势力的力量。中国军事崛起，要使某些不怀好意的国家在中国强大的军事力量面前，承担不起以战争遏制中国的代价，不能做出以战争遏制中国的决策，从而把某些不怀好意的国家对中国崛起的遏制始终限制在和平遏制的限度之内。

中国建设军队的根本目的，是为了有效遏止和避免战争。把军队建设的主要目的由“赢得战争”转变为“避免战争”，这也是美国战略理论界在“二战”后提出的思想。这一思想，对于全面核战争来说，确实如此。在这个意义上我们可以认为，通过建设强大的军队来避免大战，是中国军事建设的一个重要战略思想。

在今天的国际事务中，国家的军事力量始终是坚强后盾；国家如无威力，仅凭谈判技巧实现不了国家的某些战略。在国际关系中，军事力量始终是一只看不见的大手。战争，只是军队发挥作用的一种有形形式。和平，才是军队价值的持久体现。尽快建设和始终保持一支强大的军队，是中国必须进行的安全投资、发展投资和崛起投资，中国必须把一部分生产力转化为战斗力，把一部分财富转化为军事能力，把一些“钱袋”变成“子弹袋”。国际外交，必须有军队跟着走。账房里出不了大政治，也出不了国家安全！枪杆子里不仅出政权，枪杆子里也出主权！无论国际关系如何变迁，国家实力如何消长，军事碰撞是国际政治扑克游戏中决定胜负的最后手段，也是一个国家相对实力的最后证明。一切大国背后都不可避免地有一种令人望而生畏的力量，那是锐气，更是锋芒！

中国的军事能力不能老是处于“弱”的境况，武器装备不能老是处于“劣”的状态。中国的军事崛起，中国的强军事业，就是要尽快改变先辈们曾经不得不以高昂的代价在“敌强我弱”的艰难条件下进行军事斗争的局面。建设强大的军队，告别“以劣胜优”，是中国军事崛起的必然追求。在无数军工科研工作者默默无闻的努力奉献之下，我军的武器装备取得了突飞猛进的发展：①歼-31 隐形战机的首飞成功；②歼-20 战机进入战斗序列；③“辽宁号”航母的巡航；④北斗卫星定位系列的全方位应用；⑤运-20 大型军用运输机的研制成功，等等。这些都预示着中国人民解放军已告别“以劣胜优”的时代。

在 21 世纪实现世界无大战，靠中国有大智慧，也要靠中国有强大的军事实力。21 世纪的中国，既要崇尚大智慧，又要崇尚大力量；既要有大智，又要有大军。自中华人民共和国成立以来总有一些推测或预测，推测或预测中国将来会垮掉，这样一些推测或预测一直都存在，所以我们习惯于这样一些观点，但是正好与这些推测或预测恰恰相反，那些当初做这样推测或预测的人，从发展的历史舞台上一个一个消失了，而中国从来就没有垮掉，没有趴下，而是发展得越来越强大，所以中国不会垮掉，中国会尽最大的努力克服这样或那样的一些困难和障碍，以便实现我们的发展，实现我们的梦想，笔者认为这些梦想已经存在了 200 多年。中国已经做好充分的准备，有这样一种意愿来跟国际社会、跟其他国家进行合作，去建设一个更加美好的世界，对所有人都是非常美好的，并不只是有利于少数国家，或者少数人有好处，这是我们的目的，也是我们所要建设的这样一个和谐世界，一个和谐的社会在中国，也包括在全球的领域有一个和谐的环境及和谐的社会。

第二十章　伟大的复兴之路

每一个中国人都可以有自己的“中国梦”。这包括“做人”，做一个有益于社会、有益于国家、有益于世界的人，做一个堂堂正正的人；也包括“做事”。只要把自己的本职工作做好，即使平凡，但也很辉煌。中国人需要“中国梦”，“中国梦”有助于解决文化、经济、信仰三大危机，有助于使社会更加友善、更加和谐。世界也需要“中国梦”。毋庸讳言，中国的崛起引起了人们的担心、忧虑和恐惧。如果通过各种传播手段，让世界了解一个个中国人的“中国梦”的真实故事，那是会很受欢迎的。普通人寻梦的故事，大家都能够理解。这样就会拉近崛起的中国与世界各国的距离。这样做，肯定会减少中国崛起的阻力，加深世界对一个真实的中国的了解。“中国梦”是世界的需要，还因为中国人做“中国梦”不是关起大门自己做，而是与世界合作共同做。中国地处东亚，这个地区是当今世界经济最有活力、增长最快的地区。中国正处在一个机遇期，面临各种国际、国内挑战。“中国梦”可以激励一代又一代的中国人迎难而上，妥善应对一个又一个挑战，使中国发展得更好。中国发展得更好不仅是中国人的福音，也是世界的福音。

1. 社会主义中国的中国梦

新中国的开创者毛泽东在这古老的国家建立崭新的中华人民共和国之后，通过自己的一系列努力，尝试着建立一个不同于西方、不同于以往的社会主义新中国。1955 年 10 月 29 日，毛主席在资本主义工商业社会主义改造问题座谈会上的讲话中提出：我们的目标是要赶上美国，并且要超过美国，美国只有一亿多人口，我国有六亿多人口，我们应该赶上美国。究竟要几十年，看大家努力，至少是 50 年吧，也许 75 年，75 年就是 15 个五年计划。哪一天赶上美国，超过美国，我们才能吐一口气。现在我们不像样子嘛，要受人欺负。我们这么大一个国家，吹起来牛皮很大，历史有几千年，地大物博，人口众多，但是一年才生产二百几十万吨钢，现在才开始造汽车，产量还很少，实在不像样子。所以，全国各界，包括工商界、各民主党派在内，都要努力，把我国建设成为一个富强的国家。我们在整个世界上应该有这个职责。世界上四个人中间就有我们一个人，这么不争气不行，我们一定要争这一口气。

在毛泽东看来，中国如果不能超过美国，那就要从地球上被开除球籍！1956年，毛泽东在中共八大预备会议上谈到赶超美国时指出：我们团结党内外、国内外一切可以团结的力量，目的是什么呢？是为了建设一个伟大的社会主义国家。我们这样的国家，可以而且应该用“伟大的”这几个字。我们的党是伟大的党，我们的人民是伟大的人民，我们的革命是伟大的革命，我们的建设事业是伟大的建设事业。六亿人口的国家，在地球上只有一个，就是我们。过去人家看不起我们是有理由的。因为你没有什么贡献，钢一年只有几十万吨，还拿在日本人手里。国民党蒋介石专政22年，一年只搞到几万吨。我们现在的生产也还不算多，但是搞起一点来了，今年是四百多万吨，明年突破五百万吨，第二个五年计划要超过一千万吨，第三个五年计划就可能超过两千万吨。我们要努力实现这个目标。虽然世界上差不多有100多个国家，但是超过两千万吨钢的国家只有几个。所以，我们这个国家建设起来，是一个伟大的社会主义国家，将完全改变过去100多年落后的情况，被人家看不起的情况，倒霉的情况，而且会赶超美国，这个世界上最强大的资本主义国家。美国只有一亿七千万人口，我国人口比它多几倍，资源也丰富，气候条件跟它差不多，赶上是可能的。美国建国只有180年，它的钢在60年前也只有400万吨，我们比它落后60年。假如我们再有50年、60年，就完全应该赶超过它。这是一种责任。你有那么多人，你有那么一块大地方，资源那么丰富，又说搞了社会主义，有优越性，结果你搞了五六十年还不能超过美国，你像个什么样子呢？那就要从地球上开除你的球籍！

1957年11月18日，毛泽东在莫斯科共产党和工人党代表会议上的讲话中曾说：“赫鲁晓夫同志告诉我们，15年后，苏联可以超过美国。我也可以讲，15年后我们可能赶上或者超过英国”。毛泽东从苏联回国不久，就召集民主党派负责人和无党派民主人士座谈，通报超英赶美的战略设想。1958年《人民日报》元旦社论提出：“准备再用20年到30年的时间在经济上赶上并超过美国”。1958年4月15日，毛泽东进一步认为：“10年可以赶上英国，再有10年可以赶上美国，说25年或者更多一点时间赶上英美，是留了5~7年的余地的。

15 年赶上英国的口号仍不变”。1958 年 5 月，在党的八大二次会议上，李富春提出：“7 年赶上英国，15 年赶上美国”。毛泽东在批语中改为：“7 年赶上英国，再加 8 年或 10 年赶上美国”。1958 年 6 月 22 日，毛泽东又在薄一波送审的一个报告上批示：超过英国，不是 15 年，也不是 7 年，只需要 2～3 年，两年是有可能的。毛泽东甚至主张除了造船、汽车、电力这几项外，明年就要超过英国。1958 年 9 月 2 日，毛泽东发出号召：为 5 年接近美国、7 年超过美国这个目标而奋斗吧！为了实施超英赶美战略，毛泽东发动了“大跃进”运动。他在 1958 年初的南宁会议上说：“我就不信，搞建设比打仗还难?”“大跃进”没有实现超英赶美的目标，反而使中国经济停滞和倒退。大跃进的梦想遭受失败，大量人口非正常死亡，中国 GDP 占世界总量的比重从 1957 年的 5.46% 下降到 1962 年的 4.01%，已经低于 1950 年的比重（4.59%）。由此，毛泽东的激情在实践中趋于理智和冷静。1961 年 1 月 13 日，毛泽东在中央工作会议上指出：现在看来，搞社会主义建设不要那么十分急。十分急了办不成事，越急就越办不成，不如缓一点，波浪式地向前发展。这同人走路一样，走一阵要休息一下。军队行军有大休息、小休息，劳逸结合、有劳有逸。两个战役之间也要休息整顿。此后，于 1962 年 1 月，毛泽东在扩大的中央工作会议上总结了“大跃进”的教训：“至于建设强大的社会主义经济，在中国，50 年不行，会要 100 年，或者更多的时间。资本主义的发展，从 17 世纪到现在，已经有 360 多年”。在我国，要建设起强大的社会主义经济，我估计要花 100 多年。中国的人口多、底子薄，经济落后，要使生产力很大地发展起来，要赶上和超过世界上最先进的资本主义国家，没有 100 多年的时间，我看是不行的。也许只要几十年，例如有些人所设想的 50 年，就能做到。果然这样，谢天谢地，岂不更好。但是我劝同志们宁肯把困难想得多一点，因而把时间设想得长一点。三百几十年建设了强大的资本主义经济，在我国，50 年内外到 100 年内外，建设起强大的社会主义经济，那又有什么不好呢？从现在起，50 年内外到 100 年内外，是世界上社会制度彻底变化的伟大时代，是一个翻天覆地的时代，是过去任何一个历史时代都不能比拟的。要准备着由于盲目性而遭受到许多的失败和挫折，从而取得经验，取得最后的胜利。由这点出发，把时间设想得长一点，是有许多好处的，设想得短了反而有害。

中国在 20 世纪 50 年代末的大跃进，教训沉痛。但是在一个特殊历史时期的一种特定的“大跃进”模式的失败，不等于任何形式的大跃进都不能搞。1964 年 12 月 13 日，毛泽东在审阅周恩来在第三届全国人大第一次会议上的政府工作报告草稿时加写了一段文字：我们不能走世界各国技术发展的老路，跟在别人后面一步一步地爬行。我们必须打破常规，尽量采用先进技术，在一个不太长的历史时期内，把我国建设成为一个社会主义现代化强国。我们所说的大跃进，就是这个意思。难道这是做不到的吗？是吹牛皮、放大炮吗？不，是做得到的。既不是吹牛皮，也不是放大炮。只要看我们的历史就可以知道了。我们不是在我们的国家里把貌似强大的帝国主义、封建主义、资本主义从基本上打倒了吗？我们不是从一个一穷二白的基地上经过 15 年的努力，在社会主义革命和社会主义建设的各方面，也达到了可观的水平吗？我们不是也爆炸了一颗原子弹吗？过去西方人加给我们的所谓东方病夫的称号，现在不是抛掉了吗？为什么西方资产阶级能够做到的事，东方无产阶级就不能够做到呢？中国大革命家，我们的先辈孙中山先生，在 20 世纪初期就说过，中国将要出现一个大跃进。他的这种预见，必将在几十年的时间内实现。这是一种必然趋势，是任何反动势力所阻挡不了的。

毛泽东的“跃进观”，就是要打破常规走新路。1958 年开始的三年“大跃进”是失败了，但是 1978 年开始的 30 多年大跃进不是成功了吗？经济落后的中国，要迅速追赶和超越经济发达的西方国家，没有大跃进不行。孙中山所写的《建国方略》，亲手拟订的实业计划，就是大跃进的方略和计划。毛泽东的大跃进不只是 1958 年那一次失败的跃进，而是他执政近 30 年的奠基和奋斗所取得的成就。孙中山和毛泽东的大跃进，虽然由于客观条件和主观条件的限制，发生曲折，受到挫折，但是先驱者取得的经验教训，是留给我们的宝贵遗产。1958 年的“大跃进”给中国带来了灾难，但是 20 年之后，从 1978 年开始，中国又开始了一次“大跃进”。邓小平在继承和总结前人的基础上，实行了成功的大跃进，因为他找到了中国经济建设大跃进的规律，创造了 30 多年改革开放的奇迹。30 多年的改革开放，就是一场历时 30 多年的成功的大跃进。今天的中国，是在改革开放的大跃进中走过来的，还需要在科学发展的道路上继续跃进，需要按照科学发展观的要求，进行科学的大跃进。再有一个科学跃进的 30 年，中国将领跑世界。

在改革开放的新时期，邓小平带领中国人民冲刺世界第一，是于融入世界中领先世界，在“韬光养晦”中大有作为。邓小平提出建立国际政治新秩序和国际经济新秩序，就充分体现了他追求世界性大作为的战略气魄。作为中国改革开放的总设计师，邓小平对中国的总体设计就是围绕着建设社会主义现代化强国，使中国成为世界第一而进行设计的。他的总体设计是一个体系，内容丰

富，包括：一个奋斗目标——建设社会主义现代化强国，使中国成为世界第一；一条基本路线——以经济建设为中心，坚持四项基本原则，坚持改革开放；三个奋斗阶段——三步走，从温饱、小康，到 21 世纪前 50 年实现富国强国梦；一个和平发展大战略——韬光养晦，有所作为。

1990 年 4 月 7 日，邓小平在一次重要谈话中说："党的十一届三中全会以后，我们集中力量搞四个现代化，着眼于振兴中华民族。中华人民共和国在不长的时间内将会成为一个经济大国，现在已经是一个政治大国了。联合国的席位是中华人民共和国的。中国人要振作起来。大陆已经有相当的基础。我们还有几千万爱国同胞在海外，他们希望中国兴旺发达，这在世界上是独一无二的。我们要利用机遇，把中国发展起来。下个世纪中国是很有希望的。"孙中山当年成立"兴中会"，提出"振兴中华"，就是要"驾乎欧美之上"，重新拿回世界第一。邓小平强调振兴中华民族，也是要实现中国世界第一的地位。振兴中华的含义，就是世界第一，实现伟大复兴，就是中国要再度成为世界第一。

中国走向世界第一，将会是一个什么样的过程？邓小平在 20 世纪 80 年代，曾提出用 70 年时间"三步走"，到建国 100 周年的时候，实现中国的战略目标。第一步用 10 年达到温饱水平，第二步再用 10 年达到小康水平，第三步是在 21 世纪再花 50 年时间实现民族复兴的伟大目标。邓小平是一个现实主义者，也是一个理想主义者，他最后的嘱托也是对国人的激励，"从现在起到下世纪中叶，将是很要紧的时期，我们要埋头苦干。我们肩膀上的担子重，责任大啊！"邓小平所指的 21 世纪中叶这一时期，为什么将是很要紧的时期呢？因为这正是中国走向世界第一的时期。

2. 世界眼中的"中国崛起"

中国的发展，影响世界的未来。一些世界大国的政治家、专家甚至民众，都热衷于预测中国的未来，并形成了一些基本的共识。

(1) 日本人眼中的"中国崛起"

如何与中国这个巨无霸邻居相处？这是近几年日本各界广泛讨论和争论的问题。日本应该树立一个什么样的"中国观"？被称为"日本战略之父"的学者大前研一的观点具有代表性。2009 年，大前研一在他的演讲和文章中多次讲过："25 年后，中国经济规模将是日本的 10 倍"，日本要重新适应"日本国力只有中国10%的状况”，日本要有准确衡量邻国中国的“规模感”。从过去2000年的历史看，日本国力的规模一直是中国的10%，从明治维新以后才发生变化，现在只不过是回归到以前的比例关系。日本必须接受“日本比中国小”这个现实，要做“小而强”的国家。庞大的中国市场是日本的巨大商机。日本企业成功的关键在于能否拥抱中国。例如高速公路的建设，日本的高速公路全长大约9000公里，而中国一年就要建设8000公里。大前研一最近10几年频繁来往于日本和中国之间，现在每年定期到中国8次。他说，现在研究世界不能不研究中国。他认为，美国在这场金融危机之后，已经沦落为毫无领袖风度和资格的国家。在《美国，再见?》一书中，他为美国开出三个药方：一是向全世界道歉，承认过去8年犯下的攻击阿富汗、占领伊拉克、引发全球金融危机的几个大错误；二是成为世界一分子，协商办事情，不要搞霸权；三是告别战争。

日本的自知之明，日本对世界格局变革的适应能力，表现在已经“脱亚入欧”100多年的日本国，现在又高调要“亲中入亚”“脱欧入亚”。新一代日本政治家认为，世界正在朝着美国和中国两极化的方向发展，日本要成为太平洋上的一座桥梁，在美国和中国之间发挥桥梁作用。日本要改变“对美追随”的外交。2009年上半年，日本对华贸易比重为20.4%，对美国贸易比重为13.7%，而在1990年日本对美国贸易比重为27.4%，对华只有3.5%。这也是战后日本对华贸易比重首次超过两成，对亚洲的贸易比重已经超过5成，日本已经形成了对以中国为中心的亚洲贸易的依赖。

2016年我国对日本双边贸易进出口总值是1.82万亿元，增长5%，占我国外贸进出口总值的7.5%。日本是我国第五大贸易伙伴，其中对日出口8527.5亿元，增长1.3%，自日进口9627.5亿元，增长8.5%。对日贸易逆差1100亿元，扩大1.4倍。

（2）美国人眼中的“中国崛起”

美国人对于中国走向“世界第一”，高度敏感，在30年前就有预见。1987年美国人保罗·肯尼迪对世界政治格局有三大预言：一是在最近的将来，没有任何国家可加入由美国、苏联、中国、日本和欧洲经济共同体组成的“五头政治”中去（基辛格则认为，很可能再加上印度，构成“六头政治”），这些国家将是最后的大国。二是世界生产力量的平衡在某些方面已经从苏联和美国及从欧洲经济共同体，向有利于日本和中国的方向倾斜。虽然中国还落后于日本，但是它发展得最快。三是中国经历了长期的艰苦奋战，它的现任领导人看来正

在实现一个宏伟的、思想连贯的和富于远见的战略，这方面将胜过莫斯科、华盛顿和东京，更不必说西欧了。布热津斯基在十几年前预言说："二十多年后，中国将成为一个全球性大国，其实力大致与美国和欧洲持平。"美国国家情报委员会为白宫做出的"2020 年计划"中称："中国的崛起会像 19 世纪德国的到来、20 世纪美国的显现一样不可避免。"高盛预计，到 2027 年，中国的经济规模将超过美国，到 2050 年，将是美国的两倍。

美国《世界政策杂志》季刊 2008 年秋季号文章"中国的崛起"中讲道："到 2033 年，在世界经济秩序中，中国可能会毫无疑问地居于首位，美国则位居其次。""我们希望，美国政府和美国人民能够开始思考这种具有分水岭意义的转折意味着什么，并且思考应对的方式。""随着时间的推移和经济增长与发展问题的出现，我们将听到更多的'北京方案'，而不是'华盛顿共识'。"

（3）英国人眼中的"中国崛起"

《当中国君临天下：中国的崛起与西方世界的终结》一书轰动西方。作者英国学者马丁·雅克说："对美国而言，逐渐成为并非独一无二的大国，将是一个痛苦的过程。美国必须学会正视、适应自己的相对衰落。……美国最坏的选择是试图抵制、遏制中国，那将使世界重新陷于冷战泥潭，新冷战只能加速美国地位的下滑。对整个西方世界而言，中国的崛起将加深西方世界的普遍失落情绪。西方正进入漫长痛苦的自我调适阶段……我愿意为中国崛起成为世界领导力量鼓掌。中国崛起，改变的不只是世界经济格局，还有我们的生活方式和思维方式。中国崛起预示着一个新时代来临。……到 21 世纪后半期，中国很可能成为世界上最强大的国家，国际体系将发生重大改变。北京将成为世界之都。上海也将取代纽约成为国际金融经济中心。"英国《卫报》专栏作家断言："中国的转变使世界的重心东移，21 世纪将完全不同于前两个世纪，权力不再掌握在欧美手中。"

2008 年 5 月，英国智库"欧洲改革中心"发表报告指出，世界权力中心东移。到 2020 年，美国、欧洲、中国的经济规模将不相上下，各自的 GDP 将占全球总量的 20%。英国《经济学家》杂志在名为"2008 年世界展望"的报告中指出，2008 年是全球政治、经济"脱美入中"的第一年，即从"美国主导的世界秩序"转变为"中国主导的世界秩序"的元年。

（4）全球经济学家眼中的"中国崛起"

从 2009 年 6 月开始，《环球时报》用两个月时间展开问卷调查，采访了全球 85 名经济学家，其中有 80 名经济学家参与了问卷调查。调查主要涉及三个问题：一是世界经济恢复到金融危机前的水平还需要几年？二是哪个经济体或国家将率先从危机中复苏？三是中国经济总量赶上美国需要多少年？调查显示，认为世界经济恢复到金融危机前水平还需要 3 ~5 年的占大多数，达到 51 人；认为需要 1 ~2 年的有 19 人，认为至少还需要 5 年的有 9 人。认为中国将率先从金融危机中恢复的学者有 66 人；认为美国将率先恢复的有 10 人；认为是其他新兴经济体或国家的分别为 3 人和 1 人。最后一个问题，认为中国经济总量超过美国需要 10 年的有 18 人，占 23%；认为需要 20 年的有 37 人，占 46%；认为需要 30 年的有 14 人，占 17%；认为需要更长时间和没有可能超越的分别为 6 人和 2 人。参加问卷调查的美国学者有 17 名，是单个国家中数量最多的。美国经济学家对于中国经济总量赶超美国反应最为激烈，多数美国专家认为，中国经济总量超越美国还需要 30 年以上时间。调查结果说明了三个倾向：一是中国经济总量将超越美国，成为专家们的共识，80 名专家中有 78 名认同；二是认为中国在 20 年左右超越美国的有 37 人，成为主流看法；三是认为中国经济总量超越美国，将会重新塑造世界格局。

3. 中国的“强军梦”

习近平总书记在参观《复兴之路》展览时关于实现民族复兴是中华民族近代以来最伟大梦想的深情解读，在会见驻穗部队领导干部时关于“中国梦”是强国梦也是强军梦的深邃阐释，凝聚了几代中国人的共同夙愿，体现了中华民族和中国人民的整体利益，奏响了中国的发展强大不可逆转的时代强音，带给中国人特别是当代中国军人深刻的启迪和极大的激励。

追梦——强国梦、强军梦相融共生，坎坷历程昭示人间正道。人有梦想才有动力，国家和军队有梦想才有未来。可以说，对“梦”的憧憬和向往，对“梦”的孜孜追求，贯穿了近现代中国史的每个章节。“中国梦”首先是一个“强军梦”。中华民族有着悠久灿烂的文明，长期居于世界文明发展的前列。近代中国的灾难，是从西方列强在军事上比中国强大并欺负中国开始的。1840 年的鸦片战争，大英帝国用坚船利炮击碎了“居天地之中者曰中国”的“天朝上国”迷梦；1900 年，八国联军拼凑起来的兵力不足两万，而京畿一带纵有十几万清军、几十万义和团之众，仍无法阻止北京陷落和赔款白银四万万五千万两。从 1840 年到 1919 年的 80 年间，中国与列强签订了 900 多个丧权辱国的不平等

条约，平均约每月一个条约。“和约”越签越多，而和平与安全却越来越少。百年屈辱、百年渴望。当中华民族面对“千年未有之变局”“千年未有之强敌”，中华儿女就萌生了一个执着的梦想，一个民族复兴的梦想。这个“梦”，从某种意义上说是被“打”出来的。“无端忽作太平梦，放眼昆仑绝顶来”。1902年，梁启超在《新中国未来记》中，写下了对未来的梦想和期望。

为了国家、民族的富强之梦，多少仁人志士苦苦求索、孜孜探寻。从林则徐、魏源的“睁开眼睛看世界”，到李鸿章、曾国藩的“洋务运动”，从康有为、梁启超的“戊戌变法”，到孙中山领导的辛亥革命，历经一次次的失败，但强国、强军之梦从未泯灭。“拯斯民于水火，扶大厦之将倾”。汇聚了中华民族先进分子的中国共产党及其领导下的人民军队自诞生之日起，就勇敢担起了实现这个梦想的历史重任。中国共产党带领中国人民，坚持用马克思主义之“矢”，射中国具体国情之“的”，破解了“中国梦”的密码，找到了实现“中国梦”的路径，完成了近代以来中国人梦寐以求的民族独立、民族解放的历史任务，开创了中国特色社会主义伟大事业，开启了中华民族发展进步的历史新纪元。

在中国特色社会主义道路上，近代以来中华民族的历史命运实现了两个“不可逆转”：不可逆转地结束了内忧外患、积贫积弱的悲惨命运；不可逆转地开启了不断发展壮大、走向复兴的历史进程。在中国特色社会主义道路上，我们创造了同期世界上大国最快的经济增长速度、最快的对外贸易增长速度、最快的外汇储备增长速度、最快且人数最多的脱贫致富速度……在中国特色社会主义道路上，人民解放军已由昔日的“小米加步枪”，发展成为诸军兵种合成、具有一定现代化水平并开始向信息化迈进的强大军队。

“雄关漫道真如铁，人间正道是沧桑”。鸦片战争以来170多年的“中国梦”，在今天比以往任何时候都更加清晰、更加切近、更加现实。历史是一面镜子，也是一部教科书。百年的探索与奋斗、苦难与辉煌向我们昭示：道路决定命运，只有在中国共产党的领导下，走中国特色社会主义道路，才能实现伟大的“中国梦”。

解梦——“中国梦”不能简单等同于“富裕梦”，更不是“霸权梦”，是在新的历史起点上实现富国与强军的统一。“梦”，体现的是抱负、展示的是追求、映照的是时代。“周公解梦”，难解今日中国之“梦”。党的十八大吹响了坚持和发展中国特色社会主义的进军号角，赋予了“中国梦”新的时代内涵。面向未来，党的十八大提出了“两个百年”的宏伟目标：在我们党成立100年时全面建成小康社会，在新中国成立100年时建成富强民主文明和谐的社会主义现代化国家。这是中国共产党人自觉肩负伟大历史担当的庄严承诺，这是一个东方大国实现民族复兴之梦的坚强意志。一个国家要自立于世界民族之林，既要有雄厚的经济实力，又要有强大国防力量作后盾。在世界政治舞台上，富国不等于强国。科威特富甲全球，但国防虚弱，以致被伊拉克几小时之内占领。大宋王朝是中国历史上生产力发达、社会繁荣的朝代，“走卒类士服，农夫蹑丝履”，但“国虽富而兵不强”，自始至终受制于周边少数民族政权，最后摆脱不了衰亡的厄运。富国与强军，是发展中国特色社会主义、实现民族复兴的两大基石。两者相互依存，不可或缺。没有富国，衣食尚忧，难以强军；没有强军，国家失去安全护佑，也不可能实现真正的富国。强国梦包含着强军梦，强军梦支撑着强国梦。和平靠赎买买不到，强大靠乞求不可能到来。经济社会越发展，国家利益越拓展，安全需求就越迫切，强军要求就越紧迫。当今时代，我国面临的生存安全问题和发展安全问题、传统安全威胁和非传统安全威胁相互交织，国家安全问题的综合性、复杂性、多变性愈益增强，要求国防和军队现代化建设必须有一个大的发展。历史已经并将继续证明，没有国防的强大，就没有全面小康和国家富强，就不可能实现完整意义上中华民族的伟大复兴。正因为如此，党的十八大明确提出，“建设与我国国际地位相称、与国家安全和发展利益相适应的巩固国防和强大军队”。一个“相称”、一个“相适应”，道出了“兵者，国之大事”的战略分量，道出了使命的神圣和任务的艰巨。“强军梦”不是“霸权梦”。中华民族是爱好和平的民族，中国军人是始终追求和平的军队。饱受帝国主义、殖民主义之害的中华民族深深懂得和平的宝贵，绝不会再走西方列强殖民侵略、霸权扩张的老路。中国人民既不能做“美国梦”“欧洲梦”，也不能做“苏联梦”，而只能做符合中国实际和时代潮流的“中国梦”，从根本上说就是坚定不移地走中国特色社会主义道路，用和平、文明的方式实现国家发展和社会主义现代化。这和一些国家所具有的殖民主义历史完全不同，中国现代化进程中没有侵略和掠夺他国，也没有扩张和占领，而是在追求自身崛起的道路上表现出“和而不同”“美人之美”的博大胸怀。改革开放政策决定了中国的发展是开放的发展、合作的发展、共赢的发展，而不是自私自利、损人利己、你输我赢的发展。中国越发展，对世界和平与发展就越有利。从全球抵御金融危机来看，中国经济的快速增长是世界经济摆脱困境的“发动机”，给各国人民带来了巨大红利。事实无可辩驳地证明，中国人的“中国梦”是与各国共赢之梦，是维护世界和平之梦。各种版本的“中国威胁论”层出不穷，但都是没有根据的、不攻自破的。

我们要实现中华民族伟大复兴，不是简单地重寻昔日的荣光，不是要“复兴”古代中国鼎盛时期的疆域版图。中华民族复兴是一个从弱到强、由衰而盛

的历史演进过程，梦的内涵随着时代的发展而发展。今天，我们要实现的中华民族伟大复兴，就是党的十八大勾勒出的一种新的历史起点上的“全面复兴”：一是要让曾经饱受列强欺侮、目前尚是发展中国家的中国经济发展、政治昌明、国防巩固、文化繁荣、社会和谐，建成富强民主文明和谐的社会主义现代化国家；二是实现祖国的完全统一，使中华民族屹立于世界先进民族之林，在经济社会等各方面总体上达到发达国家水平；三是推进和谐世界建设，维护世界和平，为人类文明发展做出更大的贡献。从中不难看出，国防和军队现代化建设，既是民族复兴的重要内容，又是实现民族复兴的基本保障。无论是根本破解安全难题，还是有效化解发展“瓶颈”，都要求我们统筹好经济建设与国防建设，在新的历史起点上实现富国与强军的统一。一个梦想能让个体生命放射出耀眼光芒，一个梦想同样能让一个民族迸发出强劲活力。

“兵心横槊天下行”。国家之梦，反映军人之梦；军人之梦，融为国家之梦。习近平总书记关于“中国梦”“强军梦”的深刻阐述，再度激发了中华儿女走向伟大复兴的新的自觉，也引起了当代军人对自身光荣、责任、使命的热切关注和共鸣。强烈的忧患意识是成就梦想的精神引擎。“生于忧患，死于安乐”。和平年代、太平盛世，一个民族最难维系的是忧患意识，一支军队最难做到的是居安思危。从“贞观之治”到“安史之乱”，从“康乾盛世”到清末的丧权辱国，历史的发展一再证明，盛世并非意味着永享太平，增强忧患意识才能长久生存发展。长期和平环境对军队的最大威胁，一是忘战，二是松懈。忘战必危，懈怠必败。越是形势好的时候、越是发展顺利的时候，越要增强忧患意识。国家利益拓展到哪里，国家安全的边疆就应该延伸到哪里，军人的使命就应该履行到哪里。在实现民族复兴新的历史起点上，面对国际局势的深刻演变，面对国家安全的多重挑战，当代中国军人特别是军队领导干部的回答只能是唯一的，那就是承认忧患、直面忧患，在忧患中奋起，在忧患中保持开拓进取的锐气和一往无前的战斗精神。怀揣着忧患意识前进，我们实现梦想的脚步才会走得更快、更稳。

能打仗、打胜仗的能力是成就梦想的最好支点。一个伟大的民族，总是和一支强大的军队联系在一起。能打仗、打胜仗，是强军之要。自战争诞生出军人这种职业，它就不是为了承受失败的，但战争法则似钢铁一般冰冷。战场打不赢，一切等于零。“诚既勇兮又以武，终刚强兮不可凌”。能打仗、打胜仗，体现的是一种实战效能。核心军事能力过得硬，才能慑有效果、谈有筹码、打有本钱。核心军事能力建设，是军队的基本建设。打仗思想的弱化，必然导致打仗能力的弱化。必须加强党的创新理论武装，强化官兵当兵打仗、带兵打仗、练兵打仗的思想，扭住核心军事能力建设不放松，坚持不懈地拓展和深化军事斗争准备，深入开展信息化条件下军事训练，加快发展新型作战力量，提高信息化条件下威慑和实战能力。军队工作中，一切有悖于战斗力提高的花拳绣腿必须丢掉，任何形式主义、表面文章必须废止，真正做到为了维护国家主权和安全、发展利益，招之即来、来之能战、战之必胜。每个人的本职岗位是成就梦想的最佳平台。强国强军，百年一脉；实干兴邦，实干兴军。国家的梦、军队的梦，与个人的梦息息相关。每个人的发展、每个工作岗位，都和国家的前途、军队的命运紧密相连。从官兵个人来说，成才梦、成长梦；从国家和军队来说，奥运梦、世博梦、飞天梦、航母梦、深海探测梦、诺贝尔奖梦……这些梦想的逐步实现与积累，便是国家的发展、军队的强大、民族的复兴。历史从来不是空洞的言说。在民族复兴之路上能留下怎样的印迹，不是取决于说了什么，而是踏踏实实地干了什么。希望存在于梦想，梦想实现在每一小步。从自己做起，从岗位做起，埋头苦干，少说多干，集腋成裘，聚沙成塔。一个汗水凝聚的中国，一定是美丽的中国；一个甘于牺牲奉献的军队，一定是强大的军队。

4. 文化复兴的“中国梦”

中国的发展，越来越注重精神文化的培养。文化是一个民族的精神和灵魂，是国家发展和民族振兴的强大力量。因此，在当代，除了注重经济的快速发展，更要加快培养国民的精神文化，培养国人对祖国的归属感。党的十七届五中全会精神及十八大报告告诉我们，可以从以下几个方面提升我国国民的文化水平及相应素质：

①提高全民族文明素质。建设社会主义核心价值体系，加强走中国特色社会主义道路和实现中华民族伟大复兴的理想信念教育，倡导爱国守法和敬业诚信，构建传承中华传统美德、符合社会主义精神文明要求、适应社会主义市场经济的道德和行为规范。②深入推进社会公德、职业道德、家庭美德、个人品德建设，不断拓展群众性精神文明创建活动，广泛开展志愿服务。③弘扬科学精神，加强人文关怀，注重心理疏导，培育奋发进取、理性平和、开放包容的社会心态。提倡修身律己、尊老爱幼、勤勉做事、平实做人，推动形成我为人人、人人为我的社会氛围。④强化职业操守，支持创新创业，鼓励劳动致富，发扬团队精神。⑤净化社会文化环境，保护青少年身心健康。⑥综合运用教育、法律、行政、舆论手段，引导人们知荣辱、讲正气、尽义务，形成扶正祛邪、惩恶扬善的社会风气。

推进文化创新。适应群众文化需求新变化和新要求，弘扬主旋律，提倡多

样化，使精神文化产品和社会文化生活更加丰富多彩；立足当代中国实践，传承优秀民族文化，借鉴世界文明成果，反映人民主体地位和现实生活，提高文化产品质量，创作生产更多思想深刻、艺术精湛、群众喜闻乐见的文化精品；推进学科体系、学术观点、科研方法创新，繁荣发展哲学社会科学；深化文化体制改革，创新文化生产和传播方式，解放和发展文化生产力，增强文化发展活力。

繁荣发展文化事业和文化产业。坚持一手抓公益性文化事业、一手抓经营性文化产业，始终把社会效益放在首位，实现经济效益和社会效益有机统一；以农村基层和中西部地区为重点，继续实施文化惠民工程，基本建成公共文化服务体系；广泛开展群众性文化活动。加强重要新闻媒体建设，重视互联网等新兴媒体建设、运用、管理，把握正确舆论导向，提高传播能力；加强基层文化队伍建设；扶持公益性文化事业，加强文化遗产保护；在政府引导下发挥市场机制的积极作用，培育骨干文化企业和战略投资者，鼓励和引导非公有制经济进入，发展新型文化业态，增强多元化供给能力，满足多样化社会需求，繁荣社会主义文化市场，推动文化产业成为国民经济支柱性产业；加强对外宣传和文化交流，创新文化“走出去”模式，增强中华文化国际竞争力和影响力；大力开展全民健身运动，增强人民体质，提高竞技运动水平，振奋民族精神。

中国综合国力的不断提高也促进了文化的复兴，莫言获得了诺贝尔文学奖，让中国人民真实地感受到了诺贝尔奖的魅力。其实，莫言获得诺贝尔奖，既在意料之外，又在情理之中。为什么这么说呢？众所周知，自打诺贝尔奖产生以来，中国人从来没有机会靠近过它，别说获取了，而现在却美梦成真了，国人们不知该有多高兴了。过去，由于种种原因，中国的文学工作者，特别是有些堪称伟大的作家，比如鲁迅先生等也始终无缘诺贝尔文学奖。这其中最大的原因恐怕是中国那时太过贫弱，西方人也就不把中国的作家放在眼里，更别说认识和认同，甚至颁奖了。所以说，莫言的获奖是出乎我们意料的。可现在莫言得到了诺贝尔文学奖，这又说明现在西方世界的人已经开始对中国关注起来了，开始改变对中国的偏见了，这是个好事情（不过，莫言的获奖并不单单是文学方面的因素，还有其他因素在内，这个我们要有清醒的认识。这个因素就是中国的强大，这是促成莫言获奖的一大主因，倘若没有这个因素在内，莫言是否还能获得诺贝尔奖，还是个未知数。观点有点偏激和个人化）。因此，莫言的获奖是与中国的强大崛起相关的，从这点上来说，莫言的获奖又是在情理之中。

如今，谁都能看得到，中国的综合国力已非常强大，不再是过去那贫弱的中国了。中国已经开始全面崛起，先是在科技上，我们继“两弹一星”之后，又先后成功发射了“神舟”系列飞船、“嫦娥”系列和“天宫”系列，等等，这些重大航天工程取得成功，极大地提高了我国的国际影响力；在经济上，我国在2010年超过日本成为第二大经济体之后，并没有停滞不前，而是加速崛起，使我国成为世界上工业门类最为齐全和完善的经济体之一。中国企业在国际上的竞争力迅速提升，在国际经济领域内的影响力也迅速提升；在军事上，我国完成了“歼-20”第四代隐形战斗机的研制和试飞，在海上，“辽宁号”航母的顺利起航入役，等等，所有这些都极大地提高了我国的国际影响力。

5. 中国共产党人的“中国梦”

“每个人都有理想和追求，都有自己的梦想。现在，大家都在讨论中国梦，我以为，实现中华民族伟大复兴，就是中华民族近代以来最伟大的梦想。这个梦想，凝聚了几代中国人的夙愿，体现了中华民族和中国人民的整体利益，是每一个中华儿女的共同期盼。”2012年11月29日，习近平总书记和其他中央领导同志来到国家博物馆，参观大型展览《复兴之路》并发表重要讲话，重温中华民族所经历的苦难与辉煌，回顾中国共产党90多年的奋斗与探索，在历史、现实与未来的交汇点上，传递出中国共产党人将牢记使命、不忘责任，团结带领全国各族人民实现伟大“中国梦”的坚定决心和信心。

历史告诉我们，是中国共产党人，率先破解了“中国梦”的密码，找到了实现“中国梦”的路径，开启了波澜壮阔的铸梦工程大幕；是中国共产党人，带领全国人民，在实现中国梦的伟大征程中，抛头颅，洒热血，奉献着自己的宝贵人生；在新的历史时期，也是中国共产党人，不忘使命，勇于探索，开辟了中国特色的社会主义道路，铸就了实现中国梦的一个又一个丰碑。中国共产党人的人生是使命人生，当我们举起右手的时候，我们的人生已打上了使命的烙印，当我们成为一名中国共产党人的时候，我们已经肩负起实现“中国梦”的责任。

把“中国梦”变成现实，还有很长的路，需要付出长期艰巨的努力。空谈误国，实干兴邦，让我们团结起来，一心一意谋发展，用智慧的头脑描绘美丽的“中国梦”；让我们行动起来，求真务实讲奉献，用勤劳的双手托起伟大的“中国梦”；让我们强大起来，以中流砥柱之势，用牢固的党性照亮我们的“中国梦”……

每一个共产党人要把“个人梦”植根于“中国梦”，树立高尚的“个人梦”。广大的党员干部要树立崇高的理想信念，不断提高自己的思想认识水平和党性修养，增强政治敏锐性，坚定社会主义理想信念，树立科学的世界观、人生观、价值观，增强拒腐防变的能力。要铭记历史，铭记中华民族近代以来所

饱受的屈辱和磨难，了解“中国梦”的来龙去脉，感受祖国人民对民族复兴的渴望之情，体悟“中国梦”的伟大。要对我们中国特色的社会主义道路、理论、制度树立高度的自信，相信我们的梦想定能实现。要深刻体悟和正确处理“个人梦”和“中国梦”之间的关系。“中国梦”是整个中华民族的梦想，是13 亿人民的共同期盼，它本质上是无数“个人梦”的汇合。作为党员干部，要有大局意识，看问题站得高一些、看得远一些、想得深一些。当在某些具体问题上，“个人梦”和“中国梦”发生冲突时，要善于从大局出发，必要时，个人梦想要服从国家复兴之梦。要深入基层，扎根西部，在祖国最要需的地方发挥自己的价值，为“中国梦”的实现添砖加瓦。

每一个共产党人的人生都是“使命的人生”，实现“中国梦”正是我们中国共产党人最崇高的人生使命。一提起“共产党员”这个词，人们或许会想到一个又一个抛头颅、洒热血的革命英雄。在人们的心目中，共产党员是一个光荣而又神圣的称号。90 多年来，无论是革命年代、建设时期还是改革开放的阶段，都涌现出无数优秀的共产党员楷模，他们活着是一面又一面旗帜，倒下是一座又一座丰碑，折射出一个时代中最闪亮的光芒。

进入 21 世纪以来，共产党员的先进性一脉相承，共产党人的奉献精神薪火相传。在城市、在农村、在部队、在机关……依然活跃着千千万万的普通共产党员，千千万万的共产党人依然站在时代的最前列。来自各个行业、不同岗位的共产党员们，也许没有豪言壮语，也许没有惊天动地，也许没有丰功伟绩，但他们不仅平常时期能看得出来，而且关键时刻能冲得出来，危难关头能豁得出来，在平凡中树立不凡的形象，使党的崇高形象矗立于人民群众的心中。

毋庸讳言，少数党员的党性意识下降，把“党员”只是当成一个简单的称号，没有“我是党员我骄傲”的荣誉感，甚至忘记党员的身份，把自己混同于普通群众。在一些地方，党员在群众中的威信降低，平时党员发挥作用不是很明显，认为“党员不党员，就差两毛钱”，实际表现与群众期望有差距。在少数党员身上，甚至出现腐化堕落行为，走向犯罪的深渊，成为群众痛恨的败类。

凡事看主流，看本质，看大势。尽管当前社会舆论多元、利益多元、价值观多元、社会生活多元、社会组织多元，但在人们的身边，始终有着这样一批又一批的共产党员，他们像种子，扎根于人民群众的沃土，牢记全心全意为人民服务的宗旨，困难面前当好群众的贴心人，竭尽全力为群众排忧解难；他们如脊梁，把困难和危险扛在身上，当责任呼唤的时候，会挺身而出，冲在最前面，危险关头成为群众的主心骨、保护神；他们是旗帜，在现代化建设的征途上，用坚强的党性给人以力量，诠释着党的光辉形象，团结和引领着广大群众永远跟党走、不断向前进。

鲁迅先生说得好："我们自古以来，就有埋头苦干的人，有拼命硬干的人，有舍身求法的人……这就是中国的脊梁。"中华民族的历史上，一次次面临危亡忧患，却一次次重新崛起，就是因为有了一批批前仆后继、生生不息的中国脊梁。而其中最坚挺的脊梁，就是千千万万的共产党人，他们是狂风暴雨的中流砥柱，是抗击灾害的钢铁长城，是干事创业的先锋模范，是弘扬正气的时代标兵，是推动社会发展的领导核心。

脊梁是一种力量，一种自强，一种担当。从感动中国的共产党员身上，人们感悟到当代共产党员信仰坚定、品德高尚、心系群众、大爱无疆、无私奉献的情怀和风范，触摸到时代的先锋、社会的楷模、中国的脊梁。正是有了8000多万共产党人的领路引航、实干兴邦，全面建成小康社会、实现伟大复兴的"中国梦"，才有了坚强的领导和坚实的保障。

6. "中国梦"的实现途径

每个人都有自己的梦想，每个民族也都有自己的梦想。习近平总书记指出，实现中华民族伟大复兴，就是中华民族近代以来最伟大的梦想。这个梦想，凝聚了几代中国人的夙愿，体现了中华民族和中国人民的整体利益，是每一个中华儿女的共同期盼。走过"雄关漫道真如铁"的昨天，跨越"人间正道是沧桑"的今天，"中国梦"正指引当代中国向着"长风破浪会有时"的明天迈进。

中华民族有着悠久灿烂的文明，长期居于世界文明发展的先进行列。据有关学者测算，直到18世纪末期，中国的经济规模仍是世界上最大的，相当于20世纪末期美国经济总量在世界经济总量中的比重。但近代以来，在西方坚船利炮的侵略下，中华民族遭受了深重苦难、付出了重大牺牲，辉煌不再，尊严难立，中华儿女也从此开始了百年"中国梦"的辛苦求索、艰难追寻。对近现代中华儿女来说，实现中华民族伟大复兴绝不仅是一句豪言壮语，而是有着十分深刻的内涵，这就是让国家更强盛、人民更幸福，中华民族对世界做出更大的贡献。

①国家不富强，就会被人欺侮；民族不复兴，就无颜担当龙的传人。实现中华民族伟大复兴，不是简单地重寻昔日的荣光，而是要让曾经饱受列强欺侮、目前尚是发展中国家的中国经济发展、政治昌明、文化繁荣、社会和谐，到21世纪中叶成为富强民主文明和谐的社会主义现代化强国。

②强国才能富民，强国也是为了富民。没有人民富裕，发展就不算成功；没有人民幸福，复兴就不算完成。实现中华民族伟大复兴，就是要让中国人民有更好的教育、更稳定的工作、更满意的收入、更可靠的社会保障、更高水平

的医疗卫生服务、更舒适的居住条件、更优美的环境，让我们的孩子们成长得更好、工作得更好、生活得更好。进一步说，就是要让中国人民过上更加富裕、更有尊严的生活，实现每个人自由而全面的发展。

③处于伟大复兴进程中的中国，在追求本国利益时兼顾他国合理关切，在谋求本国发展中促进各国共同发展；处于伟大复兴进程中的中国，坚持把本国人民利益同各国人民共同利益结合起来，以更加积极的姿态参与国际事务，共同应对全球性挑战，共同破解人类发展难题。一句话，“中国梦”不仅是属于中国的，也是属于世界的。

梦不同，圆梦的道路亦不同。“中国梦”不同于“美国梦”“欧洲梦”，因此也必将注定拥有一条完全属于自己的独特道路。

近现代西方发展道路，是在其几百年的资本主义背景下确立起来的，背后更有着上千年的西方文化滋养，有着崇尚个人奋斗、自我实现的核心价值观，还有着几百年海外殖民掠夺的“资本”。这些都与崇尚和平、崇尚集体主义的中华文化存在重大差异。鸦片战争以来 170 多年的历史告诉我们，实现“中国梦”一定要走中国自己的路。

经过几代中国共产党人和中国人民的艰辛探索，我们终于找到了实现“中国梦”的科学道路——中国特色社会主义。这就是在中国共产党领导下，立足基本国情，以经济建设为中心，坚持四项基本原则，坚持改革开放，解放和发展社会生产力，建设社会主义市场经济、社会主义民主政治、社会主义先进文化、社会主义和谐社会、社会主义生态文明，促进人的全面发展，逐步实现全体人民共同富裕，建设富强民主文明和谐的社会主义现代化国家。

中国特色社会主义道路，是一条爱国主义、集体主义道路。国家好，民族好，大家才会好。中国特色社会主义道路，将个人的奋斗发展与全体人民、全民族的奋斗发展有机统一起来，充分尊重人民群众的主体地位，充分发挥人民群众的积极性主动性创造性，让人民群众自己当家做主实现自己的发展，建设自己的社会；它始终注意经济社会发展由人民群众主导、由人民群众决定；始终注意让经济社会发展的一切成果，包括物质成果和精神成果都能为人民群众共享。

中国特色社会主义道路，是一条和谐发展、和平发展道路。饱受帝国主义、殖民主义之害的中华民族深深懂得和谐与和平的宝贵，绝不会再走西方列强殖民侵略、霸权扩张的老路。中国的发展不是自私自利、损人利己、你赢我输的发展，对他国、对世界绝不是挑战和威胁。中国绝不会称霸，绝不搞扩张。中国越发展，对世界和平与发展就越有利。中国不仅是合作共赢的积极倡导者，更是合作共赢的切实践行者。

中国特色社会主义道路，是经过 90 多年艰辛探索、为 30 多年成功实践所证明的正确道路。连续30多年的经济高速增长、世界第二的经济总量、13亿多人口的总体小康、在全球性金融危机中一枝独秀的表现、在一系列大事难事喜事方面的作为等，充分证明了中国特色社会主义的巨大优越性。特别是随着中国特色社会主义道路、理论体系、制度“三位一体”的确立，我们在未来发展的征程上将越来越自觉、越来越自信。

实干兴邦：“中国梦”的根本保障，梦想照进现实，关键在于行动、在于实干。邓小平同志曾讲过，不干，半点马克思主义都没有。同样道理，不干，中华民族伟大复兴也只能停留在梦中。空谈误国、实干兴邦。只有行动第一、实干第一，才能为“中国梦”照进现实打下坚实基础、提供根本保障。坚持求真务实。行百里者半九十。中国特色社会主义的发展，让我们今天比历史上任何时期都更接近中华民族伟大复兴的目标，比历史上任何时期都更有信心、有能力实现这个目标。同时，我国仍处于并将长期处于社会主义初级阶段的基本国情没有变，人民日益增长的物质文化需要同落后的社会生产之间的矛盾这一社会主要矛盾没有变，我国是世界最大发展中国家的国际地位没有变。这就要求我们牢牢把握社会主义初级阶段这个最大国情和最大实际，既不妄自尊大，也不妄自菲薄，而是一切从实际出发，出实策、鼓实劲、办实事，夙夜在公，勤勉工作，杜绝追求表面文章，不讲实际效果、实际效率、实际速度、实际质量、实际成本的形式主义，一步一个脚印地描绘蓝图、实现梦想。

勇于攻坚克难。“中国梦”的实现不会一蹴而就，也不可能一帆风顺。在圆梦的征程中，还必须准备进行具有许多新的历史特点的伟大斗争，可能会遇到巨大的阻力，遭受巨大的压力，需要蹚过深水区、踏过地雷阵。这会让我们已经习惯了的行为模式不再管用、不再能用，需要我们以更大的政治勇气和智慧、更大的政治觉悟和热情，突破制约“中国梦”实现的利益固化的藩篱，消除阻碍“中国梦”实现的不正当行为，为“中国梦”的实现扫清障碍、铺平道路。

善于开拓创新。从很大程度上说，“中国梦”是以开拓创新为支撑的梦想。在社会主义初级阶段的背景下实现中华民族伟大复兴，在发展中国家的基础上建设现代化，在13亿多人口的国度中实现共同富裕，在为西方主导的世界格局中实现大国的和平发展，等等，所有这些都是过去从来没有过的全新事物、全新探索、全新实践。在这个意义上，“中国梦”也是人类社会前所未有的一个崭新的梦。这就要求我们不能满足于寻常的做法，更不能因循守旧，而要以开拓创新的精神寻找新方法、探索新路径、积累新经验、采取新举措，用创新走出新路，用创新实现新梦。

参考文献

[1]张建安.中国古代哲学[M].长沙:湖南科学技术出版社,2009.

[2]贾志刚.说春秋[EB/OL].(2009-09-10)[2016-05-06].新浪网博客,http://blog.sina.com.cn/s/blog_537c76290100fhx1.html.

[3]仲大军.回到民权高于君权的时代——重温春秋战国[EB/OL].(2007-12-10)[2016-03-18].北京大军经济观察,http://www.dajunzk.com/guoxue3.htm.

[4]黄灿章.老子的哲学思想[EB/OL].(2012-10-14)[2016-07-09].全国高校免费图书馆网,http://lzdxyj.51.net/topics/page13.htm.

[5]李喜梅.老子思想的积极精神[EB/OL].(2014-06-30)[2016-03-06].福建侨报网,http://www.66163.com/Fujian_w/news/fjqb/011026/4_10.html.

[6]渐行渐远.论庄子的哲学思想[EB/OL].(2011-11-30)[2016-08-25].新浪博客网,http://blog.sina.com.cn/s/blog_797aefee01010kp1.html.

[7]王欣.孔子学说,哲学思想[EB/OL].(2013-09-27)[2016-10-06)].http://education.news.cn/2013-09/27/c_125453243.htm.

[8]蔡德贵.孟子哲学思想的多维透视[J].东岳论丛,1992(3).

[9]张明于,井尧.中国古代军事思想史[M].长春:吉林文史出版社,2006.

[10]台湾三军大学.中国历代战争史[M].北京:中信出版社,2013.

[11]王鹤鸣.波司登千万元救灾物资支援玉树[N].中国纺织报,2010-04-21.

[12]严芳田,颜剑辉.中国古代军队管理思想浅探[J].军事历史,1992(2).

[13]张卉妍.一战全史[M].北京:中国华侨出版社,2013.

[14]赵兰香.两汉军事经济战略思想初探[J].伊犁教育学院学报,2005(3).

[15]石亚东.魏晋南北朝时期的军事经济思想——以曹操、诸葛亮、袁准为例[J].合肥师范学院学报,2009(3).

[16]王斌.《李卫公问对》及其军事思想研究[D].长春:吉林大学,2009.

[17]张其凡.岳飞军事思想试探——兼论宋代军事思想的发展[J].暨南学报:哲学社会科学版,1997(4).

[18]王军营.北宋文人论兵与《何博士备论》诸问题研究[D].西安:西北大学,2009.

[19]范中义.明代军事思想简论[J].历史研究,1996(5).

[20]石世奇.中国古代经济思想在当代市场经济中的作用[J].北京大学学报(哲学社会科学版),1999(2).

[21]徐昌强.试论王安石变法与张居正改革成效不同之原因[J].荆州师专学报,1998,21(3).

[22]谷洪彦.论中国古代科技与儒学思想[J].菏泽学院学报,2013(1).

[23]肖玉峰.道家思想对现代科技发展的启示[J].自然辩证法研究,2010(8).

[24]徐冠华.我国科技发展需要关注的九个问题[J].时事报告,2005(7).

[25]姜铁军.中国古代科技兴衰原因探析[J].军事历史,1999(3).

[26]夏自强.中国概况[M].北京:北京航空航天大学出版社,1996.

[27]邓小平.邓小平文选:第2卷[M].北京:人民出版社,1994.

[28]刘洪涛.中国古科技史[M].天津:南开大学出版社,1991.

后　记

《文化之根》是继《文化战争》之后的一个延续，是对《文化战争》这一概念新的诠释和流变与创新，《文化战争》出版以后，我经常受到质疑，批判我是一个战争主义者，是东方的塞缪尔·亨廷顿，鼓吹和宣扬文化冲突。面对种种质疑，我的辩驳是苍白无力的。长期以来，我接受的是优秀的中国传统文化教育和西方先进的哲学思想与经典文学熏陶，但作为一名中国的文化学者，我一直有着一种强烈的社会责任感和推动人类文明进步的担当意识。这种责任感和担当意识使我坚守、传承并创新中国的“仁者爱人，推己及人”的和谐文脉，以此尽个人的微薄之力来推动中华文化复兴、推动中华文明的进步、促进世界文明的发展。我是一个理想主义者，并怀有一个伟大的梦想——就是人类最终会走向和谐与和平，我渴望世界和平早日到来，我渴望世界不同国家之间用彼此的文化认同来化解冲突与战争、用文化的彼此认同来引领人类文明的进步。所以，我想通过《文化战争》之2——《文化之根》把世界文化的发展根脉和相互关联且深厚的文化根源表达清楚，以此让人类深入思考面临的社会冲突与战争，以及在此之前人类自身的终极理想。

这是一个多元化的世界，多元的表现形式已经远远超越了我们的想象，全世界追求和平的主题不会变，人类的冲突和战争终将消灭，取而代之的是世界大同、人类和谐。集大家之私，成社会之公。我坚信第二次“文化轴心”时期即将到来，与第一次“文化轴心”时期最大的不同是这次“文化轴心”不是出现几位伟大的思想家和他们的伟大思想引领人类文明发展，而是紧紧围绕“人类和谐”这个核心思想而产生的思想家和思想家们的思想。尽管路很漫长，甚至可能长到上千年，但趋势是明显的，因为人类的智慧最终会化解一切冲突与战争。

《文化之根》从形式上推翻了《文化战争》关于西方世界对我国文化侵略的核心理念，但本质是一脉相承，从文化的源头寻找未来社会发展的原动力，但我所寻找到的也许并不仅仅是一个单纯民族意义上的文脉，我所散发的这些

思想也许并不能让读者接受，可每次面对那么多关注我学术思想的人不停止地询问和期待，决定还是如期出版《文化之根》，也算是实现自己作为一名学者的梦。在《文化战争》的后记中我曾经说过，“文化战争”系列丛书整体设计是200万字左右，从时间及地理空间领域分五部，目前这本《文化之根》算是第二本小册子吧，第三本《文化边界》我将用更多的笔墨去探讨文化边界和民族文化自信，这也是用一种全新思想去诠释文化的融合与差异。

《文化之根》的出版，得到了我所供职单位即中央文化管理干部学院的大力支持，特别是文化部办公厅主任张旭（学院的前任院长）、院长周庆富、党委书记段周武、副院长李春华、专职副书记诸葛燕喃等领导同志给予了立项帮助和内容指导，学院科研处还针对主题和布局专门召开了学术研讨会，卢娟、苏峰、隋吉林、韩敬霞、李韬、毕绪龙等同志提出了很多修改建议；文化部办公厅主任、中国书法家协会会员张旭和中国著名书法家、中国书法家协会会员陆明君专门为本书题写了书名；在此，我一并对以上领导和同志表达深厚而真诚的感谢！

在整体布局完成以后，选择内容时我参考了大量的文化专家、知名网络博主的观点，为了表示对各位老师的尊重，我在书里基本上都进行了引注的备注，但难免也有疏略，如果遇到此类问题，欢迎各位老师、学者与我联系，共同对文化问题进行深入探讨，相信我们最终的目的都是希望我们国家能够繁荣昌盛，早日实现伟大的民族复兴。我深深地感谢你们，因为有你们的存在，我们民族的文化才能够传承、发展、创新。

谨以拙作，献给我深爱的祖国，希望祖国强大，让每一位中华儿女感到骄傲。

最后也将此书献给我的父母、爱人和子女，感谢你们的陪伴，让我面对这个浮躁的社会，还能够坚持不懈地去思考、去研究，有勇气、有力量去坚守这份对国家、对社会、对人民的责任与担当。

戴有山

2016年12月26日于北京